지적 수다를 위한
상식 퍼즐

실학

"퍼즐을 풀면 대화가 풀린다"

뉴럴네퍼펙트워크
트스톰

지적 수다를 위한
상식 퍼즐

콜드플레
이 창

기명균 지음

팩트레바클
트폭리
력 셰

RHK
알에이치코리아

들어가며

최근 몇 년 동안, 잡학 열풍의 대표 격은 '지대넓얕'과 '알쓸신잡'이라는 정체불명의 줄임말이었다. 이 줄임말 속에 '잡학'의 특징들이 숨어 있다.

(1) 넓고 신비롭다. 만물을 다루는 교양의 세계는 분야를 가리지 않는다. 전문가가 존재할 수도 없고, 필요하지도 않다. 교양 세계의 가이드로는, 그저 이것저것 두루 관심 많은 인물이 적임자다. 팟캐스트 〈지대넓얕〉을 이끄는 채사장이나, TV 프로그램 〈알쓸신잡〉의 터줏대감 유시민처럼. (2) 얕다. 깊이 있는 내용까지 파고들려면 시간과 노력이 너무 많이 들고, 재미도 없다. 일단 이해가 되어야 재미가 있든 말든 하지. (3) 쓸데없다. 쓸데없어 보일수록 희소성이 높아져서 쓸모가 생긴다는 게 잡학의 아이러니다. 반드시 알아야 하는 '필수상식'이나 '핵심정보' 들은 이미 너무 많이 알려져 있어서 오히려 가치가 없다. 〈알쓸신잡〉에서 유시민과 김영하가 제 역할을 하는 순간은 시청자들이 이런 생각을 품게 될 때 아니던가. '어떻게 저런 것까지 알고 있는 거지?'

이 책에도 희소성 있는 넓고 얕은 지식을 골라 담았다. 〈대학내일〉에서 3년간 '기명균의 낱말퍼즐'을 연재했던 경험을 살려, 글 사이사이에

16개의 낱말퍼즐도 직접 만들어 넣었다. 낱말퍼즐이야말로 잡학을 담기 딱 좋은 그릇이기 때문이다. 만물에는 이름이 있고, 이름만 있으면 그 무엇이든 낱말퍼즐의 일부가 될 수 있다. 덕분에 퍼즐의 세계도 넓고 신비롭다. 잘 알려지지 않은 비하인드 스토리도 힌트 곳곳에 심어뒀다. 넓고 얕은 잡학·지식들을 기록하는 메모장이자 단어장으로 퍼즐을 사용한 것이다. 앞뒤 문장의 맥락이 있어야 영어 단어를 외우기 쉬운 것처럼, 퍼즐을 풀면서 쌓인 잡학·지식들은 머릿속에 오래 남는다.

참고로 미국에서는 낱말퍼즐이 대표적인 지적 유희로 인정받는다. 〈뉴욕타임스〉, 〈워싱턴 포스트〉 같은 일간지는 섹션을 아예 따로 만들어, 십자말풀이를 100년째 지면에 싣고 있다. 본격적으로 퍼즐을 만들기 전에는, 나도 〈뉴욕타임스〉 크로스워드 섹션에 매일 실리는 낱말퍼즐을 결제해 풀었다. 이 책이 잘 돼서, 국내에도 하루빨리 낱말퍼즐 붐이 일었으면 좋겠다. 그래서 카페에서, 공원에서, 회사에서, 저마다 자신이 가지고 있는 독특한 지식들로 지적 수다를 펼치는 것이 일상이 됐으면 좋겠다.

낱말퍼즐 사용설명서

코스 A   **인생은 어차피 혼자**

스마트폰? 잠시 꺼두셔도 좋습니다. 친구? 옆에서 괜히 아는 척하며 끼어들면 걸리적거리고 퍼즐 푸는 재미만 떨어집니다. 인터넷 찬스도, 지인 찬스도, 지금은 아껴두고 혼자 힘으로 퍼즐을 풀어보세요. 수수께끼 같은 힌트 앞에서 당황하고, 뭔지는 아는데 생각이 나지 않겠지만, 고민 끝에 정답을 찾아낸 순간의 희열은! 당신에게만 허락된 즐거움이니까요.

코스 B   **백지장도 맞들면 낫다**

가로 1번, 모르겠다. 가로 2번, 모르겠다. 가로 3번, 또 모르겠다. 세로부터 풀어볼까? 이것도 모르겠다. 혼자 푸는 코스 A의 치명적인 단점은 하나도 못 푸는 불상사가 발생할 수 있다는 거예요. 재밌으려고 푸는 건데, 짜증 나고 자존감 떨어지면 안 되잖아요. 그럴 땐 애인, 친구, 가족 등 친한 사람들과 함께 풀어보세요. 단, 무식이 탄로 날 수 있으니 주의.

코스 C 　오픈북 테스트

사공이 많으면 배가 산으로 간다고, 어중간한 사람 여럿 모였다고 답이 바로 나오는 건 아니에요. 그럴 땐 좀 더 믿을 만한 곳, 도서관에서 퍼즐을 풀어보세요. 네, 맞아요, 시험기간 때만 가던 그 도서관. 책 속에 길이 있습니다. 물론 스마트폰 꺼내 검색하면 훨씬 쉽겠지만 그럼 재미없잖아요. 이런 핑계로 도서관 서고 구경도 하고 그러는 거죠, 뭐.

코스 D 　요즘은 검색도 실력

코스 D까지 오는 동안 만신창이가 되셨을 독자님, 그러나 이젠 안심하세요. '구글신'은 모든 걸 알고 계십니다. 그런데 간혹, 검색으로도 풀기 힘든 문제가 사이사이 숨어 있습니다. 너무 당황하지 말고, 키워드를 바꿔가며 여러 번 검색해 보세요. 정보가 쏟아지는 요즘 같은 때는 인터넷 검색도 실력이니까요!

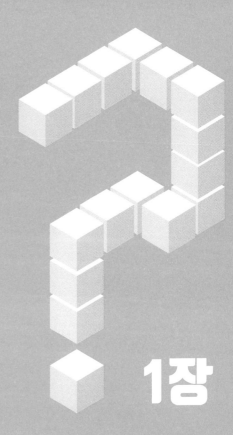

1장

엄청나게 시끄럽고 믿을 수 없게 가까운,

시사

<대학내일>에서 2년 넘게 '기명균의 낱말퍼즐'을 연재하는 동안, 총 90여 개의 퍼즐을 만들었고 2,700여 개의 단어의 뜻을 공부했다. 단어를 선정할 때는 우선 퍼즐이 완성되어야 하니까 앞뒤로 구멍 없이 연결되는 것이 가장 중요했다. 그리고 또 하나. 주간지인 만큼 시의성 있는 단어들을 많이 포함시키기 위해 노력했다. 신조어는 물론, 정치인이 입에 올려 화제가 된 표현, 흥행에 성공한 영화, 시청률 대박을 터뜨린 드라마, 음원차트를 휩쓴 히트곡, 어느 날 갑자기 이슈가 되어 실시간 검색어 순위에 하루 종일 오른 유명인을 넣었고, 기존 단어들 중에서도 원래 의미와 다르게 쓰이고 있을 경우 그 뜻 위주로 열쇳말을 썼다.

그 2년 동안 의식적으로 시사 뉴스나 온라인 커뮤니티를 훑어보는 것이 습관이 되었다. 요즘 많이 언급되는 단어를 최대한 많이 모아야 퍼즐을 좀 더 수월하게 만들고, 그 뜻을 쓸 수 있었기 때문이다.

단어는 지금도 매일 쏟아지고 있다. 완전히 새롭게 만들어진 낱말이 아니더라도 다른 의미로 쓰이는 표현들이 적지 않다. 예를 들어, 콜라와 함께 탄산음료의 양대 산맥을 이루던 '사이다'는 통쾌한 무언가를 봤을 때 터져 나오는 감탄사로서 새로운 의미를 얻었다. 학교에서 제공하던 '급식'은 특정 세대를 가리키는 표현이 되었다. 이 작업을 계속하면 그 키워드들의 묶음도 시대의 변화를 읽어내는 실마리가 될 수 있을 것이다.

　이번 챕터에서는 지난 2~3년간 사람들 입에 많이 오르내린 키워드들을 모아 퍼즐로 만들었다. 신조어는 물론이고, 권위 있는 해외 영화제 수상 감독, 새롭게 떠오른 대체에너지, 온라인상에서 기존 연예인 못지않게 인기를 얻고 있는 유튜브 스타, 시대정신이 반영된 영화, 100년 만에 입증된 과학 현상, 최근 탐사보도 매체에 의해 밝혀진 비리 말고도 다양하다. 세상 돌아가는 일에 관심이 많은 사람이라면, 다른 챕터에 비해 이번 퍼즐을 비교적 쉽게 풀 수 있을 것이다. 반대로 세상 물정에 어두운 사람이라면, 이 기회에 시사 상식을 업데이트하시길 바란다. 단어를 많이 외우는 것이 영어공부의 첫 단계이듯, 단어 자체를 모르면 다른 세대는 물론이고 또래들과도 대화가 안 통하는 불상사가 생길 수 있으니까.

가로열쇠

01 관심병의 일종. 누군가를 괴롭히고, 상대가 괴로워하는 것을 즐긴다. "우는 아이 볼기치고, 불난 집에 부채질하고, 물동이 쳐서 떨어뜨리고, 똥 누는 아이 주저앉히고…." '놀부야말로 ○○○의 대가.

02 비트코인과 같은 가상 화폐를 거래할 때 발생할 수 있는 해킹을 막는 기술.

03 프로그래밍의 다른 말. 컴퓨터 중심의 현대사회에서 '○○'의 중요성이 높아짐에 따라 교육부는 2019년부터 초·중·고에서 소프트웨어 교육을 의무화할 것이라고 발표했다.

04 식물이나 미생물 등을 에너지원으로 이용하는 대체 에너지의 한 종류. 생물체의 광합성을 통해 만들어지므로 지속적인 재생산이 가능하고, 대기 중의 이산화탄소 양을 증가시키지 않아 '탄소 중립'이 가능하다.

05 '문피아'와 더불어 우리나라 웹소설 산업을 양분하고 있는 사이트. 2000년에 만들어졌으니 '웹소설의 조상님'이라 할 수 있다. 유료화 이후엔 정액제 서비스인 '노블레스' 카테고리를 따로 운영하고 있다. #투명드래곤

06 2018년 제71회 칸영화제에서 <어느 가족>으로 황금종려상을 수상한 일본인 영화감독. #원더풀라이프 #아무도모른다 #걸어도걸어도 #공기인형 #그렇게아버지가된다 #바닷마을다이어리

07 '넌 딱 한 번밖에 살지 못한다'라는 영어 문장의 약자로, 2017년부터 젊은 층을 중심으로 유행처럼 번진 말. 뒷일 생각하느라 현재의 행복을 놓치지 말자는 뜻이지만, 섣불리 따라 하다가는 위험하다. #○○찾다 골로간다

08 비니 하나 눌러 쓰고 가만히 서서 말하듯이 랩을 뱉으며 <쇼미더머니6>에서 가장 주목받은 래퍼 중 한 명. '알약 두 봉지'만 찾는 줄 알았더니 팀 배틀 때에는 "우찬아, 걱정 마 울어도 돼, 사실 산타는 없거든"이라는 킬링 파트로 다시 한 번 인정받았다. #우○○

09 문재인 정부의 첫 국가보훈처장이자, 최초의 여성 국가보훈처장. 임명된 후, 부대 사령관이 술자리에 여군을 보내라고 지속적으로 요구했을 때, 해당 여군들에게 전투복을 입혀 보냈다는 대위 시절의 에피소드가 다시 알려지고 있다.

10 오늘은 '나쁨', 내일은 '조금 나쁨', 모레는 '매우 나쁨', 글피는 '최악'. 이젠 날씨보다 더 먼저 확인하게 되는 이것. 황사는 눈에 보이니까 조심이라도 했지….

11 스마트폰과 좀비의 합성어. 스마트폰을 보느라 앞을 보지 않고 걷는 사람들을 뜻한다.

12 2018 러시아 월드컵에서 우리 국가대표팀의 주전 골키퍼로 활약한 축구선수. 1승 2패로 16강 진출에는 실패했지만, 많은 국민들이 그의 눈부신 선방을 위안거리로 삼았다. 이후 자카르타 아시안게임에도 참가해 우승에 기여했다.

13 미국에 본사를 둔 비디오 게임 생중계업체. 한 달 평균 방문객 수가 4,500만 명에 이르는 세계 최대 수준의 인터넷 방송국으로, 아마존닷컴이 9억 7,000만 달러에 인수했다.

14 원래는 '진짜'라는 뜻의 일본어지만, 국내 온라인에서 10대~20대들 사이에서 '주변 사람들에게 피해를 주는 오타쿠를 가리킬 때 부정적으로 사용되는 신조어.

15 매년 8월 말, 9일간 미국 네바다 주 블랙록 사막에서 열리는 문화 축제. 1986년 '혁신', '참여' 등을 모토로 시작된 이 축제에는 IT기업 CEO를 비롯한 예술가, 개발자 등이 모인다.

세로열쇠

01 국내 최대 규모의 인터넷 중고거래 커뮤니티. (1) 오늘도 평화로운 ○○○○. (2) 네고 없음. (3) 팔렸나요?

02 '이유 없이 남의 말에 반대하기를 좋아하는 사람'을 뜻하는 순우리말. '읽고, 쓰고, 대화하고, 친해지는' 서비스를 함께 나누는 독서모임의 이름이기도 하다.

03 삼국시대 고분미술에 종종 등장하는, 사람의 얼굴을 한 새. 태평성대를 뜻함과 동시에, 하늘과 땅을 이어주는 존재로 알려져 왔는데, 2018 평창 동계올림픽 개막식 때에는 우리나라의 과거와 미래를 잇는 상징물로 등장해 큰 화제를 낳았다. #유교드래곤

04 애니메이션이나 게임 속 등장인물처럼 꾸민 채로 모여 노는 행위. 최근에는 '신분을 위장하다'는 뜻으로 의미가 확장되어 '피해자 ○○○○', '일반인 ○○○○' 등으로 쓰이기도 한다.

05 치킨엔 맥주, 피자엔 콜라, 베이글엔 커피, 고구마엔?

06 아이오아이 → 워너원 → ○○○○?

07 영국을 대표하는 스타 셰프. 미슐랭 스타를 16개나 보유하고 있을 만큼 실력이 뛰어난 셰프이지만, 음식에 대해 날카로운 막말을 퍼붓는 독설가로도 유명하다. 그런 그가 국산 맥주 '카스'가 훌륭한 맥주라고 말하며 맛있게 먹는 내용의 광고를 찍어 맥주 마니아들을 갸우뚱하게 만들었다. #자본주의의힘

08 '선이 없다, 간결하다, 경이롭다'라는 슬로건을 내걸고 애플이 출시한 무선 블루투스 이어폰. 출시 초기에는

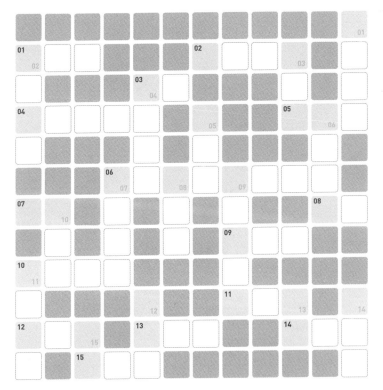

콩나물을 연상시키는 비주얼과 20만 원이 넘는 비싼 가격 때문에 부정적인 반응이 많았으나 출시 후엔 뛰어난 활용도로 호평 받고 있다.

09 흑인이자 여성으로서 차별받으면서도 나사NASA에서 수학자와 엔지니어로 일하며 자신의 영역을 넓혀 간 이들의 이야기를 담은 영화. 개봉 전 백악관에서 열린 특별 시사회에서 미셸 오바마는 "백악관에서 이 영화를 볼 수 있어서 자랑스럽다"고 극찬했다.

10 과학 기술이 발달하면서 ○○에게 일자리를 빼앗긴 인간을 돕기 위해 거두는 세금. 프랑스 대선 당시 후보로 나선 브누아 아몽이 공약으로 내세우고 빌 게이츠가 찬성 입장을 밝히는 등 화제가 되었으나, 유럽의회는 반대 결의안을 채택하는 등 찬반 논란이 일었다.

11 생장 속도가 빠르고 별도의 경작지가 필요하지 않아 에너지 분야에서 각광받는 [가로열쇠4] 에너지의 한 종류. 바다나 민물에 분포하는 단세포 광합성 생물로, 육안으로는 보이지 않는다.

12 크리스토퍼 놀란 감독의 3부작에서는 크리스천 베일이 연기했으나 최근 개봉한 영화에서는 벤 애플렉이 연기한 캐릭터.

13 보통 결혼하지 않은 사람을 '미혼'이라 칭하지만, 결혼하지 '못한' 게 아니라 내 뜻으로 '안 했다'는 걸 강조하기 위해 사용하는 표현. 다양한 이유로 '○○'을 꿈꾸는 '○○주의자'들이 늘어나고 있다.

14 2008년 세계 금융 위기 이후 등장한 '새로운 세계경제질서'를 뜻하는 말로, 저성장, 저금리, 저물가, 높은 실업률, 정부부채증가, 규제강화 등의 성격을 띨 것으로 예측된다. #새로운정상

15 모바일 차량 예약 서비스. 12억 달러가 넘는 투자금을 유치할 만큼 성공적인 스타트업으로 자리 잡았으나, 각종 불법 논란에 시달리고 있다. #엑스 #블랙 #택시

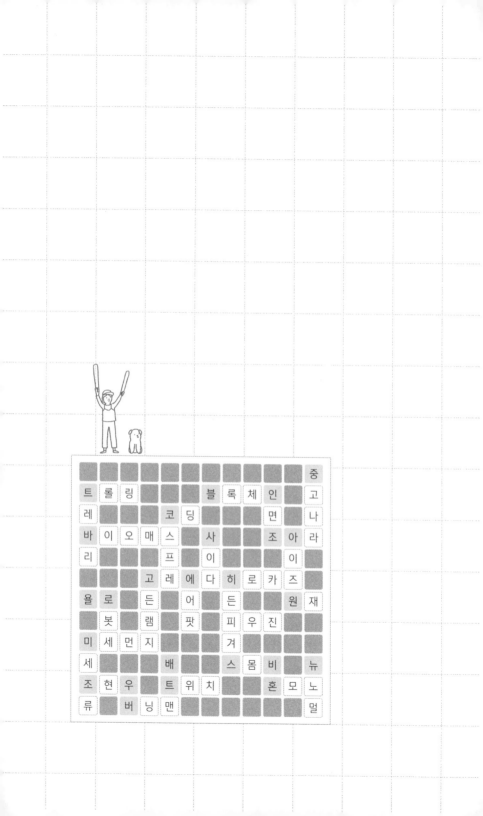

고레에다 히로카즈

2018년 제71회 칸영화제 황금종려상은 〈어느 가족〉에 돌아갔다. 고레에다 히로카즈 감독은 칸에 다섯 번 초청된 끝에 최고의 영화에게 주어지는 황금종려상을 거머쥐었다. 국제영화제의 단골손님인 그는 이제 중국의 지아장커, 우리나라의 홍상수와 같이 자국인 일본을 대표하는 영화감독이 되었다. 국내 관객들도 그의 이름만 보고 극장을 찾는다. '고레에다 히로카즈'라는 이름 자체가 하나의 브랜드가 된 것이다.

영화감독이 되기 전, 그는 방송국에서 TV 다큐멘터리를 연출했다. 그래서인지 그의 영화를 두고 다큐멘터리 같다고 말하는 이들이 많다. 인위적인 장치를 배제하고 인물들의 일상을 최대한 풍성하게 보여주기 때문에 담백하고 따뜻한 느낌을 준다. 일례로, 출산 직후 병원에서 아이가 뒤바뀌었다는 〈그렇게 아버지가 된다〉의 설정은 자극적이지만, 고레에다 히로카즈는 사건 대신 두 가족의 일상을 묘사하는 데 집중한다. 그 덕분에 관객들은 사건을 본인의 이야기로 받아들일 수 있었고, 영화 또한 보편적인 공감을 얻었다.

고레에다 히로카즈의 영화에서 가장 중요한 것을 한 단어로 표현한다면 아마 '일상'일 것이다. 물론 그 일상이 완벽하지 않다는 사실도 안다. 그에 따르면, 작가는 완벽한 세계를 창조하는 사람이 아니라, 그 세계의 빈틈을 받아들이고 심지어 재미있어할 줄 아는 사람이다. 그가 만들고자 하는 영화도 히어로가 세상을 구하는 이야기가 아니라, '평범한 사람들의 평범한 세상이 어느 날 문득 특별해 보이는 순간'이다. 가장 소중한 것은 이미 사소한 일상 속에 존재하고 있다고 믿기 때문이다. 그래서 그는 출근길, 식탁 위의 반찬, 씻기 전에 나누는 대화처럼 별것 없는 장면을 찍고, 찍고, 또 찍는다.

그런 점에서 가장 일상적인 관계인 가족이 고레에다 히로카즈 감독의 영화에 자주 등장하는 건 자연스럽다. 남겨진 가족을 다루는 〈걸어도 걸어도〉, 헤어진 가족을 다루는 〈진짜로 일어날지도 몰라 기적〉, 바뀐 가족을 다루는 〈그렇게 아버지가 된다〉, 배 다른 가족을 다루는 〈바닷마을 다이어리〉까지 온갖 가족 이야기를 만들고 있다. 이번 〈어느 가족〉 역시 각자 다른 사연을 가진 인물들이 저마다 필요에 의해 한 집에 모여 가족으로서 살아가는 이야기다. 감독 본인의 가족들이 영화의 모티프가 되기도 한다. 어머니의 죽음 이후 그 슬픔을 치유하는 과정을 담은 영화가 〈걸어도 걸어도〉고, 늘 바쁜 아빠를 낯설어하는 딸을 보고 만든 영화가 〈그렇게 아버지가 된다〉다.

"감독은 신도 판사도 아니다." 그는 영화가 누군가를 심판할 수는 없다고 생각한다. 그의 영화에 악인이 없는 이유다. 한 명을 천벌 받을 악인으로 설정해 놓으면 스토리를 진행시키기에는 편리하지만, 관객들은 그 이야기를 본인과 동떨어진 세계의 일로 치부하게 된다. 대신 그는 죽은 사람이나 아이를 중요한 순간에 등장시킨다. 그들이야말로 지금의 어른들을, 우리가 살고 있는 이 사회를 객관적으로 바라볼 수 있을 것이라고 믿기 때문이다.

욜로

현재 전 세계에서 가장 잘나가는 뮤지션 중 하나인 드레이크Drake는 2011년 〈더 모토The Motto〉라는 싱글을 발표했다. 노래에는 이런 대목이 있다. '인생은 한 번뿐이니 후회 없이 즐기며 살자You only live the once: that's the motto, nigga, YOLO'. 이게 '욜로'의 첫 등장이었다. 미국의 전직 대통령 버락 오바마는 건강보험 개혁안 '오바마 케어'를 홍보할 때, '한 번뿐인 당신의 인생에 꼭 필요한 정책'이라는 의미로 '욜로'를 외쳤다. 이때부터 전 세계적으로 '욜로 열풍'이 불기 시작했다.

우리나라에서도 2018년 전후로 젊은 층을 중심으로 '욜로'라는 단어가 자주 쓰이기 시작했다. 월급으로 집을 사려면 20년이 걸린다고 할 만큼 앞날이 암담한 상황에서, 미래를 준비하라는 말보다는 현재를 즐기라는 욜로가 더 매력적이었다. 미래를 위해 현재의 행복을 유예하는 데 지쳐 있던 10대, 20대는 이 말에 열광할 수밖에 없었다.

욜로와 함께 '소확행' 같은 키워드가 인기를 끄는 것도 마찬가지다. 일본의 인기 소설가 무라카미 하루키의 에세이에서 처음 사용된 이 말은, 갓 구운 빵을 손으로 찢어 먹을 때와 같이 '일상에서 느낄 수 있는 작지만 확실한 행복'을 뜻한다. 그동안 행복이 뭔지, 나를 행복하게 하는 것이 무엇인지 고민해볼 여유가 없었던 현대인들에게 이러한 '욜로', '소확행'과 같은 키워드가 새로운 화두를 던진 것은 분명하다.

그러나 문제는 욜로와 소확행이 상업적으로만 이용된다는 데 있다. 욜로족은 노후 준비나 '내 집 마련'과 같이 사회적으로 요구되는 것들 때문에 허리띠를 졸라매기보다는 지금 당장 내 삶의 질을 높여 줄 수 있는 취미생활이나 자기계발에 돈을 아낌없이 쓴다. 자신의 이상을 실현한다는 점에서 충동구매와는 엄연히 구별되는 개념인 것이다. 소확행 역시 핵심은 '삶을 대하는 태도'에 있다. 그러나 최근 들어 기업들이 마케팅에 '욜로'와 '소확행'이라는 키워드를 활용하면서 그 뜻이 변질되어버렸다. 꼭 해외로 여행을 가야 욜로를 실천하는 것도 아니고, 꼭 돈을 써야만 소확행을 누릴 수 있는 것도 아닌데. '욜로 찾다 골로 간다'는 말이 나오는 것도 비슷한 맥락이다. '욜로=과소비'라는 잘못된 인식이 널리 퍼지면서 구매력이 없는 사람들은 오히려 더 큰 상대적 박탈감을 느끼게 되었다.

사람들이 욜로와 소확행에 열광했던 건 그 중심에 '지금의 나'가 있었기 때문이다. 한 번뿐인 인생에서 지금 내가 누릴 수 있는 행복은 주체적이고 상대적인 것이다. 만약 누군가 등을 떠밀어서 얻은 행복이라면 그건 욜로라고도, 소확행이라고도 할 수 없다. 물론 내 행복을 위해, 돈은 여전히 중요하다. 다만 돈을 어디에 먼저 쓸 것인지, 그 우선순위는 내가 갖고 있어야 한다. 소비의 우선순위는 곧 삶의 우선순위와 직결되니까.

미세먼지

포털 사이트에 '미'를 치면 자동으로 가장 먼저 완성되는 단어, 바로 '미세먼지'다. 아침에 일어나자마자, 이제 우린 날씨보다 미세먼지 농도를 먼저 검색하고 그것도 모자라 미세먼지 예보 애플리케이션을 켠다. 한국인 특유의 호들갑으로 치부할 수만은 없다. 2017년 영국 신문 〈파이낸셜 타임스〉는 중국 베이징, 인도 뉴델리와 함께 서울을 공기 오염이 심각한 3대 도시로 꼽았다. 취업난과 집값 폭등만으로도 힘든데, 공기 속 미세먼지마저 이곳을 '헬조선'으로 만들어버렸다.

미세먼지가 유명(?)해지기 전까지 날씨 예보에 자주 등장하는 단어는 '황사'였다. 그래서 처음엔 둘을 헷갈리는 사람들도 많았지만 황사와 미세먼지는 엄연히 다르다. 황사는 중국 내륙의 사막에서 불어오는 모래와 흙먼지로, 상대적으로 유해성이 덜하다. 반면 미세먼지는 공장 등 산업시설에서 석탄과 석유를 태울 때나 자동차가 배기가스를 내뿜을 때 발생한다. 여기엔 중금속이나 화학물질이 포함되어 있기 때문에 인체에 치명적인 영향을 미칠 수 있다.

보통 지름이 10μm('μ'은 10^{-6}이다.)보다 작으면 '미세먼지'(PM10)로, 지름이 2.5μm보다 작으면 '초미세먼지'(PM2.5)로 불려왔으나 비슷한 용어가 혼란을 줄 수 있어 PM10은 '부유먼지', PM2.5는 '미세먼지'로 공식 용어를 변경했다. 미세먼지는 머리카락 지름의 1/30에 불과할 정도로 작아서 눈에 보이지 않는다. 입자가 작은 만큼 호흡기는 물론이고 폐와 뇌에까지 악영향을 미칠 수 있다. 미세먼지와 질병의 인과관계가 정확하게 밝혀져 있지는 않지만 미세먼지가 인지능력 저하, 뇌졸중, 심장마비 등을 일으킬 수 있다는 연구결과가 연이어 발표되고 있다. 특히 천식과 같은 호흡기 질환을 앓고 있는 사람이나 면역력이 약한 아동, 노인 들의 경우 더욱 치명적일 수 있다.

많은 사람들이 미세먼지의 원인으로 중국을 지목한다. 실제로 미세먼지가 발생한 데는 1990년대부터 '세계의 공장' 역할을 수행하며 대기오염물질을 배출해온 중국의 탓도 크다. 공장이 대거 밀집해 있는 산둥 지방에서 발생한 오염물질이 바람을 타고 한반도로 날아오면서 미세먼지의 농도를 높인 것은 사실이다. 하지만 중국 탓만 할 수는 없다. 미세먼지의 절반 이상은 국내의 산업시설이나 자동차에서 발생하기 때문이다. 따라서 미세먼지를 줄이기 위해서는 중국 등 주변 국가와의 협상은 물론, 국내 대기 환경을 개선하기 위한 노력 또한 중요하다.

개인 차원에서는 외출할 때 미세먼지 마스크를 필히 착용하는 습관을 들여야 한다. 또한 미세먼지 농도가 '나쁨'일 때는 창문을 가급적 닫아놓아야 미세먼지의 내부 침투를 막을 수 있다. 물론 요리를 하거나 청소를 한 뒤에도 아예 환기를 하지 않는다면 실내 공기가 외부보다 더 나빠질 수 있기 때문에 미세먼지 농도가 낮아졌을 때를 골라 하루에 한 번씩은 환기를 해주는 것이 좋다.

히든 피겨스

영화 〈히든 피겨스〉의 주인공은 세 명이다. 수학 영재로 태어나 숫자로는 누구에게도 지지 않는 캐서린 존슨, 기계를 잘 다루고 사람은 더 잘 다루는 도로시 본, 꼼꼼하면서도 창의적인 아이디어로 상사에게 인정받는 메리 잭슨. 세 명의 공통점은 흑인, 여성, 그리고 매일 미국 항공우주국NASA, National Aeronautics & Space Administration로 출근한다는 것. 이들은 모두 실존 인물로, 1960년대 NASA의 핵심 인재로 일했다. 백인과 흑인이 커피포트도 따로 쓰던 그 시대에 NASA는 왜 흑인 여성들을 뽑았을까. 특별히 평등을 지향해서? 아니다. 다급해서다.

당시 미국에게 무엇보다 중요했던 건 소련과의 경쟁이었다. 우주를 선점하는 쪽이 세계를 손에 넣는다고 믿고 있던 상황에서 1957년에 소련은 미국보다 앞서 최초의 인공위성 '스푸트니크'를 궤도에 올렸다. 소련의 비행사 유리 가가린Yuri Gagarin까지 우주 비행에 성공하면서 미국은 또다시 뒤처졌다. 이제 NASA에게 흑인인지 여성인지는 중요하지 않았다. 우주 경쟁에서 이기기 위해 필요한 건 오직 실력뿐이었다.

실력이 있어도 그것을 오롯이 발휘하기까지는 장애물이 많았다. NASA는 남자들이 만든 직업 세계다. 여자는 브리핑에 참석할 수도, 보고서에 이름을 넣을 수도 없었다. "지성을 낫처럼 휘둘러서 낮은 기대 수준이라는 잡초를 제거해야 했다." 도로시는 스스로 롤 모델이 되었다. 컴퓨터가 계산기를 대체할 것이라는 걸 미리 알고, 프로그래밍을 익혀야 한다고 동료들을 설득했다. 얼마 뒤, 그녀와 그녀의 동료들은 까다로운 대형 컴퓨터를 다루는 부서에 자리 잡을 수 있었다. NASA의 흑인 여성들은 기회를 놓치지 않았고, 다음 세대의 길잡이가 되었다.

우주 개발에 기여한 여성들의 성공담은 50여 년 전의 이야기다. 그 후 제2의 캐서린이 여러 명 등장했을 법도 하지만, 아직도 단박에 떠올릴 여성 수학자나 과학자의 이름은 많지 않다. 감춰진 hidden 게 아니라 아예 차단된 것 아닐까. 논리적 추론을 무엇보다 중시하는 과학계가 이 문제만큼은 모른 척한다. 자전적인 이야기를 담은 책《랩걸 Lab Girl》을 펴낸 과학자 호프 자런 Hope Jahren은 연구 성과를 올릴 때마다 '그럴 리 없는데…'라는 표정을 지으며 위아래로 훑어보는 사람들의 시선을 느꼈다. 그녀는 "지금 네가 절대 너일 리 없다는 말을 끊임없이 듣고, 그 경험이 축적되어 나를 짓누르는 무거운 짐이 되는 것"으로 성차별을 정의한다.

임신이라는 '생물학적 차이'는 차별을 정당화하는 근거가 된다. 존스 홉킨스 대학은 그가 임신하자 연구실 출입을 금지한다. 사고가 나면 책임질 수 없다는 이유였다. 흑인 차별이 '갈등 예방을 위한' 것이라던 변명이 떠오른다. 영화의 배경으로부터 40년이 지난 2002년의 일이다.

17년이 더 지난 지금은 어떤가. 낮은 출산율의 책임을 고학력·고소득 여성에게 뒤집어씌우는 시대다. 캐서린은 대학원을 다니다가, 도로시와 메리는 일을 하다가 아이를 가졌다. 그들이 임신을 축복으로 받아들일 수 있었던 것은 언제든 돌아올 수 있다고 믿었기 때문이다. 출산이 곧 '경력 단절'로 이어지는 지금, 호프 자런이 했던 생각을 다른 여성들 역시 똑같이 하고 있다. "이 아기가 태어남으로써 인생의 일부분이 끝날 것이라는 사실에 대해 오랫동안 깊이 슬퍼했다."

비혼

결혼에 대한 20대들의 고민이 바뀌고 있다. 예전엔 "이러다 결혼 못 하는 거 아냐?"였다면 이젠 "결혼 안 하고 살 수는 없을까?"를 궁리한다. 결혼이 당연한 삶의 절차로 여겨지던 때, 결혼하지 않은 사람들은 모두 미혼이라 불렸다. 하지만 이젠 온전히 자신의 의지대로 결혼을 선택하지 '않는' 것을 의미하는 '비혼'이란 표현이 더 널리 쓰인다. '미혼'이란 단어가 결혼하지 않은 사람을 미완의 존재로 보고 있다면, 비혼은 결혼하지 않은 그 삶 자체를 존중하는 단어다. 그만큼 결혼관 자체가 많이 변했다.

대학내일 20대연구소 조사에 따르면, 20대 10명 중 7명이 비혼에 대해 긍정적으로 답했다. 비싼 집값, 경력 단절 등 결혼이 꺼려지는 이유는 많다. 그럼에도 막상 결혼하지 않은 미래를 생각하면 불안해진다. 결혼하지 않고 사는 롤 모델이 많지 않기 때문이다. 그도 그럴 것이, 우리나라 법이 인정하는 가족은 딱 두 가지다. 피가 섞인 혈연관계이거나, 결혼한 남녀이거나. 여기에 속해야만 법적 공동체 자격이 주어진다. 혼인신고를 한 남녀가 아니면 주거, 세금, 상속, 입양 등 '가족'에게 주어지는 각종 복지 혜택은 하나도 받지 못하고, 입양도 불가능하다. 4인 가구가 대부분이던 시대의 통념을 바탕으로 만들어진 법이다. 하지만 4인 가구의 비중은 점점 줄어들고 있다. 통계청의 2016년 발표에 따르면, 4인 가구의 비중은 고작 18.8%고, 부모와 자녀가 함께 사는 비율 역시 29.2%에 불과했다. 혼인율과 출산율이 매년 최저치를 경신하고 있기 때문이다. 사회 분위기 변화에 따라 '가족'은 앞으로 점점 더 다양한 형태로 바뀔 공산이 크다. 아니, 이미 바뀌고 있다.

비혼을 꿈꾸는 사람들 중에는 특히 여성이 많다. 한국 사회에서 결혼 제도 속으로 들어간 여성들은 더 많은 역할을 부여받는다. 자라는 동안 엄마가, 고모가, 외숙모가 남편의 밥을 차리고 제사 음식을 만드는 걸 보면서 많은 여성들은 '저걸 평생 해야 하는 건가?' 하는 압박감에 시달린다. 사랑하는 사람이 생기더라도, 자기만의 인생을 살기 위해서는 결혼이 아닌 다른 방법을 찾게 되는 것이다. 게다가 결혼할 경우, 둘의 관계에 양가 부모님들이 필연적으로 개입한다. 즐겁게 연애하던 사람들도 결혼 준비를 하는 동안, 왜 결혼을 가리켜 두 사람만이 아니라 두 집안 간의 만남이라고 얘기하는지 몸으로 느낀다. 실제로 결혼해서 사는 많은 부부가 서로의 가족을 챙겨야 한다는 의무감에서 오는 스트레스를 호소한다.

다른 나라에서는 이미 오래전부터 다양한 형태의 가족을 인정하고, 제도가 그들을 뒷받침한다. 스웨덴, 프랑스, 미국에서는 꼭 결혼을 하지 않더라도 동거인으로 등록하면 교육, 주거와 그 밖의 복지 혜택을 받을 수 있다. 스웨덴의 '동거인 법'은 무려 30년 전부터 시행되고 있다. 젊은 세대의 사고방식이 바뀌면서 우리나라에서도 더불어민주당 진선미 의원이 2014년 '생활동반자법'을 발의했다. 어쩌면 한국의 '비혼' 바람은 한참 늦은 건지도 모르겠다. '결혼 포기'가 아니라 새로운 생활방식을 선택한다는 관점으로 '비혼주의자'의 등장을 바라볼 필요가 있다.

트레바리

여러 명이서 책 한 권을 정해 읽고 얘기를 나누는 방식의 독서 모임은 이전부터 있었다. 그래서 2015년, '독서 토론 커뮤니티'를 지향하는 스타트업 트레바리가 세상에 나왔을 때 사람들의 반응은 까칠했다. "왜 책을 돈 주고 읽지?" 아닌 게 아니라 한 시즌에 19만 원은 적은 돈이 아니다. 책으로 치면 15권 정도 살 수 있는 비용이고, 옷도 서너 벌 살 수 있는 가격이니까. 그에 비해 트레바리의 프로그램은 별다를 게 없다. 한 달에 책을 한 권 읽고 독후감을 쓴 뒤, 만나서 토론을 한다. 한 시즌은 총 네 달 동안 진행되니까, 네 번 만나 네 권의 책을 읽는 것이다. 하지만 사람들은 이 무형의 서비스를 이용하기 위해 기꺼이 그 돈을 냈고, 트레바리는 빠르게 성장했다.

2015년 처음 결성된 트레바리는 4개의 클럽으로 시작했다. 한 클럽당 회원 수가 15~20명이니까, 회원 수는 100명이 채 되지 않았다. 그런데 시즌이 거듭될수록 규모가 점점 커졌다. 9개 클럽에 회원 175명, 18개 클럽에 340명, 34개 클럽에 660명까지. 2017년에는 드디어 회원 수 1,000명을 돌파했고 하반기 시즌엔 총 140개의 클럽이 개설됐다. 4개가 140개가 되고, 80명이 1,300명이 됐다. 대체 트레바리에 무엇이 있기에 사람들은 20만 원 가까운 돈을 내면서까지 이곳으로 모이는 걸까?

사실 직장인들에게 20만 원은 의미 있는 여가 생활을 위해 충분히 쓸 수 있는 돈이다. 헬스장에서 PT를 받는 비용이랑 비슷하고, 해외여행 비행기 표 가격보다 저렴하고, 술 몇 번 안 마시면 아낄 수 있는 돈이니까.

중요한 건 그 돈을 써서 무엇을 얻을 수 있는가다. 트레바리가 제공하는 서비스는 '커뮤니티'다. 이 커뮤니티 내에서 책을 매개로 한 대화가 이뤄진다. 그 대화 자체가 콘텐츠이고, 또 하나의 자기계발이다. 트레바리엔 대화할 준비가 된 사람들이 모인다. 트레바리의 규칙이 많지는 않은데, 그중 하나가 독후감을 써야만 모임에 참여할 수 있다는 것이다. 독후감을 쓰려면 책을 읽고 주제에 대한 생각을 정리해야 한다. 결국 모임 장소인 '아지트'에 모인 사람들끼리는 양질의 대화를 나눌 수 있다. 아무리 편안하고 절친한 친구끼리라도 술자리에서 쉽게 나누기는 힘든 대화다. 게다가 클럽장으로 참여하는 각계의 전문가들을 만날 수도 있다. 트레바리에서는 이정모 서대문자연사박물관장, 네이버 김상헌 전 대표, 천관율 〈시사IN〉 기자, 신기주 〈에스콰이어〉 편집장 등이 각자의 클럽을 운영하고 있다. 회원들이 20~30만 원을 내고 트레바리에서 얻어가는 것은 결국 대화와 사람인 셈이다.

트레바리를 창업한 윤수영 대표는 대학 졸업 후 다음커뮤니케이션에 입사해 일하던 평범한 직장인이었다. 그를 움직이게 한 건 세월호 참사였다. 각종 떳떳하지 못한 일이 밝혀지는 상황 속에서 스스로에게 묻게 되었다. '넌 얼마나 떳떳하냐?' 그때 회사를 나와서 차린 스타트업이 트레바리다. 트레바리에는 '세상에 도움 되는 일을 하고 싶다'는 그의 꿈이 담겨 있다. 세상을 더 낫게 만드는 방법은 여러 가지다. 그가 택한 방식은 책, 그리고 사람들의 대화였다. 트레바리에 모인 1,300명의 세상은 이미 조금씩 바뀌고 있다.

가로열쇠

01 (1) 판에 박힌 듯 진부한 표현을 뜻하는 프랑스어. #아들의애인얼굴에물을뿌리거나돈봉투를건네는어머니 #너답지않게왜이래 #나다운게뭔데 (2) 가수 윤상이 2000년 발표한 정규 앨범 타이틀. 그의 앨범 중 최고로 꼽는 사람이 많다. #사랑이란 #결국흔해빠진사랑얘기

02 가방과 같이 비교적 가벼운 장치에 엔진을 부착해 비행하는 1인용 장비. 종류별로 등에 메기도 하고, 허리에 차기도 한다. 이것이 개발되면 아이언맨처럼 하늘을 날 수 있다.

03 우산을 챙긴 날엔 비가 안 오고 빈손으로 나온 날엔 꼭 비가 오는 기적. '이게 다 ○○○○ 때문이다.' 믿을 수 없는 것의 대명사. #기상청화이팅

04 엠넷의 예능프로그램 <식스틴SIXTEEN>을 통해 탄생한 JYP 소속 그룹.

05 (1) 자꾸 짧아져서 아쉬운 계절. (2) '○○이 오면 / 눈부신 아침 햇살에 비친 그대의 미소가 아름다워요'

06 아인슈타인이 그 존재를 예언한 지 100년 만에, 관측소 라이고LIGO가 공식적으로 검출 사실을 발표했다. #아인슈타인의마지막선물

07 생활 속에서 배출하는 쓰레기를 최소화하고, 어쩔 수 없이 생기는 것들은 재활용하자는 생활운동이자 라이프스타일. 뿐만 아니라 패션업계에서도 원단과 소재를 최소한으로 사용해 환경을 생각하고 미래를 대비하자는 취지에서 지향점으로 삼기도 한다.

08 2015년 4월 11일, 리그베다 위키의 데이터를 활용해 만들어진 웹사이트. 누구나 자유롭게 항목의 작성과 수정이 가능하다는 장점이 있지만, 편향된 편집 방향이나 성차별적인 내용 때문에 비판도 받는다. #○○위키

09 소액을 간단하게 결제할 수 있는 서비스. 최근 들어 많은 업체들이 이 서비스를 출시하고 있다. #카카오○○ #네이버○○ #애플○○ #구글○○

10 프랑스 리그 파리 생제르맹 FC에서 7번을 달고 활약 중인 축구 선수. 2018 러시아 월드컵에서 프랑스 대표팀 공격의 핵심 역할을 수행하며 우승을 이끌었다. 특히 아르헨티나와의 16강전에서 두 골을 연달아 넣으며 펠레 이후 60년 만에 월드컵에서 한 경기 멀티골을 기록한 10대 선수가 되었다.

11 2018년 2월 출시된 라이브 퀴즈쇼 애플리케이션. 평일엔 한 번, 주말에는 두 번 퀴즈쇼가 진행되는데, 문제를 끝까지 다 맞힌 사람끼리 그날 걸린 상금을 나눠 갖는 방식이다. 출시 이후 접속자 수가 폭발적으로 증가해 퀴즈쇼가 열리는 점심시간을 '잼심시간'으로 만들어버렸다는 말까지 나왔다.

12 최근 화제가 된 외신 중, 우리에게 새로운 시각을 알려주는 기사를 중심으로 다양한 분야의 글을 골라 번역 및 요약하여 제공하는 뉴스 큐레이션 서비스. #한국에는없지만한국인에게필요한 #뉴스○○○○

13 배우 문소리가 대학원에서 연출전공 과제로 만든 세 편의 단편영화를 옴니버스 형태로 묶어 개봉한 영화.

14 과거에는 특수한 상황의 사람들에게만 발생하는 일종의 '직업병'이었지만 노트북, 스마트폰을 들여다보는 시간이 많은 현대인들에게는 아주 흔하게 발생하는 근골격계 질환.

15 뺄 수도 박을 수도 없을 때 우리는 이렇게 말해요.

세로열쇠

01 2015년 유가 폭락, 세계 조선업 붕괴의 근본적인 원인. #산유국에겐재앙 #미국에겐축복 #○○오일 #○○가스 #○○혁명

02 특정 조직이나 단체에 몸담고 있었으나, 공공의 이익을 위해 불이익을 무릅쓰고 내부의 부조리한 문제를 제기한 사람. 삼성그룹의 이사 출신 김용철 변호사가 대표적이고, 최근에는 최순실과 함께 일했던 고영태, 노승일, 박헌영 등이 적극적으로 국정농단 사실을 증언했다. '내부고발자'로 흔히 불리지만 부정적인 어감 때문에 '공익○○○'로 바꿔 불러야 한다는 의견이 있다.

03 인터넷에서 처음 사용된 신조어로, 누구나 인정할 수밖에 없는 객관적인 사실을 근거로 들어 상대방의 허점을 꼬집는 행위.

04 성적인 논란을 피하기 위해 의도적으로 여성과 일대일 접촉을 피하는 행동. 미국의 부통령 마이크 펜스가 이 원칙을 고수하겠다는 입장을 밝힌 뒤 우리나라에서도 급속히 이 단어가 확산되었다.

05 일본군 위안부 문제를 국내외에 알리고 위안부 피해자를 기리기 위해 제정된 국가기념일. 매년 8월 14일로, 이날은 김학순 할머니가 처음 피해 사실을 증언한 날이다. #위안부○○의날

06 (1) 옛것과 새것이 공존하고 있어, 새롭게 '힙스터들의 성지'로 떠오르고 있는 곳. (2) ○○○입구역, ○○○3가역, ○○○○4가역. (3) '을을 지키는 길'이라는 뜻으로 더불어민주당 국회의원들이 결성한 모임.

07 미스터리 전문 격월간 잡지. '미스터리를 광적으로 좋

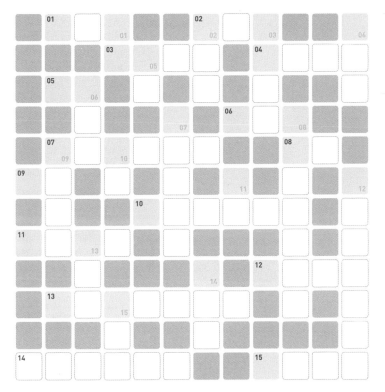

아하는 사람'이라는 뜻의 구어를 제호로 사용했다.

08 국제탐사보도언론인협회에 의해 유출된 로펌 모색 폰세카의 기밀 문건. 이로 인해 모색 폰세카가 전 세계의 전직, 현직 지도자와 유명 인사들의 조세 회피처로 활용됐음이 밝혀졌다. #한국대표뉴스타파 #메시 실망이야

09 2013년 가수로 데뷔한 후, 오프라인보다는 유튜브에서 더욱 많이 이름을 알린 가수. 2017년 1월 업로드한 <셰이프 오브 유*Shape Of You*> 영상은 1억 조회 수를 돌파했고, 2018년 9월 현재 900만 명이 넘는 구독자를 보유하고 있다.

10 뭘 잘 모르겠다는 생각이 들 땐 외치세요. "도와줘요, 스피드〇〇!"

11 출시 1년 6개월 만에 100만 다운로드를 돌파한 국내 소셜 데이팅 서비스. 스마트폰이 보급된 후 다양한 연령이 이용하고 있다. #〇〇

12 시민들의 자발적인 모금, 기부, 증여로 자연 생태계를 관리하는 환경운동. 1896년 영국에서 처음 시작된 후

전 세계로 확산되었다. 국내에서는 2000년 사단법인 '한국〇〇〇〇〇〇'가 출범하면서 본격화되었다.

13 연예인 커버 메이크업 방송으로 유튜브 채널 150만 구독자를 보유한 뷰티 크리에이터. MBC 예능 <라디오스타>에 출연해 주요 포털 실시간 인기검색어 1위에 오르는 등 큰 화제를 낳기도 했다. #구독구독미 #팔로팔로미

14 《어차피 내 마음입니다》《나에게 다정한 하루》 등을 펴낸 작가. 개인의 내면을 들여다보는 그림일기를 통해 대중들에게 알려졌다. #〇〇〇여름밤의내가느낀심리학썰

15 노년층, 청년층, 장년층 할 것 없이 연령을 불문하고 점점 늘어나고 있는 정신질환. #마음의감기 #감기처럼〇〇〇에도치료가필요합니다

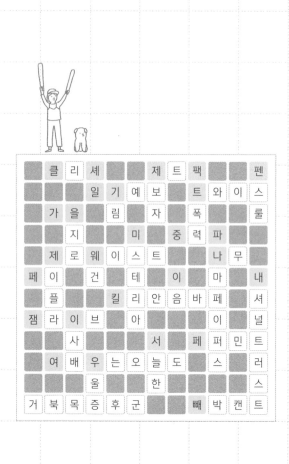

일기예보

지구온난화가 가속화되면서 엘니뇨, 라니냐 같은 이상기후가 전 세계적으로 나타나고 있다. 그 때문인지 기상청이 매일 아침 내놓는 일기예보도 번번이 빗나간다. 맑을 거라고 예보한 날, 갑자기 폭우라도 쏟아지면 포털 뉴스 댓글창에는 기상청에 대한 불만이 줄줄이 달린다. 2018년 여름에는 태풍 '제비'의 파괴력이 역대급이라고 예측했다가 큰 난리 없이 지나가는 바람에 '괜히 호들갑만 떤다'는 비난까지 받았다. 모든 분야에서 기술이 발전하고 있는데, 기상예보는 왜 점점 퇴보하고 있는 것처럼 느껴질까?

확률적으로 매우 적은 가능성이 현실화되어 나타나는 변화를 '블랙스완Black Swan'이라고 부르는데, 기후변화도 그중 하나다. 축적된 통계 밖으로 벗어나 버리니, 어찌 보면 예측이 쉽지 않은 건 당연하다. 슈퍼컴퓨터가 4대나 있어도 힘든 일이다. 기상예보는 빅데이터 분석과 비슷해서, 기존에 일어났던 수많은 사례들을 토대로 예측 모델을 만든다. 알파고에 수많은 대국이 입력되었던 것처럼. 지금껏 없었던 기상이변이 발생하면 제아무리 슈퍼컴퓨터라도 틀릴 수밖에 없다. 또 4대가 있다고 해서 그걸 모두 활용할 수 있는 것도 아니다. 네 번째 슈퍼컴퓨터가 실용화된 게 2015년인데, 이전에 도입된 것들은 그만큼 성능이 뒤처진다. 개인용 컴퓨터만 해도 살 땐 최신형이지만 1, 2년 지나면 구형이 된다. 사실 국가 면적당 예보 장비로 보면 하드웨어는 세계적인 수준이다. 하지만 기상예보는 하드웨어로만 하는 것이 아니다.

예보는 크게 세 단계로 나뉜다. 첫째, 기상 관측. 세계기상기구에서 인정한 국내 관측소 45곳에서 나온 관측, 상층 관측, 위성·레이더 관측, 낙뢰 관측 등 각종 자료를 모은다. 둘째, 자료 분석. 관측 자료를 슈퍼컴퓨터 예측 모델에 넣고, 또 산출 결과를 놓고 예보관들끼리 토론을 한다. 셋째, 최종 결정. 여기서부터는 사람의 능력이다. 슈퍼컴퓨터 예측 모델의 비중이 40%, 각종 관측 장비들이 30%라면 나머지 30%는 사람의 능력이다. 모델이 괜찮고, 하드웨어도 좋다면 결국 문제는 예보관의 능력이 부족하기 때문이라고 볼 수 있다.

사실 2009년 우리나라는 '예보계의 히딩크'로 불리는 기상 분야의 권위자 켄 크로퍼드Ken Crawford를 모셔왔다. 하지만 그의 직함은 기상선진화추진단장. 예산을 따와서 선진화를 추진할 수는 있어도 직접 예보를 내는 자리는 아니다. 국가 기상청이든 민간 기상회사든 예보는 예보국장 한 사람이 낸다. 여러 예보관의 의견을 같이 발표할 수도 없고, 평균값을 낼 수도 없다. 예보관 갑이 강우 5mm, 예보관 을이 강우 25mm를 냈다고 해서 평균치인 강우 15mm로 발표하는 건 코미디니까. 물론 여러 의견을 듣겠지만 최종 결정은 한 명이 해야 한다. 그래서 결국 예보의 정확도는 예보국장이 누구냐에 따라 판가름 난다.

그런데 예보국장으로서의 실력은 하루아침에 쌓이는 게 아니다. 팁 몇 개를 속성으로 배워서 노하우를 얻을 수는 없다. 수천만 장의 기상 일기도를 봐도 똑같은 사례가 없고, 다 조금씩 다르다. 수없이 많은 선택지 가운데 올바른 판단을 내리게 하는 건 오랜 세월 경험을 통해 쌓인 '통찰력'이다. 결국 필요한 건, 예보관을 꾸준히 육성할 수 있는 시스템이 아닐까.

제로 웨이스트

2018년 4월 서울 주거지 곳곳에 쓰레기가 방치되는 '쓰레기 대란'이 일어났다. 중국 환경보호부가 폐비닐, 플라스틱 등 고체폐기물 24종의 수입을 중단하면서 벌어진 일이다. 전 세계에서 배출되는 쓰레기의 절반을 수입해온 중국이 왜 갑자기 이런 결정을 내린 걸까. 재활용 산업에 종사하는 작은 시골 마을 사람들을 그린 다큐멘터리 영화 〈플라스틱 차이나〉가 중국 사회에 반향을 일으켰기 때문이다. 플라스틱 쓰레기가 산처럼 마을 곳곳에 쌓여 있는 풍경과 폐비닐을 뒤적거리며 노는 아이들의 모습은 중국인들에게도 충격이었다. 모르고 싶었던 진실을 국민들이 알게 되면서, 정부 역시 '쓰레기 보이콧'을 선언하게 된 것이다.

중국의 정책 결정이 우리나라에까지 전해진 건 우리 사회가 경각심 없이 쓰레기를 배출해왔기 때문이다. 서울시가 발표한 2015년 통계에 따르면, 서울 시민이 하루 배출하는 생활폐기물의 양은 0.94kg. 한 달에 28kg, 1년에는 300kg이 넘는 쓰레기를 쏟아내고 있는 셈이다. 1인당 비닐봉지 사용량 역시 1년에 420개로, 4개인 핀란드와 비교하면 100배가 넘는 수치다. 어디서 그렇게 쓰레기가 많이 나오는 걸까? 의식주를 위해 우리가 구매하는 것 하나하나가 모두 쓰레기를 남긴다. 라면을 먹으면 라면 봉지와 일회용 젓가락이 남고, 커피를 마시면 플라스틱 컵과 빨대가 남는다. 마트에서 장 본 물건을 담아오는 비닐봉지까지 다 쓰레기다.

일상생활과 밀접한 관련이 있는 만큼, 쓰레기 문제는 단순히 우리만의 문제가 아니다. 유럽에서만 매년 2,580만 톤의 쓰레기가 배출되는데, 이

가운데 70%가 소각되거나 땅에 묻힌다. 이 과정에서 발생하는 다이옥신, 미세먼지 등이 공기 중으로 흘러 들어가고 미세 플라스틱이 바다를 둥둥 떠다닌다. 결국 유럽연합EU은 플라스틱 제품 10종을 사용하는 것을 금지했다. 우리나라 역시 2018년 8월 1일부터 카페에서 일회용 컵을 사용할 수 없게 하는 규제가 시행되었다.

그러나 국가 정책만으로는 한계가 있다. 개개인의 의식부터 바뀌어야 한다. '제로 웨이스트zero waste'는 소비자가 자발적으로 일상에서 배출되는 일회용품 쓰레기를 최소화하자는 캠페인으로, 전 세계적인 생활 트렌드로 자리 잡고 있다. 제로 웨이스트는 재활용 분리수거보다 한 걸음 더 나아간 개념으로, 폐기물을 아예 만들지 않는 '프리사이클링pre-cycling'을 위해 손수건, 텀블러, 장바구니, 휴대용 수저를 사용하자는 흐름이다.

처음 제안한 사람은 《나는 쓰레기 없이 산다Zero Waste Home》의 저자 비 존슨이다. 존슨에 따르면, 제로 웨이스트를 위해서는 쓰레기를 창출하는 모든 소비생활을 점검해볼 필요가 있다. 소비의 양보다는 질을 먼저 생각하고, 물건의 소유보다는 경험의 가치를 높이는 간소한 생활방식에 익숙해지는 것이 그 시작이다.

여배우는 오늘도

2000년에 이창동 감독의 영화 〈박하사탕〉으로 데뷔해 2년 후 〈오아시스〉로 베니스 국제영화제 신인배우상을 받은 배우. 이후 〈바람난 가족〉, 〈가족의 탄생〉, 〈우리 생애 최고의 순간〉, 〈하하하〉 등에 출연하며 국내 영화계에 없어서는 안 될 존재로 성장한 배우. 바로 문소리다. 문소리에게 2017년은 특별한 해였다. 〈여배우는 오늘도〉를 통해 감독으로 데뷔했기 때문이다. 문소리는 〈여배우〉, 〈여배우는 오늘도〉, 〈최고의 감독〉 세 편의 단편을 엮어 영화를 완성했다. 첫 도전임에도 영화는 평론가와 관객들의 호평을 골고루 받으며 2주 만에 1만 명의 관객을 동원했다.

그에게 영화를 만드는 과정은 곧 배우로서의 자기 자신을 돌아보는 과정이었을 것이다. 픽션이긴 하지만, 이 영화에는 국내 영화계에서 18년간 여배우로 활동하는 동안 문소리가 느낀 것들이 담겨 있다. 또한 여배우를 넘어 여자의 삶, 그 내부를 들여다본다. 〈여배우는 오늘도〉는 국내 영화계를 넘어, 우리 사회에 화두를 던지고 있는 것이다. 그래서 1만 명이라는 숫자는 더욱 의미가 있다. 여성 관객들은 두 가지 마음을 동시에 품고 극장을 찾았다. 재미있는 영화를 보고 싶다는 마음과, 여성이 만든 여성의 이야기를 응원하는 마음. 배우들도 동참했다. 상영 후 열린 GV 행사에 전도연, 김태리, 공효진, 엄정화, 라미란 등 최고 게스트들이 참여한 것 또한 응원의 일환이었을 것이다.

실제로 최근 몇 년간 국내 영화들이 여성을 그리는 방식에 대한 문제 제기가 활발하게 이뤄지고 있던 참이었다. 이젠 평론가뿐 아니라 일반 대중부터 젠더 감수성이 떨어지는 영화에 대해 적극적으로 비판한다. 많은 자본이 투자되는 영화 산업 특성상 대중의 기호를 무시할 수는 없다. 젠더 이슈가 반영된 영화가 점점 더 많이 만들어질 거라는 기대를 갖게 되는 이유다.

그러나 아직 국내 영화계는 여전히 남성 중심이다. 현장의 스태프도 여성과 남성이 직군별로 구분된다. 분장, 의상, 미술, 홍보는 여성이 다수인 반면, 촬영, 조명, 녹음 등 기술 분야는 남성이 압도적이다. 감독을 비롯해 현장 스태프 다수가 남성이다 보니 아무래도 의사 결정이 남성 중심으로 진행될 수밖에 없다. 물론 여성 프로듀서의 수가 늘고 있고, 남성 영화인들도 자성의 목소리를 내면서 조금씩 나아지고 있는 것은 다행이다.

"여배우는 영화의 꽃이다." 영화계나 방송계에서는 아직도 이런 말이 나온다. 여배우만의 얘기가 아니다. 여자를 꽃에 비유하는 것 자체가, 칭찬인 듯 여성의 역할을 제한하는 말이다. 문소리는 그런 편견을 거부한다. 여성이 사회에서 다양한 역할을 맡을 수 있듯이, 여배우 또한 영화 안에서 다양하게 쓰이기를 바란다. 실제로 국내 영화제에서 여우주연상을 받았을 때 비슷한 말을 듣고, 문소리가 밝혔던 수상소감에는 이러한 뜻이 담겨 있다. "전 영화의 꽃보다 뿌리이고 줄기이고 싶고요, 차라리 거름이 되고 싶습니다."

셰일

과학시간에 퇴적암을 배울 때, 그 종류를 나누는 기준은 알갱이를 이루는 입자의 크기였다. 입자 크기가 2mm 이상일 경우 '역암'이라 불렸고, 그보다 작으면 '사암', 그보다 작으면 '이암'이라 불렸다. 이암 중에서도 알갱이가 작은 축에 속하는 퇴적암의 종류가 바로 '셰일'이다. 탄소 성분이 섞여 있어 색이 검고, 쉽게 부서지며, 화석이 많이 발견되는 암석. 시멘트나 벽돌의 재료로 자주 쓰인다고 배웠던 이 셰일이 최근 몇 년간 세계경제는 물론 국제 정치와 외교 상황에 어마어마한 영향을 미치고 있다. 석유를 대체할 에너지로 '셰일 원유' 및 '셰일 가스'가 떠올랐기 때문이다.

셰일 가스는 말 그대로 셰일 지층에 함유된 천연가스다. 암석의 틈새가 워낙 작아 석유에 비해 생산 효율이 매우 낮았고, 2000년대 전까지는 활용도가 낮았다. 그러나 2000년 이후 '미첼에너지'라는 미국의 벤처기업이 새로운 채굴법을 개발하면서 본격적으로 대체에너지로 주목받기 시작했다. 점차 효율이 높아져 미국을 중심으로 셰일 생산량이 석유 생산량을 뛰어넘는 국가들이 나왔다.

이 같은 '셰일 혁명'은 국제 유가의 하락으로 이어졌다. 사우디아라비아를 비롯한 석유수출국기구OPEC, Organization of the Petroleum Exporting Countries의 기존 산유국들은 위기의식을 느끼고 작전을 짰다. 당장의 손해를 감수하더라도 석유 생산량을 늘려 유가를 떨어뜨림으로써 미국 셰일가스 산업의 씨를 말리려 한 것이다. 작전대로 미국의 셰일 업체들은 하나둘 문을 닫았다. 하지만 한 회사가 망하면 다른 회사가 다시 뛰어드는 식으로 미국의 셰일 산업은 계속 이어졌다. 또한 로봇과 첨단 센서를 통한 신기술이 계속 등장함에 따라 채굴 비용이 낮아졌고, 결국 몇몇 기업은 살아남아 꾸준히 셰일 생산량을 늘려갔다.

최종 승자는 미국이 될 것으로 보인다. 미국은 셰일 에너지 수출을 통해 이미 2013년에 에너지 수입국에서 수출국으로 돌아섰다. 또한 국제에너지기구IEA, International Energy Agency 발표에 따르면, 미국은 2018년 한 해 동안 1,000만 배럴의 석유를 생산할 예정이다. 자연스레 세계 석유시장의 주도권도 중동 산유국에서 미국으로 넘어왔다. 이로써 세계의 리더임을 자처하던 미국은 또다시 무기를 손에 쥐게 된 것이다. 그동안 미국은 정치 상황이 불안정한 중동 국가 사이의 분쟁을 중재하려 노력해왔다. 전쟁 때문에 유가가 높아지면 제아무리 미국이라도 예전과 같은 '오일 쇼크'를 피할 수 없었으니까. 하지만 이제 원유 수출국이 된 미국 입장에서는 유가 상승을 굳이 두려워할 필요가 없다. 우리나라를 비롯한 에너지 수입국들은 '셰일'이라는 날개를 단 패권국가 미국이 리더로서의 책임감을 가져주기를 바랄 수밖에 없는 상황이 되었다.

팩트 폭력

최근 온라인에서 '팩트 폭력'이란 표현이 자주 눈에 띈다. 의미는 단어 속에 다 들어 있다. '팩트로 때린다', '부인할 수 없는 사실로 상대방에게 정신적 타격을 가한다' 정도로 풀이가 가능하다. '키보드 배틀' 현장에서의 팩트 폭력은 다음과 같은 양상으로 펼쳐진다.

모든 말싸움이 그렇지만 온라인에서의 논쟁은 특히 감정적으로 치닫기 쉽다. 근거 없는 악성 댓글이 오가고, 결국은 싸우는 사람도 지켜보는 사람도 지친다. 이때 누군가 감정을 억누르고 객관적 사실만으로 정곡을 찌르면 상대방은 더 이상 반박하지 못하고 무릎을 꿇는다. 싸움을 지켜보던 네티즌들은 승자에 열광하고, 동시에 씩씩거리면서도 아무 말 못 하는 패자를 조롱한다.

사실 '정곡 찌르기'는 꾸준히 호응을 얻어왔다. 미묘한 차이는 있지만 '사이다!', '일침갑', '돌직구' 등의 표현에는 모두 정곡을 찔러준 이에 대한 반가움이 드러난다. 본인이 하지 못한 말을 누군가 속 시원하게 대신 해줄 때 느끼는 카타르시스. 팩트 폭력에 대한 열광 역시 그 근원은 비슷하다. 앞의 표현들과 다른 게 있다면 '팩트'라는 수단이다.

'날조와 선동'이 밥 먹듯 행해지는 세상에서 팩트는 분명 힘이 세다. 뉴스에 〈팩트체크〉라는 코너가 만들어질 만큼 언론인들에게 팩트는 중요하다. '권력자의 회유와 협박에도 아랑곳하지 않고 쫓아야 할 단 하나의 진실'이라는 이미지가 이 단어를 둘러싸고 있다. 덕분에 항상 나쁜 것으로만 여겨지던 '폭력'이 뒤에 붙었음에도 팩트 폭력은 정정당당한 무기 대접을 받을 수 있다. '비겁하게 팩트를 들고 오냐? 날조나 선동으로 승부해라'는 우스갯소리에서는 거꾸로 '팩트는 비겁하지 않다'는 자신감이 느껴진다. 그런데 정말 팩트는 항상 정의로운가?

사실 이 세상 모든 일이 다 팩트다. 전 세계 곳곳에서 수많은 사건이 벌어지고 있다. 사명감으로 똘똘 뭉친 언론인이라도 그 모든 팩트를 취재할 수는 없다. 그래서 우선순위를 정해 기사화할 것을 선택한다. 우선순위를 정하는 기준은 언론인의 '관점'에 따라 제각각이다. 학자들 역시 자신의 '논지'를 뒷받침하기 위해 수많은 통계자료 중 필요한 것을 골라 인용한다. 팩트의 정의로움은 '조작되지 않았다는 것', 딱 거기까지다. 수많은 사실 중에 그것을 골라 내미는 사람의 관점과 논지, 즉 주장의 정의로움은 별개의 문제다.

이 신조어가 점점 더 다양한 상황에서 쓰이고 있는 것은 어쩌면 당연한 결과다. 카타르시스를 원하는 사람은 많고, 팩트는 천지에 널려 있으니까. 그중에 자기 입맛에 맞는 사례를 똑 떼어내 담담한 말투로 상대방을 공격하면, 거기에 동조하는 사람들이 몰려와 '팩트 폭력'이라 이름 붙이고 면죄부를 준다. 이제 이것은 하나의 놀이가 되었다.

팩트만 있으면 편협한 관점과 논리의 허점을 쉽게 가릴 수 있다. 그러나 팩트가 모든 주장을 '정의로운 일침'으로 포장해줄 마법의 지팡이는 아니다. 믿고 싶은 사실만 골라 '팩트'라 포장하여 타인을 겨냥한 무기로 쓰는 것은 결코 정의롭지 않다. 그 또한 폭력이다.

서늘한 여름밤

사회가 요구하는 속도를 억지로 따라가려다 보면 지치고, 무기력해진다. 사회가 제시한 길을 벗어나면 또 그것대로 불안하고, 우울해지고, 자책을 하게 된다. 이러지도 저러지도 못하는 상황. 이 세상은 불과 몇 년 전까지만 해도 고민에 빠진 사람들에게 '모든 일은 마음먹기에 달려 있다'며 의지와 노력을 강요했다. 타의에 의해 의지를 불태우고, 하고 싶지 않은 노력을 하는 동안 사람들은 자기 마음을 들여다볼 여유를 갖지 못했다. 그러는 동안 공황장애, 우울증, 번아웃 증후군burnout syndrome 등 마음의 병으로 고생하는 사람들은 점점 더 늘어만 갔다.

다행히 최근 심리 상담에 대한 편견이 많이 사라지고, 적극적으로 내 마음을 들여다보고 치유하는 것에 대한 관심이 커지고 있다. 대표적인 것 중 하나가 그림일기 〈서늘한 여름밤의 내가 느낀 심리학 썰〉이다. 본인 역시 한때 임상 심리 전문가가 되기 위해 전속력으로 달렸던 '서늘한 여름밤'은 이제 그림일기로 사람들의 마음을 위로한다.

그는 특히 20대에게 심리 상담이 필요하다고 말한다. 우울증을 포함해 많은 정신질환은 20대 때 가장 빈번하게 찾아온다. 중·고등학교 때는 입시에 치여서 나 자신에 대해 고민할 겨를이 없다. 성인이 되면 갑자기 내가 선택하고 책임져야 하는 상황이 많아진다. 결정은 해야 하는데 아무것도 결정되지 않은 불안한 상태인 것이다. 그럴 때 심리상담은 내가 어떤 상태에 놓여 있는지 돌아볼 수 있게 해준다. 멀찍이서 보면 상담사에게 털어놓는 고민이 별것 아닌 일로 보일지 몰라도, 당사자에게는 어마어

마하게 힘든 일이다. 그러니 '겨우 이 정도 일로…' 같은 생각 때문에 상담받기를 망설일 필요는 없다. 실제로 상담을 받으러 온 사람들 대부분이 가장 먼저 하는 질문은 이런 거다. "저랑 비슷한 일로 상담받으러 온 사람이 또 있어요?"

처음 보는 사람 앞에서 속 얘기를 털어놓는다는 게 어색하게 느껴질 수는 있다. 그런데 가까운 사람일수록 고민을 있는 그대로 얘기하기는 더 힘들다. 일단 다들 자기 문제로 이미 머릿속이 복잡하기 때문에 마음의 여유가 없다. 그리고 자꾸 힘든 얘기를 하다 보면 그 사람들이 지치고 힘들어하는 게 느껴지고, 그런 일이 반복되면 미안해서 입을 다물게 된다. 입을 꾹 다물고 있는 동안 고민은 여전히 마음속에 남아 있다. 심리 상담은 다르다. 전문 과정을 수료한 상담사들은 고민을 들어줄 준비가 충분히 되어 있다. 쭈뼛거리는 사람이 있어도 묵묵히 기다려준다. 친구나 선배들의 어설픈 충고에 더 큰 상처를 받는 것보다 전문적이고 믿을 수 있는 대상을 선택하는 것이 낫다.

상담을 가기 전에 따로 준비해야 할 건 없다. 그저 자기 마음을 구체적으로 얘기할 수 있으면 충분하다. 실제로 상담센터에는 '힘들어요'라고만 말하면 답을 내려줄 거라 기대하고 오는 사람들이 많다고 한다. 그런데 상담사가 답을 주지는 않는다. 스스로가 답을 찾을 수 있도록 길을 터줄 뿐이다. 상담사가 터주는 길로 가기 위해서는 마음을 열어야 한다. 상담은 함께 힘을 합쳐야 하는 협업이니까.

2장

더 격렬히 아무것도 안 하고 싶은 당신을 위한,

놀이·문화

놀이

문화

'재미있는 일을 하며 즐겁게 지내다'라는 뜻의 동사인 '놀다'에 '잘' 혹은 '못'이라는 부사가 붙으면 흔히 사용하는 관용 표현이 된다. 이 표현은 '즐겁게 지내야 할' 순간에까지 끼어들어 사람을 두 종류로 분류한다. '잘 노는' 너와 '못 노는' 나. 세상에 잘 놀고 싶지 않은 사람이 어디 있겠으며, 못 놀아봐야 또 얼마나 못 놀겠는가. 노는 게 제일 좋은 건 뽀로로 친구들만은 아닌 것을.

나 역시 30여 년간 나름대로 잘 놀며 살고 있다고 자부해왔다. 하지만 세상에 널려 있는 다양한 '놀이'의 종류를 알아갈수록 놀 줄 모르는 우물 안 개구리였다는 것을 깨닫게 된다. 어릴 때부터 좋아하는 놀이는 고정적이었다. 음악 듣기, 책 읽기, 공차기. 여기에 어른이 되고 나서부터 한 가지가 추가됐다. 친구들이랑 술 마시며 떠들기. 그런데 잡지사 기자로 일하면서 세상의 다양한 사람들을 만났고, 그중에는 자기만의 '슬기로운 놀이생활'을 점점 발전시켜나가는 사람들이 많았다. 음악을 듣는 것에 만족하지 않고 악기나 비트메이킹을 배워 자기 음악을 만드는 사람. 유명 작가의 책을 읽는 것에 그치지 않고 그 저자의 인생을 끝없이 '디깅digging'하며 덕질을 하는 사람. 공차고 축구중계를 보는 것을 넘어 해외 명문 클럽 축구장에 직접 찾아가 인증샷을 남기는 사람. 술 마시면 취하는 게 전부인 나와 달리 와인의 종류를 공부하고 수제 맥주 공장을 찾아가는 사람. 꼭 뭘 해야만 '잘 논다'고 말할 순 없지만, 내가 그동안 '열심히 놀지' 못했던 것만은 분명한 사실이다. 자신에게 맞는 '놀이'를 찾고 그 영역을 확장시켜나가는 것이야말로 직장을 다니고 돈을 버는 것만큼이나 인생에서 얻을 수 있는 중요한 기쁨이라는 것을 뒤늦게 깨달았다.

　　이 챕터에서 다룬 키워드들은 게임, 만화, 요리, 스포츠, 패션, 축제, 취미활동, 라이프스타일, 카페, 악기, 쇼핑, SNS, 운동, 놀이기구, 음료, TV 프로그램, 여행, 장난감, 뷰티, 애플리케이션에 이르기까지 그 종류가 다양하다. 빈칸을 채워가면서 다양한 '놀이의 세계'를 둘러보시고, 꼭 몇 가지 골라 직접 시도해 보시길. 무엇이 본인에게 좋은 '놀이'일지는 해보지 않고는 모를 일이니까.

가로열쇠

01 2012년 출시된 뒤, 선풍적인 인기를 끌며 이후 비슷한 아류작이 쏟아졌던 퍼즐 게임. 두 캔디의 위치를 바꿔 같은 캔디 세 개를 이으면 캔디가 사라지면서 점수를 얻는 방식이다. 스마트폰용 모바일 게임으로 개발되었으나, PC로도 플레이할 수 있다. #테이스티 #딜리셔스 #스윗 #디바인

02 '슈퍼푸드'로 알려진 콩의 종류. 단백질과 비타민은 물론, 콜레스테롤을 낮추는 섬유질이 풍부하여 성인병에 시달리는 현대인에게 적극적으로 권장된다. 반으로 쪼갠 모양이 렌즈처럼 생겨 '렌즈콩'으로도 불린다. #스튜 #샐러드 #카레

03 '죽기 전에 꼭 해보고 싶은 것들'의 목록을 일컫는 말. 2007년에 제작된 모건 프리먼, 잭 니콜슨 주연의 영화 제목이기도 하다.

04 한글 동사 '뿌리다'와 '반짝거리다'라는 뜻의 영어단어 'twinkle'의 합성어. BHC치킨의 새로운 메뉴 이름으로, 치즈 시즈닝을 뿌려 소비자들에게 큰 인기를 얻었다. #단짠단짠

05 (1) 대학로 부근에 위치한 마로니에○○. 조경수 격으로 심은 나무의 이름을 따 이름이 붙여졌다. 놀이터, 야외무대, 연못, 분수, 조각품 등이 배치되어 있고 근처에는 소극장이 몰려 있다. (2) 서울시는 2002 월드컵 개최를 기념해 난지도 쓰레기매립장을 대규모 환경·생태○○으로 조성했는데, 이것이 바로 월드컵○○이다. #출사 #데이트 #갈대 #억새

06 '시험 삼아 마셔본다'는 뜻의 단어. 와인, 맥주, 막걸리, 위스키, 커피 등이 출시되었을 때 이벤트성으로 '○○행사'를 여는 경우가 많다. "새로운 와인 행사 중입니다. ○○해보고 가세요."

07 회오리 모양의 손바닥 크기만 한 장난감으로, 가운데 부분을 잡고 손가락으로 날개를 얼마나 오래 돌릴 수 있는가가 관건이다. '꼼지락거리다'라는 동사 fidget에서 이름을 따왔듯, 손으로 계속 뭔가를 만지고 싶어 하는 사람들에게 인기를 끌었다.

08 아이팟 iPod + 브로드캐스트 broadcast = ? #이동진의빨간책방 #비밀보장 #지적대화를위한넓고얕은지식

09 (1) 2016년 9월 12일 규모 5.8의 지진이 발생한 지역. (2) 수학여행 하면 여기!

10 15년 넘게 꾸준히 인기를 얻고 있는 국산 MMORPG 게임. 전사, 마법사, 궁수, 해적 등 각각 고유한 직업 계열 및 직업군이 있으며, 직업마다 플레이 스타일이나 스토리에 차이가 있다. '초딩 게임'이라는 인식이 있어 성인들끼리는 '너 아직도 ○○○ 하냐'는 비아냥거림을 주고받기도 한다. #이것은당신의스토리

11 어느 붉은 꽃의 이름으로, '신에게 바치는 꽃'이라는 뜻. 붉은 색소에 비타민 C가 다량 함유되어 있어 차로 우려낼 경우 피로 회복에 좋다.

12 다져서 기름에 볶은 고기와 으깬 감자를 섞어 둥글게 만든 뒤 빵가루를 묻혀 노릇하게 튀겨낸 서양 음식. 겉의 바삭한 튀김옷과 속의 부드러운 식재료가 조화를 이룬다. 크림치즈, 야채, 생선 등 다양한 재료를 활용할 수 있다. #일본에선고로케

13 (1) 1982년 출시된 오락실용 고전 게임. '버블보블'과 함께 큰 사랑을 받았던 대표적인 고전 게임이다. 장애물과 지네, 뱀을 피해 과일을 먹어야 한다. (2) 1982년 출시되어 아직도 생산되고 있는 라면 브랜드. 특유의 굵은 면발이 매력이다. '쫄깃쫄깃~ 오동통통~ 농심 ○○○'

14 옷, 신발, 모자, 가방 등 브랜드나 디자이너의 패션 스타일을 모아놓은 사진집. 이것을 통해 그 시즌 최신 패션 트렌드를 짐작할 수 있다.

15 얼굴 윤곽을 부각시켜 좀 더 입체적으로 보이게 하는 메이크업 방법. 피부 톤보다 밝거나 어두운 파운데이션을 활용해 음영을 준다. #하이라이팅 #제시 #킴카다시안

세로열쇠

01 르네상스 시대를 상징하는 도시. 미켈란젤로 언덕, 우피치 미술관, 산타 마리아 델 피오레 대성당 등 아름다운 건축물과 풍경이 어우러져 유럽을 여행할 때 그냥 지나칠 수 없는 곳으로, 유네스코 세계 문화유산으로 지정되어 있다.

02 딸기잼, 누텔라 못지않게 식빵과 궁합이 좋은 먹거리. #맛있다고순가락으로퍼먹는다 #돼지꼴을못면한다 #못면했다

03 밥을 아무리 배불리 먹었어도 ○○○ 먹는 배는 또 따로 있어요♥.

04 안타+2루타+3루타+홈런. 2016년 4월 15일 기아 타이거즈의 김주찬은 35년 타이거즈 역사에서 구단 최초로 '○○○○○○'를 달성했다.

05 타이포그래피 중 하나로, 글자를 아름답게 쓰는 기술. 서예도 이것의 일종이다.

06 <마이 리틀 텔레비전> 본방을 보려면 반드시 필요했던 동영상 재생 프로그램. 현재는 '팟플레이어'로 명

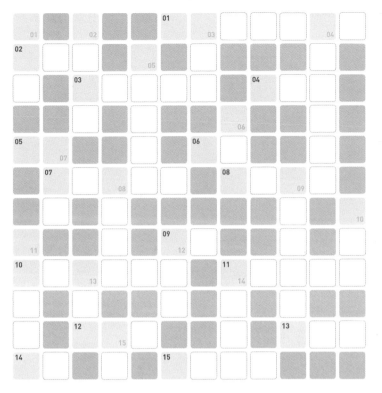

칭이 바뀌었다. #TV로는못봐요 #안녕곰플레이어 #
○○○플레이어

07 2017년 7월부로 연재 20주년을 맞은 일본의 인기 만
화 제목이자, 해적왕 로저가 처형당하며 남긴 보물.
만화가 오다 에이치로는 장편 데뷔작인 이 작품으로
한순간에 '오다신'이 되었고, 2018년 9월 기준으로
국내엔 89권까지 출간됐다. #고무고무열매 #이글이
글열매

08 세계에서 가장 인지도 높은 커피전문점 프랜차이즈.
2018년 4월 미국의 여러 매장에서 인종차별 사실이
알려지자, 하워드 슐츠 회장은 아예 전체 매장의 영업
을 중지하고 편견 예방 교육을 실시했다.

09 전 세계 최저가 항공권 검색·예매 사이트·애플리케
이션. 항공권뿐만 아니라 호텔, 렌터카 등 여행에 필
요한 정보가 정리돼 있어 저렴하게 여행하고 싶은 이
들에게는 필수적인 서비스.

10 수도는 비엔티안, 통화는 킵. '꽃보다' 아름다운 유연
석, 손호준, 바로가 떠났던 곳.

11 아메리칸 캐주얼 스타일과 빈티지한 일본 워크웨어
스타일의 혼합.

12 서울시 용산구 이태원동에 위치한 거리 이름. 2015년
쯤 힙스터들이 가장 많이 찾는 골목으로 인기를 얻었
으나 이후 '젠트리피케이션'의 여파로 유동인구가 많
이 줄었다. #○○○길 #녹사평역 #이태원역

13 코어근육 + 맨손 운동 + 일자 유지 + 60초. #쉬워보
이지?

14 원조가수와 모창가수가 노래 한 곡을 나눠 부르고 원
조가 누구인지 찾는 JTBC 예능프로그램. 중국, 터키,
미국 등 해외에도 포맷을 수출했다. 원조를 찾아내는
방식으로 프로그램이 진행된다. #전현무 #도전자만
큼 #패널들의리액션도중요

15 가장 기본적인 화장품. 성별을 불문하고 이것을 안 바
르는 사람은 많지 않다. 피부에 유분과 수분을 보충해
주는 역할을 한다. #존슨즈베이비○○

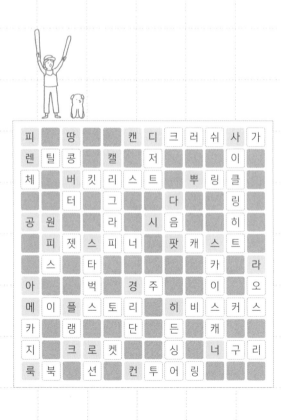

피		땅			캔	디	크	러	쉬	사	가
렌	틸	콩		캘		저		뿌	링	이	
체		버	킷	리	스	트		뿌	링	클	
		터		그		다			링		
공	원			라	시	음			히		
	피	젯	스	피	너		팟	캐	스	트	
	스		타				카		라		
아		벅		경	주		이		오		
메	이	플	스	토	리		히	비	스	커	스
카	랭		단		든		캐				
지	크	로	켓		싱		너	구	리		
룩	북	션		컨	투	어	링				

사이클링히트

야구가 '기록의 스포츠'라지만, 팬들에게 가장 중요한 건 아무래도 응원하는 팀의 승리다. 아무리 기록이 좋아도 결정적인 순간에 점수를 못 내거나 점수를 내줘서 그 경기를 지면 빛이 바랜다. 하지만 쉽게 나오기 힘든 진귀한 기록들은 승패 여부와 상관없이 주목을 받는다. 투수들에게는 '퍼펙트', '노히트노런' 같은 기록이 있을 것이고, 타자의 경우 '사이클링히트'가 있다. 한 선수가 한 경기에서 1루타, 2루타, 3루타, 홈런을 모두 쳐내는 것은 쉽지 않다. 일단 한 경기에 4안타를 치는 것 자체가 힘든 일이다. 2루타나 3루타를 치기 위해서는 발도 빨라야 한다. 네 종류의 안타를 골고루 치기 위해서는 운도 좀 따라줘야 한다. 이만수, 김성한, 장종훈, 이종범, 이승엽 등 아무리 실력이 뛰어나더라도 은퇴할 때까지 이 기록을 달성 못 한 선수가 수두룩한 이유다. 또한 그래서 기록 달성에 더욱 관심이 모이는 것이기도 하다.

1982년 6월 12일 삼성 라이온즈의 오대석 선수가 삼미 슈퍼스타즈를 상대로 우리나라 프로야구 역사상 최초의 사이클링히트를 기록한 이래, 2018년 9월 기준으로 총 25번의 사이클링히트가 나왔다. LG 트윈스의 서용빈은 입단 첫해인 1994년 신인으로서는 최초로 기록을 세웠고, 외국인 최초 사이클링히트는 2001년 삼성 라이온즈의 매니 마르티네스가 기록했다. 평생 한 번 달성하기도 힘든 사이클링히트를 양준혁과 에릭 테임즈는 2번이나 기록했다. 심지어 에릭 테임즈는 한 시즌에만 2번 기록해 우리나라 프로야구 역사를 다시 썼다. LG 트윈스의 '적토마' 이병규가 2013년 7월 5일 넥센 히어로즈와의 경기에서 기록한 사이클링히트는 두 가지 측면에서 의미가 있다. 하나는 최고령 사이클링히트라는 점. 당시 그의 나이는 '38세 8개월 10일'이었고, 그때 3루타를 만들기 위해 무리하다 햄스트링 통증을 호소하기도 했다. 다른 한 가지는 유일하게 사이클링히트를 기록하고도 팀이 패배했다는 점. 그날 LG는 넥센에 10 대 12로 역전패했다.

타고투저가 심해지면서 사이클링히트 역시 예전에 비해서는 자주 나오는 편이다. 프로야구가 출범한 1982년 이후 30년 동안 열네 번에 불과했던 기록이 2013년 이후 6년간 열한 번이나 나왔으니까. 그러나 앞서 말했듯이 타율이 높다고 사이클링히트를 기록할 수 있는 건 아니다. 매 경기 사이클링히트가 기대되는 순간은 잦아졌지만 기록 달성은 여전히 쉽지 않다. 2루타, 3루타, 홈런을 먼저 때려내고도 어깨에 힘이 들어가 남은 타석에서 삼진이나 땅볼로 물러나며 아쉬워하는 선수를 자주 볼 수 있다. 어쨌든 이 기록이 야구팬들을 더 즐겁게 하고, 우리나라 프로야구에 스토리를 만들고 있는 것만은 분명하다.

경주

2014년 개봉한 박해일, 신민아 주연의 영화 〈경주〉의 한 장면. 경주에서 찻집을 운영하는 공윤희는 창밖 풍경을 보며 최현에게 이런 말을 건넨다. "집 앞에 능이 있으니까 이상하지 않아요? 경주에서는 능을 보지 않고 살기 힘들어요." 장률 감독은 예전에 경주를 방문했을 때 삶의 공간인 '집'과 죽음의 공간인 '무덤'이 뒤섞여 있는 풍경이 인상적이었다고 한다. 그때의 기억 때문에 장 감독은 꿈과 현실이 뒤섞인 이 이야기의 배경으로 경주를 택했다.

기본적으로 경주의 매력은 '뒤섞임'이다. 삶과 죽음, 꿈과 현실 그리고 과거와 현재가 뒤섞여 있다. 신라의 왕과 신하들이 흐르는 물 위에 잔을 띄워놓고 술자리를 벌였던 포석정, 거기서 얼마 떨어지지 않은 곳에 위치한 음식점에서 2018년의 관광객들은 술과 안주를 놓고 여행 기분을 내고 있다. 아시아에서 가장 오래된 천문대인 첨성대를 찾은 사람들은 숙소로 돌아가는 길에 경주 하늘에 뜬 별을 보며 생각에 잠긴다.

그리고 그 정점은 역시 1995년 유네스코 세계문화유산으로 지정된 불국사와 석굴암이다. 《삼국유사》에 따르면, 당시 지금의 국무총리급 위치에 올랐던 재상 김대성이 전생의 부모를 위해 만든 것이 석굴암이고 현세의 부모를 위해 설립한 절이 불국사다. 경주 토함산 자락에 위치한 석굴암에는 고대인들이 추구했던 '절대자'의 세계가 질서정연하게 펼쳐져 있다. 아무래도 가장 인상적인 건 돔 형태의 천장 아래 위엄을 뽐내며 앉아 있는 본존여래좌상. 이마의 보석을 누가 빼갔느니 어쩌니 하는 뒷이야기에 신경이 쓰이다가도, 본존여래좌상을 처음 딱 맞닥뜨리면 그 카리스마에 압도되어 그 모습만 기억에 남는다.

그리고 불국사. 자하문에 들어서면 석가모니 부처를 모셔놓은 대웅전이 먼저 보이고, 그 동쪽의 다보탑과 서쪽의 석가탑이 균형을 맞추고 있다. 백제 석공 아사달이 만들었다고 전해지는 이 '석가·다보' 2종 세트는 "현재의 부처인 석가불의 설법을 과거의 부처인 다보불이 옆에서 들으며 '옳은 말씀'이라고 증명한다"는 《법화경》의 내용에 따라 붙여진 이름이다. 헷갈리지 마시라. 10원짜리 동전에 그려진 탑이 다보탑이고, 세계에서 가장 오래된 인쇄물 무구정광대다라니경이 발견된 탑이 석가탑이다.

석굴암과 불국사는 일제 식민 지배를 거치며 수난을 겪었다. 을사조약 이후, 문화재를 모조리 파헤쳐 일본에 팔아먹는 도굴꾼들이 많았다. 석굴암의 본존여래좌상이 이때 깨져 그 상처가 지금도 남아 있고, 불국사 다보탑의 돌사자 형상도 분실되었다. 식민 지배가 본격화되면서 일제는 '조선의 문화재가 곧 일본의 문화재'라는 생각으로 대대적인 보수공사를 실시한다. 하지만 결과적으로 이것이 문화재를 더욱 망쳐놓은 꼴이 되었는데, 석굴 구조는 고려하지 않고 시멘트를 발라버리거나 복원 기록도 없이 마음대로 위치를 바꿔버렸기 때문이다. 이후 1970년대 박정희 정부가 국책사업을 벌여 경주의 문화재들이 대거 복원되고 경주는 관광도시로 자리매김했으나, 역사에 새겨진 상처는 영영 복원되지 못할 거라 생각하면 씁쓸해진다.

플랭크

운동의 중요성은 아무리 강조해도 지나치지 않다. 살을 빼거나 보기 좋은 근육을 만들기 위해서도 중요하지만, 무엇보다 일상생활을 안정적으로 영위하기 위해 가장 필요한 게 규칙적인 운동이다. 축구나 야구처럼 사람이 많이 필요한 운동은 할 기회가 없다. 헬스장을 끊자니 돈도 없고 꾸준히 다닐 자신도 없다. 홈트레이닝에 대한 관심이 늘어나고 있는 이유가 그 때문일 텐데, 그중 하나가 바로 플랭크plank다.

처음 플랭크 동작을 눈으로 보면 1분 버티는 게 별것 아닌 것처럼 느껴진다. 다른 운동처럼 몸을 많이 움직이지도, 무거운 중량을 들어 올리지도 않으니까. 하지만 해보면 널빤지plank처럼 몸을 일자로 만들어서 버티는 게 결코 쉽지 않다는 걸 곧바로 깨닫게 된다. 엉덩이를 너무 들어서도 안 되고, 배가 땅에 닿아서도 안 된다. 제대로 된 자세로 플랭크를 하면 금방 몸이 덜덜 떨린다. 처음 하고 나면 한동안 배가 땅겨올 정도다. 꾸준히만 하면 플랭크만으로도 충분히 단단한 복근을 만들 수 있다.

복근도 복근이지만, 플랭크의 가장 큰 장점은 '코어core 근육'을 단련할 수 있다는 점이다. 직립보행을 하는 인간은 네 발로 걷는 동물들과 달리, 몸의 무게가 다리가 아닌 척추와 골반에 실린다. 그래서 이 무게를 지탱하기 위해 인간은 진화를 거듭하며 척추와 골반이 발달했는데, 여기 쓰이는 근육을 통틀어 '코어 근육'이라고 한다. 다른 근육들을 단련할 땐 보통 뭔가를 들거나, 밀거나, 당기거나 하는 '동적인 운동'을 하지만 코어 근육 단련에는 플랭크처럼 '정적인 운동'이 더 효과적이다.

코어 근육이 특히 중요한 이유는 운동을 할 때뿐 아니라 가만히 앉아 있거나 서 있을 때도 쓰이기 때문이다. 코어 근육이 약하면 자세가 구부정해지고, 근육이 책임지지 못하는 무게를 척추 디스크들이 부담해야 하기 때문에 허리, 목, 등에 무리가 올 수 있다. 오랜 시간 앉아 있어야 하는 직장인이나 수험생들이 디스크에 시달리고 '거북목 증후군'을 겪는 것도 코어 근육과 관련이 있다. 게다가 짧은 시간에, 다른 도구 필요 없이, 집에서 짬날 때마다 할 수 있는 플랭크는 경제적이다. 하루하루가 점점 더 바빠지는 현대인들이 힘든 일상을 '버텨내는 데' 꼭 필요한 운동인 것이다.

그러나 초보자의 경우, 의욕이 너무 앞서 무리하게 버티지 않도록 주의해야 한다. 복근의 힘이 다 떨어져 허리로 억지로 버틸 경우 허리에 무리가 갈 수 있다. 물론 내가 허리 힘으로 버티고 있는지, 복근 힘으로 버티고 있는지 알기가 쉽지는 않다. 그래서 초반에는 너무 욕심내지 말고 30초 정도부터 시작해 배에 힘주는 느낌을 알아가며 조금씩 시간을 늘리는 것이 좋다.

스타벅스

2018년 4월 29일 오후, 미국 전역의 스타벅스 매장 8,000여 개가 일제히 문을 닫았다. 파산? 그럴 리가. 17만 5,000명에 달하는 스타벅스 직원들을 대상으로 4시간에 걸쳐 '무의식적 인종 편견'에 관한 교육을 진행하기 위해서다. 이는 며칠 전 2명의 흑인 남성이 스타벅스 매장에서 별다른 이유 없이 경찰에게 체포당한 사건의 후속 조치였다. 교육 프로그램 중 하나는 '아파르트헤이트Apartheid'라는 과거의 인종차별 정책이 남아 있던 시기 남아공에서 자란 동료 직원의 이야기를 듣는 것이었다. 대표이사 하워드 슐츠Howard Schultz는 이에 대해 "그녀는 우리가 그녀의 삶에 각인된 경험에 대해 이해하기를 바랐다"며 "유색인종이 미국의 공공장소에서 느끼는 불편한 감정이 어떤 것인지를 최대한 이해하려는 노력"이었다고 밝혔다. 그리고 스타벅스 측은 이날 교육이 끝이 아니라는 입장을 분명히 했다. "이건 해답이 아니다. 겨우 첫발을 내딛었을 뿐."

국민들의 일상과 밀접한 기업일수록 이런 논란에 휘말리는 일은 다반사다. 그러나 논란이 생겼을 때, 이렇게까지 하는 대기업은 많지 않다. 아니, 거의 없다. 이게 스타벅스의 힘인가? 1971년 미국 워싱턴 주 시애틀에서 작은 매장으로 시작한 스타벅스는 커피전문점의 이미지 자체를 바꿔버렸다. "품질 좋은 원두커피와 유럽풍 커피하우스의 결합"을 꿈꿨던 하워드 슐츠의 판단은 맞아떨어졌다. 스타벅스의 이익률은 1992년과 비교해 5,000퍼센트 성장했고, 지금도 매일 5개의 새로운 스타벅스 매장이 오픈한다.

사실 맛있는 커피는 많다. 그런데 수많은 커피전문점 브랜드 중에서도 스타벅스가 유독 큰 성공을 거둘 수 있었던 이유는 뭘까? 바로 '스타벅스에서만 할 수 있는 경험'이다. 혼자 시간을 때워야 할 때, 밥 먹고 나서도 친구와 떨 수다가 남았을 때, 스타벅스만큼 적절한 곳이 또 있을까? 사람들은 스타벅스에서 맛있는 커피와 함께 '기분 좋은 경험'을 산다. 그게 일반 커피보다 몇 배 더 비싼 값을 주고 굳이 스타벅스에 가는 이유다. 집은 아니지만 집만큼 편안하고, 회사는 아니지만 회사보다 내 가치를 높여주는 공간이 바로 스타벅스다.

말은 쉽지만 이러한 공간을 만드는 일은 결코 쉽지 않다. 그래서 스타벅스는 작은 디테일 하나 놓치지 않기 위해 노력한다. 매장에 들어서면 고막을 괴롭히지 않으면서 적당히 고급스러운 배경음악, 안락한 의자와 깨끗한 테이블, 모자라지 않은 콘센트, 적당한 밝기의 조명이 고객을 맞는다. 음료가 나왔을 때 이름을 불러주고, '악마의 음료'를 위한 맞춤 주문을 받아주는 것도 사소하지만 중요한 디테일이다.

그리고 인종차별 사건 같은 부정적인 논란이 생겼을 때, 절대 회피하지 않는다. 부정적인 피드백이 있을수록 그걸 기회로 삼는다. 스타벅스 경영진은 피드백을 수용하는 방식이 고객과의 관계를 더 굳건하게 할 수 있음을 알고 있다. 경영진의 모습을 본 직원들도 그 태도를 자연스럽게 체화하고 실천한다. 인종, 환경 등 사회적 문제에 대한 관심과 제도 개선을 게을리하지 않는 것 또한 스타벅스의 특징 중 하나다. 이러한 과정에서 스타벅스의 브랜드 이미지는 조금씩 긍정적으로 변화하고 있다.

라오스

tvN 〈꽃보다 청춘〉에 나온 뒤로 라오스에 가면 현지인 못지않게 한국인이 많다고 한다. TV에 나온 그 많은 여행지 중에서 라오스는 유독 우리나라에서 인기가 많다. 다녀온 사람들의 얘기를 들어봐도, 다들 만족도가 높다. 아직 라오스에 가보지 못한 사람이라면 무라카미 하루키의 여행 에세이 제목처럼 의문이 생길 법하다. '라오스에 대체 뭐가 있는데요?'

동남아시아의 유일한 내륙국인 라오스는 태국, 미얀마, 베트남, 중국, 캄보디아 등 여러 나라와 접해 있다. 그래서인지 역사적으로 끊임없이 외세의 침략에 시달려왔다. 특히 서방 세력은 인도차이나 지역을 중국 진출의 발판으로 삼고 식민 지배를 시작했다. 베트남과 캄보디아를 지배한 프랑스는 인접국인 라오스 역시 식민지로 삼았다. 물론 상대적으로 '느슨한' 지배 형태였기 때문에 라오스의 관습과 전통까지 뜯어고치진 않았다. 대신 베트남인들을 라오스 지역으로 이주시켜 하급 관리로 고용했는데, 그래서인지 지금까지도 라오스 사람들의 베트남에 대한 인식은 그리 좋지 못하다.

이어 1941년엔 이 지역을 침략한 일본의 지배를 잠시 받기도 했다. 4년 뒤 일본이 항복하면서, 프랑스로부터의 독립을 요구하는 '라오 이사라(라오스에게 자유를!)' 운동이 싹트기 시작했다. 결국 1949년, 프랑스가 독립을 인정함으로써 라오스는 공식적으로 독립 국가로서의 지위를 되찾았다.

그러나 라오스의 수난은 끝나지 않았다. 냉전이 찾아왔고, 미국과 소련 및 중국은 라오스를 이데올로기 대결의 각축장으로 삼았다. 뿐만 아니라 끝없는 군비 경쟁과 힘의 과시로 엄청난 양의 폭탄과 고엽제가 라오스에 투하되어, 라오스의 죄 없는 민간인들이 고통받았다. 1975년 다른 계파를 물리친 공산주의 지도자 파테트 라오^{Pathet Lao}가 권력을 잡고 나서야 라오스의 정치 상황은 조금씩 안정되기 시작했다.

고난의 역사를 보낸 탓에 의도치 않게 라오스의 문화에는 아시아와 유럽의 문화가 뒤섞이게 되었다. 특히 시 전체가 유네스코 문화유산으로 등재된 루앙프라방이 대표적이다. 메콩 강가에 위치한 루앙프라방은 도시라기보다는 조그마한 마을에 가까운데, 라오스의 국교인 불교 사원과 프랑스 식민 지배를 받을 당시의 건축물이 공존한다. 그래서 외국인 관광객들도 그 독특한 분위기를 즐기기 위해 이곳을 많이 찾는다.

개발이 많이 이루어지지 않은 라오스는 천혜의 자연환경을 보존하고 있는데, 특히 메콩강, 쏭강 등에서 즐기는 수상 레저는 라오스 여행의 또 다른 재미다. 2인 1조로 카약을 타고 노를 저으며 지는 석양을 바라볼 수 있는 카야킹, 유유히 흐르는 강을 따라 튜브 위에서 동굴을 체험하는 튜빙 체험까지. 방비엥에 위치한 '블루 라군'은 관광객들이 빠뜨리지 않고 몸을 담그는 필수 코스다. 강물 색깔이 대부분 흙빛인 라오스지만, 이곳은 물속에 포함된 석회질 때문에 에메랄드빛을 띤다.

그리고 또 하나, 가장 중요한 라오스의 매력은 여유다. 이곳에서는 '코이 코이 바이^{koi koi bai}'라는 말을 자주 들을 수 있다. '천천히, 천천히.' 늘 정신없이 시간을 쪼개 바쁘게 사는 한국인들이 라오스를 특히 많이 찾는 것도 잠시나마 '천천히, 천천히'를 되뇌기 위해서인 듯하다.

캔디 크러쉬 사가

2012년 모바일 게임회사 선데이토즈는 퍼즐 게임 〈애니팡〉을 발표했다. 게임 방식은 간단하다. 1분이라는 제한시간 동안 귀여운 동물 얼굴을 요리조리 움직여서 가로 혹은 세로로 세 줄을 만들면 팡 터지면서 점수가 올라간다. '애니팡 신드롬'이 일면서 카카오톡 친구끼리 하트를 구걸하는 현상까지 화제가 됐다.

그로부터 1년 후, 2003년부터 쭉 캐주얼 게임만을 전문적으로 만들어온 유럽의 게임 회사 킹닷컴King.com이 〈애니팡〉과 비슷하면서도 완전히 다른 〈캔디 크러쉬 사가〉를 출시했다. 1분이라는 제한시간을 없애고, 이동 횟수에 제한을 둬 기존 게임들과는 다른 방식으로 오락성을 높였다. 〈애니팡〉을 할 땐 정신없이 손가락을 움직이던 유저들은 이제 한 번 움직일 때마다 머리를 싸매고 고민했다. 킹닷컴의 승부수는 맞아떨어졌고, 〈캔디 크러쉬 사가〉는 이후 전 세계 게임 유저들에게 꾸준히 사랑받으며 누적 플레이 횟수 1조 회를 돌파했다. 1조 회는 약 5억 명의 유저가 평균 1,400번 플레이해야 가능한 수치. 주도권을 내준 선데이토즈는 그 이듬해, 〈애니팡2〉를 내놓았지만 〈캔디 크러쉬 사가〉를 그대로 표절했다는 비판을 받으며 전작에 비해 초라한 성적을 거뒀다.

사실 비슷한 모양의 블록을 연결하는 방식의 게임은 시대를 막론하고 사랑받아온 '클래식'이다. 클래식이 된 데에는 이유가 있는 법. 따지고 보면 바둑, 체스, 장기 등이 오랜 세월 사랑받는 것도 '확률 싸움'과 '수 싸움'이 적절히 섞여 있기 때문이다. 재미있는 게임은 단순하면서도 복잡해야 하고, 쉬우면서도 어려워야 한다. 〈캔디 크러쉬 사가〉를 플레이하다 보면 특정 단계에서 번번이 막혀 짜증을 내면서도 몇 시간 동안 스마트폰을 놓지 못한다. 실제로 65레벨이나 894레벨 같은 경우 온라인에서 화제가 될 만큼 어려운 스테이지다. 그러나 그 단계를 통과했을 때의 쾌감 때문에 유저들은 서서히 이 게임에 중독된다.

〈애니팡〉이 귀여운 동물을 이용했다면, 킹닷컴이 선택한 무기는 캔디다. 게임 개발 스튜디오는 스웨덴 스톡홀름 시내에 위치해 있는데, 스웨덴에는 캔디나 젤리 등 군것질거리를 파는 가게가 많다. 점심 식사 후, 가볍게 캔디를 먹으며 티타임을 갖는 스웨덴 특유의 '피카FIKA' 문화 때문이다. 실제로 게임 속에서 네 줄을 만들면 생기는 줄무늬 캔디가 바로 스웨덴 전통 폴카그리스 캔디 디자인에서 따온 것이다. 킹닷컴은 달콤하고 귀여운 느낌을 주는 캔디로 유저들에게 한 발짝 더 다가왔다. 청량하고 시원한 느낌의 효과음은 보너스.

마케팅 측면에서도 킹닷컴은 새로운 모델을 제시했다. 스마트폰뿐 아니라 페이스북을 통해 PC에서도 게임을 할 수 있도록 했고, 그 덕에 유저들은 페이스북 친구들과 보다 간편하게 아이템을 주고받는다. PC 운영체제인 윈도10에 '캔디 크러쉬 사가' 시리즈가 기본 탑재된 것 또한 킹닷컴의 남다른 브랜딩 능력을 보여준다. 게임 내적으로든 외적으로든 〈캔디 크러쉬 사가〉는 영리했고 그 결과, 가장 많이 다운로드된 앱 중 하나가 될 수 있었다.

가로열쇠

01 웹사이트를 통해 전 세계의 사람들과 엽서를 주고받는 취미 활동. 웹사이트에 가입을 하면 서버에 등록된 다른 사람 중 한 명이 선정된다. 사람도, 국가도 무작위로 선정되기 때문에 각국 다양한 사람들과 엽서를 주고받을 수 있다.

02 "포기를 모르는 남자지." "왼손은 거들 뿐." "포기하면 그 순간이 바로 시합 종료예요." "물론! 난 천재니까." "당신의 전성기는 언제였나요? 난 지금입니다." #설명이필요없지 #이노우에다케히코 #뜨거운코트를가르며너에게가고있어

03 죄책감을 느끼거나 하면 안 된다는 것을 알지만, 그럼에도 하면서 즐거움을 느끼는 행동. 못 만들었지만 재미있게 본 영화, 통속적이라 꺼려지지만 자꾸 듣게 되는 노래 같은 대상을 뜻하기도 한다.

04 (1) 오리온의 과자 브랜드 '닥터유'에서 생산되었던 과자 이름 '리얼 ○○○○'. (2) 초콜릿 케이크. (3) KBS <개그콘서트>의 잊혀진 개 인형.

05 KBO 역대 최다○○ 기록 1위는 삼성 라이온즈의 이승엽, 2위는 삼성 라이온즈의 양준혁, 3위는 한화 이글스의 장종훈. MLB 역대 최다○○ 기록 1위는 샌프란시스코 자이언츠의 배리 본즈, 2위는 밀워키 브루어스의 행크 아론, 3위는 뉴욕 양키스의 베이브 루스.

06 1998년 공식 올림픽 종목으로 채택된 동계스포츠 종목. 빙판 위에서 '스톤'을 굴린 뒤 빗자루로 닦아 마찰력을 줄여 원하는 곳에 위치시키는 방식으로 경기가 진행된다. 지난 2018 평창 동계올림픽 당시 우리나라 여자 대표팀이 강팀들을 연이어 격파하고 은메달을 따내 전 국민의 관심을 받았다. #영미영미영미

07 만주족의 영향을 받아 청나라 말기에 만들어진 여성 의복. #춘리

08 2014년 만우절에 구글이 구글 맵에 증강현실 기술을 이용해 선보였던 장난. 그런데 1년 5개월 뒤 그것이 실제로 일어났고, 전 세계를 뒤집어놓으셨다…. #Go가아니라GO #지오

09 글루텐 함량에 따라 강력분, 중력분, 박력분 등으로 분류되는 식재료. 빵, 국수, 수제비, 떡볶이 등 많은 음식이 이걸 토대로 만들어진다. 탄수화물과 단백질이 주를 이룬다.

10 현재 에딘손 카바니, 킬리안 음바페와 함께 파리생제르망의 삼각편대를 구성하고 있는 축구선수. #브라질 #울보 #할리우드액션

11 소매 없는 옷을 영어로 부르는 말. 우리나라에서는 보통 여자들이 입는 '끈 민소매'를 부르는 경우가 많다. 맨살이 많이 노출되고 활동성이 좋아, 더운 여름에 많이들 입는다.

12 (1) 무언가를 기념하거나 사람들 사이의 친목을 다지기 위해 음식을 차려놓고 먹고 마시는 행위. #잔치 (2) '자신에게 실망하지 마 모든 걸 잘할 순 없어 / 오늘보다 더 나은 내일이면 돼 / 인생은 지금이야 아모르 ○○'

13 매년 여름이 되면 충남 보령시 대천해수욕장에서 열리는 행사.

14 2015-16시즌 NBA 파이널 MVP에 오름으로써, 2011-2012, 2012-2013 시즌에 이어 파이널 MVP만 세 번을 기록한 농구선수. 특히 2015-2016시즌 파이널 마지막 경기에서는 27득점, 11어시스트, 11리바운드를 기록해 트리플더블을 달성했다.

15 "○○○는 던져졌다." #부루마불 #○○○두개 #더블이나와야무인도에서탈출할수있어

세로열쇠

01 수도는 레이캬비크. 얼음과 불이 공존하는 신비로운 풍광 덕에 <인터스텔라>, <프로메테우스>, <월터의 상상은 현실이 된다> 등 이곳에서 많은 영화가 촬영됐다. #시규어로스

02 미국 포틀랜드 지역 주민들이 발행한 잡지 <○○○>에서 비롯된 말로, 친구, 가족 등 주변의 마음 맞는 사람들과 어울리며 자연 속에서 여유롭고 소박하게 살아가는 생활 방식을 뜻한다. 국내에서도 이 문화가 확산되어 친환경 밥상, 스몰웨딩, 셀프 인테리어 등이 주목받고 있다.

03 혜화로터리 근처에 위치한 시집 전문 책방.

04 서울 강남구 신사동에 위치한 거리. 맛집, 술집, 카페, 옷가게 등이 많아 유동인구가 많고, 애플스토어가 국내 최초로 들어선 곳이기도 하다. #신사역 #압구정역

05 기타를 조그맣게 축소시킨 것처럼 생긴 현악기. 줄은 기타보다 두 개 적은 4개. 포르투갈에서 하와이로 처음 전해진 뒤 하와이를 대표하는 악기가 되었다. 휴대가 간편하고 비교적 배우기 쉽다는 장점이 있다.

06 벼룩이 많을 정도로 오래된 물건을 판다는 뜻의 시장. #공짜가아닙니다

07 아점.

08 아무런 장비 없이 맨몸으로 도시나 자연환경 속에 존재하는 다양한 장애물들을 활용해 빠르게 이동하는 훈련. '과정'을 뜻하는 프랑스어에서 이름을 따왔다.

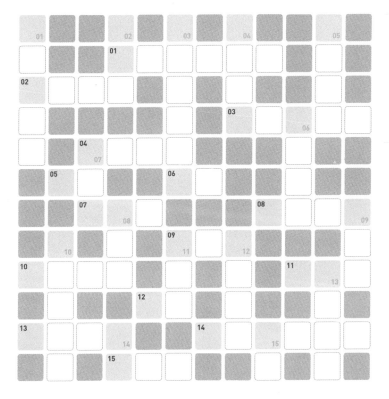

우리나라에서는 '야마카시'로 불리기도 하지만 정식 명칭은 아니다.

09 화투로 할 수 있는 수많은 게임 중 가장 대표적인 종목. 다른 게임에 비해 한 판이 끝나는 데 시간이 꽤 오래 걸리기 때문에 도박으로 발전할 위험은 적은 편이다. #둘이치면맞고 #셋이상이있어야가능한○○○

10 아파트 25층 높이, 상공 70m에서 시속 94km의 속도로 단 3초 만에 떨어지는, 짧고 굵은 놀이기구. 1998년 세계 최초로 롯데월드에 설치되었다.

11 홍차에 우유와 설탕을 넣어 마시는 음료, 여기에 타피오카 등 펄을 넣으면 '버블티'가 된다. #데자와 #오후의홍차

12 1930년대에 루마니아계 유대인이 처음으로 발명한 보드게임. 할리갈리, 젠가와 함께 '보드게임 3대장'이라 할 만하다. 빨강, 파랑, 검정, 주황/106개의 타일/1부터 13까지/조커는 2개/먼저 손 터는 사람이 위너.

13 시즌 3까지 방영된 JTBC의 추리 예능. 박지윤, 홍진호, 장진, 김지훈 등이 출연했다. #보고나면무서워

14 대한민국 최대 규모인 동시에 가장 인구가 많은 섬. 대표적인 국내 여행지이기도 하다. 한라산의 화산 활동으로 인해 솟아난 화산섬으로, 곳곳에 370여 개의 작은 화산이 있는데 이것이 바로 오름이다. #○○도

15 세계에서 가장 많은 가이드북을 출판한 여행 콘텐츠 브랜드로, '여행자의 바이블'을 지향한다. '2018년 가볼 만한 최고의 국가 10'에 우리나라를 선정했는데, 우리나라를 '아시아의 모든 것을 잡약한 작은 놀이터'로 묘사하며 제주도, 창덕궁, 남이섬, 서울로 7017 등을 꼭 가봐야 할 곳으로 소개했다. #실화냐 #○○플래닛

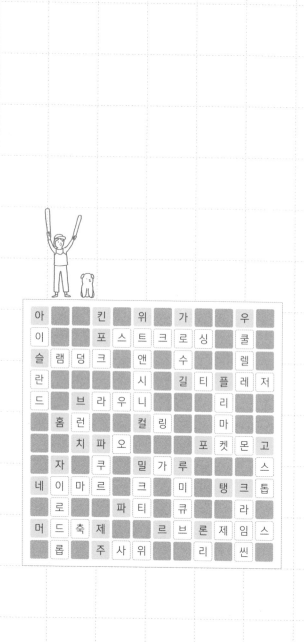

아　　킨　위　가　　우
이　　포 스 트 크 로 싱　쿨
슬 램 덩 크　앤 수　　렐
란　　　　시　길 티 플 레 저
드　브 라 우 니　　　리
　홈 런　　컬 링　　마
　　치 파 오　　포 켓 몬 고
　자　쿠　밀 가 루　　스
네 이 마 르　크　미　탱 크 톱
　로　　파 티　큐　라
머 드 축 제　　르 브 론 제 임 스
　롭　주 사 위　　리　씬

컬링

2018 평창 동계올림픽이 개막할 때만 해도 화제가 될 종목은 정해져 있었다. 우리나라가 전통적으로 메달을 휩쓸어오는 쇼트트랙이나 남북 단일팀이 성사된 여자 아이스하키. 또 하나 떠오르는 스타가 있다면 압도적인 성적으로 신기록을 경신하며 금메달을 딴 스켈레톤 윤성빈 선수 정도? 그 무렵, 여자 컬링 예선 경기가 치러졌다. 우리 상대는 세계랭킹 1위 캐나다. 대부분의 시청자들은 룰도 제대로 몰랐다. 선공보다 후공이 중요하다는 것, 선공일 때 점수를 따내기가 쉽지 않아 따로 '스틸'이라 부른다는 것, 그 밖의 다양한 규칙은 해설자의 보충 설명을 듣고 나서야 비로소 알게 된 사실들이었다. 그럼에도 컬링에는, 특히 한국 여자 컬링팀에는 채널을 돌릴 수 없게 하는 매력이 있었다. 이날 경기에서 한국 팀은 총 8점 중 5점을 스틸로 따냈다. 중계진은 연신 '좋아요'를 외쳤고 중계를 보는 시청자들의 기분도 덩달아 좋아졌다. 가장 인상적인 건, 세계 1위를 이기고 있으면서도 경기가 끝날 때까지 포커페이스를 유지하던 '스킵' 김은정의 표정이었다. 우리는 궁금했다. '저 사람은 뭐지? 어쩜 저렇게 담담하지?'

세계랭킹 2위 스위스, 컬링 종주국 영국, 아시아의 강호 중국과의 경기에서 연달아 승리하며, 김은정, 김영미, 김경애, 김선영, 김초희 선수로 이루어진 '팀킴 Team Kim'은 점점 더 주목받기 시작했다. '영미'를 외치는 스킵 김은정의 콜부터 동아리 활동에서 시작해 영미 친구, 영미 동생, 영미 동생 친구 등이 모여 팀이 만들어졌다는 뒷이야기까지 전 국민이 알게 되었다. 결국 여자 컬링팀은 예선 1위로 4강에 진출해 일본과 맞붙게 된다. 일본은 예선에서 유일하게 패배한 상대. 한일전이라는 특수성과 컬링팀의 인기가 맞물려 그날 경기에 대한 기대는 더욱 높아졌다.

기선은 한국 팀이 잡았다. 1엔드부터 3점을 따냈고, 세컨드 김선영과 서드 김경애가 트리플 테이크아웃(스톤 세 개를 내보내는 것), 더블 테이크아웃(스톤 두 개)을 연달아 성공시키며 경기를 유리하게 끌어갔다. 일본도 그냥 물러서지 않았다. 상대 스킵 후지사와 사츠키의 맹활약으로 조금씩 따라왔고, 경기 후반 한국 팀의 실수가 조금씩 나오면서 결국 승부는 연장으로 이어졌다. 운명의 11엔드. 후지사와의 라스트 샷이 절묘하게 원 안으로 들어가며 김은정 스킵의 부담이 커졌다. 이전 경기까지 놀라운 샷을 보여주던 김은정은 이날 경기에서 상대적으로 실수가 잦았다. 그러나 마지막 순간, 절묘한 위치에 스톤을 밀어 넣으며 우리나라는 결승에 진출한다. 결과는 은메달! 이번 평창 동계올림픽의 최고 스타는 여자 컬링 팀, '컬벤져스'였다.

7년 전 출간된 최상희 작가의 소설《그냥, 컬링》판매량이 올라갈 만큼 컬링의 인기는 대단했다. 올림픽 캐치프레이즈인 '더 높이, 더 빠르게, 더 강하게'와는 조금 거리가 멀어 보이는 종목이 오히려 가장 짜릿한 순간을 선사한 것은, 컬링이 "빠르기로 승부하는 강속구가 아니라 큰 각도를 그리며 빙빙 둘러 가는 돌"의 스포츠이기 때문 아닐까.

네이마르

브라질 리그 산투스 FC에서 활약하던 축구선수 네이마르Neymar의 존재가 세계 축구팬들에게 널리 알려지기 시작한 건 그가 FC바르셀로나로 이적하면서부터다. 그는 아르헨티나의 리오넬 메시Lionel Messi, 우루과이의 루이스 수아레즈Luis Alberto Suarez Diaz와 함께 'MSN'이라 불리며 세계 최고의 공격라인을 형성했다. 2017년 여름 그는 프랑스 리그의 파리생제르망으로 최고 이적료를 받으며 팀을 옮기면서 이제는 '파리의 왕'이 되었다. 그가 바르셀로나에 안겨준 이적료 2억 2,200만 유로는 이전까지 최고 기록이었던 폴 포그바Paul Pogba의 1억 500만 유로를 훌쩍 뛰어넘은 액수였다. 그만큼 네이마르는 2019년 현 시점에서 세계 클럽 축구에 가장 큰 영향력을 끼치고 있는 선수 중 하나임에 틀림없다. 하지만 브라질 국가대표팀에서의 네이마르는 고전을 면치 못하고 있다.

2014년 고국에서 열린 월드컵에 출전할 당시 그는 단연 브라질 국가대표팀의 에이스였다. 크로아티아와의 개막전에 기록한 2골을 시작으로 조별예선 3경기 동안 4골을 넣었고, 16강에서는 칠레 수비진들의 집중 마크에 막혀 고전했지만, 승부차기 마지막 키커로 나서 골을 성공시키며 팀을 8강으로 이끌었다. 그런데 콜롬비아와의 8강전에서 척추골절 부상을 입으며 더 이상 뛸 수 없게 된다. 네이마르 없이 치른 독일과의 4강전에서, 브라질은 독일에게 7 대 1이라는 충격적인 스코어로 패하고 만다. 홈 팬들 앞에서 참패를 당한 것이다. 네이마르는 벤치에서 그 모습을 지켜봐야 했고, 세계 축구팬들은 늘 승승장구하던 네이마르에게 처음 안쓰

러움을 느꼈다.

이후 네이마르는 와신상담의 자세로 4년을 기다렸다. 2016년 리우 올림픽에서는 주장을 맡아 결승전에서 독일을 꺾고 금메달을 따냈다. 그러나 네이마르와 브라질 국민들은 만족할 수 없었다. 중요한 건 2018 러시아 월드컵이었다. 분명 브라질은 4년 전보다 더 단단해 보였다. 기존의 공격축구는 물론이고 수비와 미드필드진의 완성도도 높았다. 네이마르는 그라운드를 마음껏 휘젓고 다녔다. 코스타리카 전에서 승리한 뒤 그는 지금까지의 마음고생 때문인지 그라운드 위에서 눈물을 펑펑 쏟았다. 그러나 8강에서 벨기에를 만난 브라질은 다시 한 번 미끄러지고 만다.

브라질 탈락 후, 자연스럽게 에이스인 네이마르에게 비난이 쏟아졌다. 5경기 2골이라는 기록도 기대에 못 미쳤지만, 경기 중 파울을 당했을 때의 할리우드 액션이 지나쳤다는 지적이었다. 하지만 4년 전 부상으로 대회를 망쳐야 했던 네이마르는 파울에 예민할 수밖에 없었다. 어떤 팀을 만나도 상대방의 거친 수비가 들어오는 상황에서, 과도한 액션은 부상을 피하기 위한 나름의 예방조치였을 것이다.

92년생인 그는 이제 겨우 스물여덟 살. 파리 생제르망에서의 활약보다 궁금한 건 2022 카타르 월드컵에서 네이마르의 브라질이 거둘 성적이다. 달리고, 차고, 맞부딪치는 직선적인 축구들 속에서 유려한 드리블로 '타원'을 그리는 브라질의 '삼바 축구'는 분명 특별하니까.

킨포크

합정역 부근이나 가로수길을 걷다 예쁜 카페가 보여 들어가면, 꼭 한 권씩 꽂혀 있는 잡지가 있다. 하얀 배경의 표지와 남다른 감성을 풍기는 디자인, 바로 〈킨포크Kin-folk〉다. 편집장 네이선 윌리엄스Nathan Williams는 원래 세계 최대 규모의 투자은행인 골드만삭스에서 인턴으로 일하고 있었다. 그러다 회사에서 그의 개인 블로그 활동을 금지하자 바로 회사를 뛰쳐나와 포틀랜드로 이주, 〈킨포크〉를 만들게 된다. 2011년 창간될 당시, 〈킨포크〉의 콘텐츠들은 2008년부터 2011년까지 네이선이 운영하던 바로 그 블로그의 콘텐츠를 종이잡지 형식에 맞게 편집한 것들이었다. 이 잡지가 국내에도 들어오고, 인기를 얻으면서 '킨포크 라이프'는 하나의 트렌드가 되었다.

기본적으로 라이프스타일 잡지인 〈킨포크〉의 핵심 테마는 '스몰 개더링Small Gathering'이다. 스몰 개더링은 삶의 속도를 늦추고 동일한 관심사를 가진 사람들과 문화를 공유하는 조촐한 모임을 뜻한다. 하루하루 살기 바쁜 현대인의 일상과는 다소 거리가 있는 개념이지만, 그래서 오히려 일상에 지친 우리나라 직장인들이 이 잡지에 환호한다. 〈킨포크〉가 다루는 것들은 기존 패션 잡지나 남성지에서 다루는 값비싼 브랜드와 거리가 멀다. 〈킨포크〉의 주인공은 차, 옷, 신발 등 물건이 아니라 그것을 입고, 신고, 이용하고 있는 사람이다. 이 잡지에서 가장 많이 볼 수 있는 물건은 다름 아닌 테이블인데, 커다란 테이블 주변에 여러 사람이 둘러앉아 함께 식사하는 모습을 '항공샷'으로 촬영한 사진들은 〈킨포크〉 하면 가장 먼저 떠오르는 이미지다. 뿐만 아니라 부엌에 가족들끼리 모여 음식을 만들고 대화하는 모습, 공원에서 부모와 아이가 함께 산책하는 모습은 독자들에게 잠시나마 잃었던 여유를 되찾아준다. 〈킨포크〉가 추구하는 라이프스타일은 결국 '내가 하고 싶은 것'을 하고, '내가 살고 싶은 인생'을 사는 것이다.

이는 〈킨포크〉가 탄생한 포틀랜드의 '힙스터 문화'와도 밀접한 관련이 있다. 우리나라에서 '힙스터'라고 하면, 겉멋만 잔뜩 들고 일하기 싫어하는 게으름뱅이로 인식되곤 한다. 그러나 원래 힙스터의 정의는 조금 다르다. 지금 우리나라의 힙스터는 보통 '창작활동에 종사하는 20·30대 젊은이'를 뜻한다. 그들은 자연 친화적이고, 비주류 문화를 사랑하며, 'PC(Political Correctness, 정치적 올바름)함'을 중시한다. 그리고 그들은 무엇보다 자기가 원하는 삶을 살기 위해 노력한다.

한국 사회에서는 나이 때마다 정해진 단계가 있다. 고등학교 때 공부해서 수능 보고, 대학 졸업하자마자 취직하고, 취직하면 돈 모아서 그걸로 집 사고, 결혼하고, 애 낳고…. 힙스터는 그렇게 획일적인 삶 대신 늘 새로운 무언가를 상상한다. 남들의 시선은 중요하지 않다. 《후 이즈 힙스터?》의 저자 문희언 씨는 힙스터를 이렇게 정의한다. "자기가 좋아하는 걸 하면서도 잘 살 수 있다는 걸 보여주는 사람들."

슬램덩크

'원나블'이라는 줄임말이 있다. 2000년대의 인기 만화 〈원피스〉, 〈나루토〉, 〈블리치〉의 앞 글자를 딴 말이다. 1990년대에도 대표 만화가 있었다. 그리고 그 영향력은 '원나블'을 뛰어넘는다. 〈드래곤볼〉 그리고 이노우에 다케히코井上雄彦의 농구 만화 〈슬램덩크〉다. 1990년부터 1996년까지 〈소년 점프〉에 연재된 〈슬램덩크〉는 일본에서 1억 2,000만 부의 누적 판매량을 기록하며 역대 가장 크게 히트한 스포츠 만화로 손꼽힌다. 국내에서도 600만 부 넘게 팔리며 '시카고 불스', '농구대잔치'만큼이나 90년대 농구 붐에 기여했다. 딱히 만화를 좋아하지 않는 사람이라도 〈슬램덩크〉는 봤고, 최소한 강백호와 서태웅이라는 이름은 들어봤을 정도다.

〈슬램덩크〉에는 농구의 기본 전술과 스킬이 스토리에 잘 녹아 있어 '농구 입문서'라고 해도 무리가 없다. 주인공인 북산고등학교 팀의 구성만 봐도 포지션별 역할이 딱 맞게 나뉜다. 공격을 지휘하는 포인트가드 송태섭, 슈팅부터 돌파까지 만능인 스몰포워드 서태웅, 필요한 순간마다 3점 슛을 터뜨리는 슈팅가드 정대만, 궂은일을 마다하지 않고 몸으로 부딪치는 파워포워드 강백호 그리고 팀의 중심을 잡는 센터 채치수. 강백호가 '풋내기 슛'을 배우는 과정은 "놓고 온다"는 레이업 슛의 기본을 알려주고, "왼손은 거들 뿐"이라는 명대사 역시 슈팅 동작의 포인트를 함축하고 있다.

이게 가능했던 건 이노우에 다케히코가 고등학교 때 농구부로 활동하고 대학교 때도 농구 서클에 들었던 '농구광'이기 때문이다. 인터뷰에서

'만화보다 농구를 더 좋아한다'고 말할 정도로 농구를 사랑하는 그는 캐릭터를 만들 때도 실제 선수들의 특징을 참고했다. 당시 가장 인기 있던 마이클 조던과 데니스 로드맨을 모델 삼아 '서태웅'과 '강백호'라는 캐릭터를 만들었고, 토너먼트 초반 북산과 맞붙는 풍전고교의 '남훈'과 '강동준'은 각각 우리나라의 허재와 강동희에서 모티프를 얻었다.

한 가지 재미있는 점은 연재를 시작할 때만 해도 편집부에서 '농구만화'가 아닌 '학원물'을 원했다는 점이다. 험악한 과거를 가진 정대만과 송태섭을 한 발 늦게 등장시킨 것도 학교 내 남학생들의 대립을 스토리에 넣기 위해서였다. 물론 〈슬램덩크〉를 단순히 스포츠만화의 범주에만 가둘 수는 없다. 농구만화이기 이전에 10대 청춘들의 '성장'을 그리고 있기 때문이다. 작가가 스토리를 짤 때 중요하게 생각한 것 역시 승패보다는 '이기기 위해 노력하는 과정'이었다. 그래서 〈슬램덩크〉의 결말 또한 여느 만화와는 다르다. 보통은 주인공이 속한 팀이 승승장구하며 우승을 차지해야겠지만, 이 만화의 결말은 '모든 것을 쏟아붓고 거짓말처럼…'.

연재가 끝난 지 20년이 지났지만 아직도 〈슬램덩크〉의 속편을 기다리는 팬들이 적지 않다. 작가는 2019년 현재 실존했던 검객 미야모토 무사시의 일대기 〈배가본드〉를 연재 중이라 눈코 뜰 새 없이 바쁜 상황이다. 그러나 작가가 지나가듯 흘리는 말에 팬들은 한 가닥 희망을 품는다. "〈슬램덩크〉의 문은 닫히지 않았다. 때가 되면 언제든 다시 시작할 수 있다."

밀가루

밀은 쌀 다음으로 소비량이 많은 음식이자, 옥수수 다음으로 생산량이 많은 곡물이다. 유럽이나 미국에서는 밀이 주식이고, 쌀을 주식으로 하는 아시아권에서도 점점 밀가루 소비량이 늘어나고 있다. 그런데 우리의 조상, 즉 200만 년 전의 인류는 밀과 쌀을 거의 먹지 않았다. 불을 이용해 익히는 법을 발견한 후에야 인류는 먹거리로서 곡물의 장점을 깨달았다. 운반과 저장이 쉽고, 탄수화물이 풍부해 먹으면 힘이 나고, 씨앗이 많아 지속적으로 생산할 수 있고, 무엇보다 맛있고. 인간이 농업을 본격적으로 시작한 것 역시 곡물을 먹기 시작하면서부터다. 약 1만 년 전부터 서남아시아 지역에서 처음 재배된 이래, 밀은 아프리카, 아시아, 유럽 등으로 전파되었다. 북미 지역에는 비교적 늦게 밀이 전파되었지만, 미국은 1인당 밀 섭취량이 가장 많은 국가이자 세계 최고의 밀 생산국이다.

밀가루를 이용한 음식은 하나하나 열거하기 힘들 만큼 그 종류가 다양하다. 국수, 빵, 라면, 파스타 등 주식이 되는 것에서부터 과자, 파이, 튀김 같은 간식까지 밀가루가 들어가지 않은 음식을 찾는 게 더 어려울 정도다. 이처럼 다양한 활용이 가능한 건 밀에 함유된 100가지 단백질 중 하나, 글루텐 덕분이다. 밀가루에 물을 부어 반죽을 만들 때 글루텐이 그물망을 형성하는데 온도, 강도, 반죽 시간 등의 미세한 차이에 따라 그물망의 구조가 영향을 받는다. 글루텐은 끈적끈적한 성질을 지닌 글리아딘과 탄력 있는 글루테닌이 어떤 비율로 배합되느냐에 따라 달라지는 것이다. 같은 밀가루를 쓰더라도 조리법에 따라 때론 쫄깃하고, 때론 폭신한 음식으로 만들어지는 이유다. 글루텐의 함량에 따라 밀가루의 종류도 나뉜다. 주로 식빵을 만드는 강력분은 글루텐 비중이 40%이고, 과자나 쿠키와 케이크를 만들 때 쓰는 박력분은 글루텐 비중이 20%다. 글루텐이 25% 정도 함유된 중력분은 국수, 메밀국수, 우동 등 다양한 면 요리에 쓰인다.

그런데 이 글루텐이 인체에 나쁜 영향을 미친다는 지적도 있다. 글루텐 민감성을 가진 사람의 경우, 밀가루 음식을 먹고 나서 가스가 차고 소화가 안 되거나 심한 경우 복통과 설사로 이어진다는 것. 글루텐이 인체에 유해하다는 소식이 알려진 후, '밀가루 끊기'나 '글루텐 프리 음식'이 유행처럼 등장하기도 했다. 그러나 글루텐 민감성이 있는 사람은 지극히 일부일 뿐, 다른 사람에게는 전혀 부정적인 영향을 미치지 않는다는 주장도 있다. 밀가루 자체보다는 밀가루 음식에 첨가되는 동물성 지방이나 설탕, 그리고 정체를 알 수 없는 첨가물이 더 문제라는 것이다. 오히려 밀가루에서 글루텐을 제거하면 탄수화물이 인체에 더 빨리 흡수되어 비만이나 성인병으로 이어질 위험도 있다.

일본의 우동과 메밀국수, 이탈리아의 피자와 파스타, 프랑스의 바게트와 각종 디저트까지, 밀을 이용해 세계 각국은 자기들만의 고유한 음식 문화를 꽃피웠다. 이제 와서 '악마의 음식' 취급하며 등을 돌리기엔, 밀가루는 인류의 역사에 너무 많은 흔적을 남겨버렸다.

아이슬란드

2018 러시아 월드컵 D조 예선 첫 경기. 우승 후보로 손꼽히는 아르헨티나와 월드컵 첫 출전국 아이슬란드가 맞붙었다. 아르헨티나가 손쉽게 승리할 거라는 예측이 다수였고, 경기 결과보다는 리오넬 메시가 얼마나 활약할지에 더 관심이 쏠렸다. 그런데 뚜껑을 열어보니 축구팬들을 열광케 한 건 오히려 아이슬란드였다. 강한 체력을 앞세워 지칠 줄 모르고 뛰어다니는 아이슬란드 선수들에 메시를 비롯한 아르헨티나 선수들은 힘을 쓰지 못했다. 박진감 넘치는 경기 끝에 결과는 무승부. 아이슬란드는 첫 출전에 아르헨티나를 상대로 소중한 승점 1점을 획득했다. 물론 이후 연이어 패하며 16강 진출엔 실패했지만 아이슬란드 대표팀은 이 한 경기로 강한 인상을 남겼다. 메시의 페널티킥을 막아낸 골키퍼의 직업이 영화감독이고, 감독은 현직 치과의사라는 뒷이야기가 화제가 됐고 인구 33만 명에 불과한 작은 나라 아이슬란드에 대한 관심도 덩달아 높아졌다.

  이름과 달리 아이슬란드는 여전히 화산활동이 활발한 화산섬 지형으로, 그래서 보통 '얼음과 불의 나라'로 불린다. 국기의 붉은색, 흰색, 파란색도 각각 불, 얼음, 바다 등 아이슬란드의 자연환경을 상징하는 것이라고. 2010년에는 수도 레이캬비크 근처의 에이야퍄들라이외퀴들 화산이 폭발하면서 생긴 화산재 때문에 유럽 전역의 항공기가 결항되는 비상사태가 생기기도 했다. 일본처럼 땅을 파면 온천이 나오는 곳도 많은데, 그래서 '지열발전'으로 가장 많은 에너지를 생산해낸다. 불과 얼음이 만들어내는 비현실적으로 아름다운 풍경 덕분에 영화 제작진들이 눈여겨보는 촬영지이기도 하다. 드라마 〈왕좌의 게임〉, 영화 〈프로메테우스〉, 〈인터스텔라〉, 〈월터의 상상은 현실이 된다〉 등이 이곳에서 촬영되었다.

꾸준히 세상에서 가장 행복한 나라로 꼽혀왔는데, 그 명성대로 높은 교육수준과 탄탄한 복지정책을 자랑한다. 양성평등 지수도 높아서, 1980년 서구 지방에서는 최초로 여성 대통령이 탄생했고, 2008년 금융위기를 극복해낸 연립정부의 총리 요한나 시귀르다르도티르Johanna Siguroardottir 또한 여성이다. "책 없이 사느니 굶주리는 편이 낫다"라는 속담이 있을 정도로 책을 사랑하는 곳이고, 비요크Bjork, 시규어 로스Sigur Ros 등 독특하면서도 매력적인 뮤지션을 배출하기도 했다.

덴마크에 지배당할 당시 민족주의 우익 세력이 독립운동을 주도한 것이 인정되어, 북유럽에서는 이례적으로 보수 정당인 독립당이 정권을 잡아왔다. 그러나 2008년 금융 위기 때 치명적인 타격을 입어 국제통화기금IMF, International Monetary Fund의 지원을 받아야 했고, 결국 진보 세력에 정권을 내줬다. 구제금융은 2011년에 종료되었고, 이후 아이슬란드의 경제는 빠른 회복세를 보이고 있다.

아이슬란드의 독특한 음식 중 '하칼harkarl'이라는 것이 있다. 삭힌 상어 요리로 아주 고약한 냄새가 나서 〈포브스〉가 꼽은 세계 혐오 음식 2위로 선정되기도 했다. 그러나 경제 위기를 겪은 후에도 정치에 대한 혐오는 없는 듯하다. 시위대를 궁 안으로 초대해 커피를 대접하고, 피자를 사기 위해 줄을 서는 귀드니 요한네손Gudni Thorlacius Johannesson 대통령은 자국 내에서 인기가 높다. 길거리에서 만난 소년들을 대통령 전용 리무진에 태워 집에 바래다주기까지 했다니, 우리나라에서 보는 정치 뉴스와는 느낌이 많이 다르다.

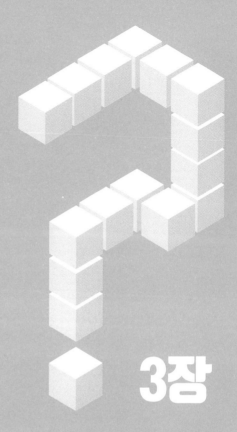

3장

지친 눈과 귀를 달래줄,

영화·음악

영화 음악

예술 분야에서 우리의 일상과 가장 가까운 것은 무엇일까? 바로 음악이다. 아침에 눈을 뜨고 밤에 잠자리에 들 때까지 음악을 잠시도 듣지 않고 하루가 끝나는 경우는 거의 없다. 출근길 지하철에서 이어폰을 꽂은 채 음악을 듣고, 친구들과 카페에서 대화할 때도 스피커에서 흘러나오는 배경음악을 듣는다. 고대인들이 술을 마시고 축제를 열 때 춤추고 노래를 불렀던 것에서 시작된 음악의 역사는 지금까지 수많은 장르를 탄생시키며 이어져왔다. 일반인들에게 가장 친숙한 대중음악만 해도 하나로 묶을 수 없을 만큼 그 종류가 다양하다. 그래서 선택의 여지도 많다. 기쁜 일이 있을 땐 신나는 음악을 큰 소리로 틀어놓고 몸을 흔든다. 특히 힘이 될 땐 우울하거나 슬픈 일이 있을 때다. 음악은 섣불리 조언하는 대신, 옆에 가만히 앉아 고개를 끄덕이고 맞장구를 친다. 사람도 잘 못하는 '위로의 정석'이다. 잠이 안 올 때, 집중이 안 될 때, 심심할 때, 음악은 우리가 필요로 할 때 곁에 있어주는 친구다. 누군가 SNS에 '음악만이 나라에서 허락하는 유일한 마약'이라는 글을 올렸을 때 다들 오글거린다며 비웃었지만, 음악의 힘을 빌려 힘든 시기를 견뎌본 적 있는 사람이라면 완전히 부정하기는 힘들 것이다.

어디에서나 빠지지 않는 음악이 모든 예술의 '기본'이라면, 영화는 모든 예술의 '종합'이다. 음악, 미술, 스토리, 연기 등 예술의 모든 요소가 영화 속에 들어 있다. 그만큼 자본도 많이 투입되고 대중들에게 사랑도 받는다. 국내에서만 1,000만 명 넘는 관객이 드는 영화가 해마다 한두 편씩 꼬박꼬박 나오는 걸 보면 영화판으로 돈이 몰리는 게 이해가 된다. 관객들은 2시간 남짓 되는 시간 동안 극장에서 다양한 경험을 한다. 두 주인공의 키스신에 설레고, 긴박한 추격전에 마음을 졸이고, 갑자기 튀어나온 피 흘리는 인형에 팝콘을 쏟고, 경쾌한 음악에 무릎을 까딱거리기까지.

최초의 상업 영화로 알려진 작품은 1896년 뤼미에르 형제가 만든 <열차의 도착>이다. 열차가 플랫폼으로 들어오는 단순한 장면을 찍었던 이 형제는 영화가 지금의 모습으로 발전할 거라는 걸 짐작이나 했을까. 이대로라면 조만간 음악뿐 아니라 영화 역시 '나라에서 허락한 마약' 소리를 들을 수 있을 것 같다. 다음 장에서 이어지는 퍼즐을 풀며 영화와 음악의 세계에 흠뻑 취해보시길 바란다.

가로열쇠

01 알폰소 쿠아론 감독, 산드라 블록과 조지 클루니 주연의 2013년 영화. 중력이 없는 우주를 화면에 그대로 담아내, 아카데미 시상식에서 감독상과 촬영상을 비롯해 총 7개 부문을 수상했다. 아이맥스로 보면 텅 빈 우주의 느낌이 더욱 실감나게 전해진다.

02 <그을린 사랑>, <프리즈너스>, <에너미>, <시카리오: 암살자의 도시>, <컨택트>, <블레이드 러너 2049> 등을 연출한 영화감독.

03 정바비, 계피로 이뤄진 가을방학의 3집 앨범 수록곡. 시베리아 북부에 위치한 작은 자치공화국으로, 지구에서 가장 추운 곳 중 하나다. 서로 다른 온도 차를 극복하기 위해 노력하는 연인을 그린 노래.

04 2016년 11월 82세의 나이로 사망한 캐나다의 싱어송라이터. 시인으로도 활동할 정도로 시적인 노랫말과 아름다운 멜로디를 썼어요. <아임 유어 맨 I'm Your Man>, <할렐루야 Hallelujah> 등 수많은 히트곡을 발표하며 그래미 어워드에서 평생공로상을 받기도 했다.

05 (1) 아버지와 딸의 어긋나는 관계를 코믹하면서도 서늘하게 그려내 호평 받은 2017년 개봉작 <○○ 에드먼> (2) 마블 시네마틱 유니버스에서 아이언맨의 극중 이름.

06 2001년 개봉한 오드리 토투 주연의 프랑스 영화. 톡톡 튀는 색감과 음악, 신선한 이야기에 사랑스러운 캐릭터가 어우러져 여러 번 반복 감상하는 마니아층이 많다.

07 미국의 재즈 뮤지션이자 베이시스트. 84년생이지만 2011년 그래미 어워드에서 신인상을 받은 것을 시작으로 벌써 4번의 그래미상을 받았다.

08 마블 시네마틱 유니버스의 등장 캐릭터 중 하나로, 다른 히어로들과 달리 눈에 잘 보이지도 않을 만큼 작아지는 것이 주특기다. #스콧랭

09 본명은 재스민 반 덴 보가드지만, '○○'라는 예명으로 활동 중인 영국의 싱어송라이터. 1996년생으로 어린 나이지만 벌써 세 장의 정규 앨범을 발표하며 차세대 여성 뮤지션으로 기대를 모으고 있다. #뷰티풀라이즈

10 2015년 개봉영화 중 가장 인상적이었던 캐릭터 중 하나. '미친 맥스'보다 훨씬 더. #샤를리즈테론

11 오페라나 연극이 공연되기 전, 막이 내려진 상태에서 오케스트라가 연주하는 곡. 앞으로 전개될 음악에 청중들이 몰입할 수 있도록 돕는 보조적인 역할이지만, 때로는 이것 자체가 완성도 높은 하나의 음악 작품으로 만들어지기도 한다.

12 2014년 개봉한 크리스토퍼 놀란의 SF영화. 매튜 맥커너히, 앤 해서웨이 등 출연 배우들의 목록이 화려하다. 국내에서 1,000만 관객을 돌파하는 등 큰 인기를 끌었으며, "우린 답을 찾을 것이다. 늘 그랬듯이."라는 대사가 패러디되기도 했다.

13 '피아노의 신'이라고 불리는 역사상 최고의 기교파 피아니스트. 1811년 헝가리에서 태어나 76세에 생을 마감하기까지 왕성하게 활동하며 서양 음악사에 많은 족적을 남겼다. #프란츠○○○ #교향시의아버지

14 악기의 음색, 보컬의 목소리, 배경이 되어주는 반주, 노래 가사 등 음악을 구성하는 요소는 많다. 하지만 대부분의 음악 장르에서 기본이 되는 요소이자 가장 두드러지는 특징은 역시 ○○○다. #음악의3요소 #리듬 #하모니 #그리고○○○

15 2016년 영화 <룸>으로 아카데미 여우주연상을 받은 배우. 이전까지 크게 주목받지 못했으나 이 영화를 통해 전 세계에 이름을 알렸다.

세로열쇠

01 존 카메론 미첼 감독이 연출하고 직접 주연을 맡아 연기한 뮤지컬 영화. 트랜스젠더 로커 '○○○'와 밴드 '앵그리 인치 Angry Inch'의 이야기를 그려냈다. 국내에는 조승우, 조정석, 송창의, 오만석 등 실력 있는 남자 배우들이 거쳐 간 스테디셀러 뮤지컬로도 많이 알려져 있다. #위키드리틀타운

02 오겡끼데스까~?

03 웨스 앤더슨 감독의 영화로, 2014년 개봉해 국내에서 '아트버스터'라는 평가를 받으며 70만 명 이상의 관객을 동원했다. 랄프 파인즈, 틸다 스윈튼, 토니 레볼로리, 에드리언 브로디, 에드워드 노튼, 윌렘 데포, 빌 머레이, 레아 세이두, 주드 로 등 유명 배우들이 대거 출연했다.

04 하루에 네 번 사랑을 말하고 여덟 번 웃고 여섯 번의 키스를 해줘 / 날 열어주는 단 하나뿐인 비밀번호야

05 2001년 국내에서 개봉한 스티븐 달드리 감독의 영화. 영국 탄광촌에 사는 11살 소년이 편견을 이겨내고 발레 무용수의 꿈을 키워나간다는 내용의 성장담이다. "내 몸 전체가 변하는 기분이에요. 마치 몸에 불이라도 붙은 것처럼, 마치 전기처럼요."

06 (1) 정지우 감독, 김정은 주연의 멜로영화. 배우 정유미의 장편영화 데뷔작이기도 하다. (2) '안녕 한 번쯤

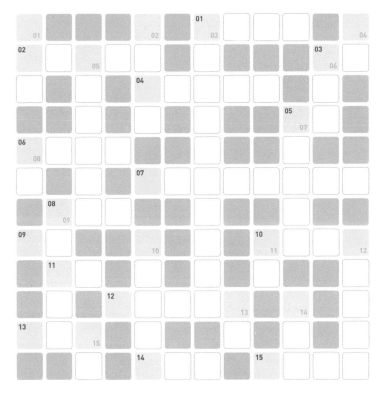

은 날 들어봤겠지 너의 ○○○ / 이미 어릴 때 모두 겪었다 생각하겠지'

07 픽사를 대표하는 애니메이션 시리즈. 1995년, 1999년, 2010년까지 세 작품을 발표해 모두 대박이 났다. '속편은 본편보다 재미없다'는 평가가 이 작품에만큼은 적용되지 않는다. 1편보다 2편이 더 재밌고, 2편보다 3편이 더 재미있어서 눈물 펑펑…. 2019년 6월 개봉을 목표로 속편이 또 제작 중이라는 소식이 알려져 팬들의 기대와 우려를 동시에 받고 있다.

08 "헬로, 이츠 미 Hello, it's me." #19 #21 #25

09 모션 캡처 연기의 상징 같은 배우. <반지의 제왕>에서 골룸을 연기한 뒤 유명해졌고, <혹성탈출> 시리즈에서도 주인공 '시저'로 열연했다.

10 우리나라 팬들이 사랑하고 한국을 사랑하는 네덜란드 출신의 싱어송라이터. #브리지 #리브어리틀

11 [세로열쇠15] 힙합의 대표 격인 1983년생 미국인 래퍼. #마스크오프

12 <쥬라기공원>, <펄프픽션>, <딥블루씨>, <펄프 픽션>, <재키 브라운>, <스타워즈>, <다이하드3>, <마블> 시리즈, <언브레이커블>, <장고>, <킹스맨>, <헤이트풀8> 등에 출연한 미국의 국민배우. 할리우드 명예의 거리에 입성했다.

13 "드림스 아 마이 리얼리티 Dreams are my reality~" #소피마르소

14 (1) <이터널 선샤인>, <수면의 과학>, <무드 인디고> 등을 연출한 영화감독 미셸 ○○○.

15 붐뱁 Boom Bap과 구분되는 힙합의 한 장르. 미국 남부지역에서 유래해 2010년대 초반 세계적으로 가장 핫한 장르가 되었고, 국내에서도 일리네어 레코즈의 <연결고리> 이후 리스너들의 사랑을 받았다. #너와 #나의 #연결 #고리 #기명 #군의 #낱말 #퍼즐

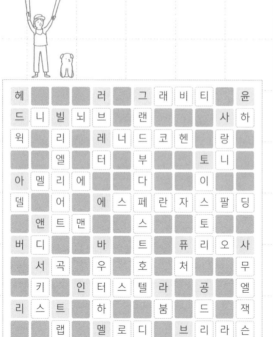

헤　　　러　그 래 비 티　윤
드 니 빌 뇌 브　랜　　　사 하
워　리 레 너 드 코 헨　랑　
　　엘 터　부　　토 니　
아 멜 리 에　다　　이　　
델　어　에 스 페 란 자 스 팔 딩
　앤 트 맨　　스　토　　
버 디　　바　트　퓨 리 오 사
　서 곡　우　호　처　　무
　키　인 터 스 텔 라　공　엘
리 스 트　하　　붐　드　잭
　　랩　멜 로 디　브 리 라 슨

한스 짐머

"가장 추상적인 예술인 음악과 가장 현실적인 예술이 결합된 장르가 바로 영화음악이다." 영화평론가 이동진의 말처럼 영화음악은 독특한 장르다. 영화를 볼 때 따로 신경 쓰지 않으면 음악을 인식하지 못하는 경우가 많지만, 알게 모르게 음악은 영화를 감상하는 데 많은 영향을 미친다. 등장인물이 처한 상황과 그때의 감정을 극대화하거나, 멜로디 몇 개만으로 특정 장소의 분위기를 느끼게 해주는 것도 음악이다. 그 유명한 영화 〈라이온 킹〉의 오프닝 음악을 기억하는가? '아~ 왜 그랬냐~ 발발이~ 치와와…' 우린 이 익숙지 않은 멜로디와 알아들을 수 없는 노랫말을 듣는 순간, 이미 아프리카 초원에 와 있다. 바로 이 〈라이온 킹〉으로 아카데미 영화음악상을 수상한 작곡가 한스 짐머Hans Zimmer는 최근 몇 년간 영화음악의 최고 자리를 놓치지 않고 있다.

본인 입으로 말하지는 않아도 다른 작곡가들이 증언한다. "지금은 한스 짐머의 시대"다. 영화음악 제의를 받으면, 모든 작곡가들이 한스 짐머를 의식하지 않을 수 없다. 그만큼 동시대 영화음악에 끼치는 영향력이 크다. 마이클 베이Michael Bay, 리들리 스콧Ridley Scott, 론 하워드Ronald Howard에 이어 최근엔 작품성과 흥행성을 모두 갖춘 감독 크리스토퍼 놀란Christopher Nolan과 연이어 함께 작업하고 있다. 1988년 〈레인맨〉으로 할리우드에 처음 입성한 이래 〈글래디에이터〉, 〈캐리비안의 해적〉, 〈진주만〉, 〈다크 나이트〉, 〈인셉션〉, 〈인터스텔라〉, 〈덩케르크〉 등 총 120편을 작업했다. 일중독자라고 불릴 만큼 성실한 그이기에 가능한 숫자다. 그는 어떻게 이 일을 하게 됐을까?

그의 어머니는 음악을 사랑하는 사람이었다. 그래서 한스 짐머가 3살 때부터 일주일에 한 번씩 클래식 콘서트나 오페라에 아들을 데려갔다. 그의 아버지는 발명가 겸 엔지니어로, 항상 새로운 것을 시도했다. 아버지와 어머니의 영향을 고루 물려받은 한스 짐머는 피아노를 악보대로 치지 않았다. 늘 새로운 소리를 내기 위해 고민했다. 이런 고민이 지금의 한스 짐머를 만들었겠지만 학교 선생님들은 문제시했다. 한스 짐머는 좀처럼 학교에 적응하지 못하고 여기저기 옮겨 다녀야 했다. 친구도 거의 없었던 그의 관심은 오로지 음악을 만드는 일뿐이었다. 아버지 곁에서 어릴 때부터 컴퓨터를 접했기 때문에 신디사이저 연주를 독학할 수 있었다. 술집과 라이브 카페에서 연주를 하던 한스 짐머는 생계를 위해 광고나 드라마 등에 삽입될 음악을 만들기 시작했다. 그러던 중 그의 음악을 들은 영화감독 배리 레빈슨Barry Levinson이 영화음악 작곡을 요청한 것이었다.

이후 그는 승승장구했다. 당시만 해도 할리우드 작곡가들은 음악 작업할 때 컴퓨터를 쓰지 않았는데, 컴퓨터로 작업하는 한스 짐머는 감독과 자유자재로 의사소통하고 피드백을 주고받을 수 있었다. 당연히 감독들이 그와의 작업을 선호했다. 〈라이온 킹〉 작곡 의뢰가 들어왔을 때, 처음 그가 수락한 이유는 6살짜리 딸 때문이었다. '시사회에 딸을 데려가면 이 아빠가 대단한 사람이라고 생각하겠지?' 그런데 작업을 하면서 아버지를 잃은 아들의 스토리에 완전히 몰입했고, 인터뷰에서 여러 차례 밝혔듯 그는 "나의 내면이 가장 많이 투영된 작품"으로 〈라이온 킹〉을 꼽는다.

보통 한스 짐머의 장점을 얘기할 때, 감독이 원하는 그대로 만들어내는 음악 스타일을 꼽는다. 마치 물처럼. 그러나 한스 짐머의 생각은 정반대인 듯하다. "감독이 요청한 대로 정확히 수행하기만 한다면, 감독 본인이 만들지 왜 나한테 맡기겠어?" 한스 짐머가 생각하는 영화음악의 역할은 감독이 미처 상상하지 못했던 부분을 채워 넣는 것이다. 그가 본인의 일에 큰 보람을 느끼면서도 엄청난 책임감을 느끼는 이유다. 이 책임감이야말로 한스 짐머를 소처럼 일하게 하는 원동력 아닐까.

앤디 서키스

코난 오브라이언 쇼에 출연한 배우가 〈반지의 제왕〉 속 '골룸'과 〈혹성탈출〉 속 '시저'가 대화 나누는 모습을 연기한다. 놀랍게도 골룸도, 시저도 영화 속 목소리랑 똑같다. 원래 성대모사를 잘하는 사람이라서? 아니, 똑같을 수밖에 없다. 그가 바로 골룸이고, 또한 그가 시저이기 때문이다. 무슨 말인가 싶다면, 이 이름을 기억하시라. 흔히 '모션 캡처 연기의 달인'이라 불리는 배우, 앤디 서키스Andy Serkis.

1964년에 태어난 앤디 서키스는 주드 로David Jude Law, 이완 맥그리거Ewan Gordon McGregor처럼 영국 출신 배우다. 그러나 배우로서의 경력은 그들과 달랐다. 무대 연출을 공부하다 연기자의 길로 접어들었지만, 20년 넘게 무명의 시간을 견뎌야 했다. 작은 키에 우락부락한 외모 탓에 메이저 시장으로의 진출은 멀게만 느껴졌다. 그러던 중 그의 연기력을 눈여겨본 한 극단 관계자가 할리우드 영화 오디션을 제안한다. 그가 맡은 역할은 얼굴이 나오지 않는 가상의 캐릭터라 다들 꺼렸지만, 그는 두 번 다시 찾아오지 않을 기회로 여기고 최선을 다해 오디션에 임했다. 집에서 키우던 고양이를 보며 표정과 동작을 연습한 그는 결국 오디션을 통과하는데, 그 캐릭터가 바로 〈반지의 제왕〉의 골룸이다. 그는 골룸의 음산한 목소리는 물론 특유의 웅크린 자세까지 디테일하게 구현해냈고, 그의 열연 덕에 골룸은 조연임에도 관객들에게 가장 큰 임팩트를 남긴 캐릭터가 됐다.

〈반지의 제왕〉이 전 세계적인 흥행 실적을 거뒀지만 앤디 서키스의 입지에는 큰 변화가 없었다. 그의 얼굴과 이름을 아무도 알아보지 못했기 때문이다. 그러던 중 〈반지의 제왕〉을 연출했던 피터 잭슨 감독이 다시 연락을 해왔다. 이번엔 심지어 '타이틀 롤'을 맡아달라는 제안이었다. 그 영화가 바로 〈킹콩〉이다. 앤디 서키스는 다시 한 번 초심으로 돌아가 역할에 대해 연구했다. 한 달간 사비를 털어 런던의 동물원을 돌아다니면서 고릴라의 습성과 여러 가지 발성법을 익힌 것도 모자라, 아프리카 르완다 야생보호구역에서 먹고 자며 고릴라를 연구했다. 관객들이 그 사나운 '킹콩'에게 연민을 느낄 수 있었던 건 그의 끝없는 노력 덕분이었던 것이다. 개봉 후 사람들의 반응은 '골룸' 때와 달랐다. 이젠 누구나 킹콩을 연기한 배우가 앤디 서키스라는 걸 알았고, 나름 유명세를 누리기도 했다. 하지만 배우로서 정체성에 대한 고민은 계속되었다. 모션 캡처 연기는 여전히 연기라기보다 '신기한 묘기' 정도로만 인식됐기 때문이다.

그래서 그는 모션캡처 연기에 대한 공부를 본격적으로 시작한다. 연구 덕분인지 〈혹성탈출〉에서 유인원들의 리더 시저를 연기한 그에게 평론가들은 '생애 최고의 연기'라는 호평을 쏟아냈다. 그에게 아카데미 연기상을 줘야 하느냐 마느냐로 논쟁이 촉발될 정도였다. 그도 그럴 것이, 시저는 '골룸'이나 '킹콩'에 비해 훨씬 인간다운 존재였기 때문이다. 아니 인간을 뛰어넘었다. 많은 관객들이 시저에게서 '좋은 리더의 이상'을 찾으려 했다. 그의 말대로 "모션 캡처 연기나 실사 연기나 본질은 같다"면, 그가 연기상 후보에 오르는 건 당연한 일 아닌가. 그러나 정작 그는 당장의 수상보다 영화를 찍는 것 자체에 더 관심이 많은 듯하다. 그는 이후 본인의 얼굴 그대로 〈어벤져스: 에이지 오브 울트론〉, 〈블랙 팬서〉 등에 출연한 한편, 〈달링〉과 〈모글리〉로 연출자로서의 커리어도 쌓아가며 활동 분야를 넓히고 있다.

토이 스토리

'속편은 본편보다 못하다'는 편견을 깨고 시리즈를 거듭할수록 더 웃고 더 울게 만든 영화. '애니메이션은 애들이나 보는 것'이라는 편견을 깨고 수많은 어른들의 인생 영화로 자리 잡은 영화, '픽사는 곧 망할 거야'라는 무시를 딛고 일어나 픽사를 애니메이션 회사의 아이콘으로 만들어준 영화, 바로 〈토이 스토리〉 시리즈다.

〈토이 스토리〉의 기본 설정은 아이들이 갖고 노는 장난감에도 의식이 있다는 것이다. 그래서 아이들이 방을 비울 때마다 장난감들은 자기들끼리 신나게 논다. 그럼에도 장난감들은 아이들이 자기와 함께 놀아줄 때 가장 행복해하고, 아이들이 자라서 자기에게 흥미를 잃을까 봐 불안해한다. 어릴 때 장난감에게 말 한 번 걸어보지 않은 사람이 있을까. 그리고 나이가 들면 자연스럽게 더 이상 장난감을 갖고 놀지 않게 되고, 구석에 처박혀 먼지 쌓인 장난감을 보며 추억에 잠기기도 한다. 〈토이 스토리〉는 이 대중적인 정서를 건드렸고, 결국 크게 성공했다.

〈토이 스토리〉가 만들어지기 전까지, 픽사는 해마다 막대한 손실을 기록하고 있었다. 애플에서 쫓겨난 스티브 잡스가 픽사에 5,000만 달러를 쏟아부었지만 상황은 나아질 기미가 보이지 않았다. 그래서 당시 픽사 주식의 80%를 보유하고 있던 스티브 잡스는 어떻게 제값을 받고 픽사를 팔아치울 수 있을지 그 궁리만 하고 있었다. 〈토이 스토리〉를 한창 제작 중이던 1994년 가을에는 마이크로소프트와 매각 협상을 진행하기 위해 접촉하기도 했다. 그러나 그는 끝내 픽사를 팔지 않았다. 당시 픽사의 기술 부문 총책임자였던 팸 커윈은 그 이유를 이렇게 설명한다. "잡스가 가진 본능적인 감이 '이건 진짜 엄청난 게 될 거야'라고 말했던 것 같습니다." 그가 말한 '이것'이 바로 〈토이 스토리〉다.

개봉 전, 완성된 〈토이 스토리〉를 본 잡스는 이미 성공을 확신했다. 그래서 영화가 개봉하고 나면, 곧바로 픽사의 주식을 공개모집하겠다고 선언한다. 당연히 재무 담당자들은 그를 말렸다. 단 한 번도 수익을 낸 적 없는 픽사에게 투자자들이 왜 몰려들겠냐는 현실적인 판단이었다. 그러나 잡스는 특유의 고집을 밀어붙였다.

〈토이 스토리〉가 개봉된 1995년 11월 22일 이후, 모든 게 달라졌다. 영화는 미국 박스오피스 1위를 차지하며 미국에서만 1억 9,200만 달러를 벌어들였다. 그해 〈토이 스토리〉보다 더 많은 돈을 번 영화는 없었다. 토이 스토리 인형은 불티나게 팔렸다. 평론가들도 이례적인 극찬을 내놓았다. 부정적인 평가는 찾아볼 수 없었다. "우디와 버즈는 장난감인데도 올해 개봉한 어느 영화의 캐릭터보다 인간적이다." "지금껏 수많은 영화를 보며 감동해왔지만 〈토이 스토리〉만큼 즐거운 마음으로 본 영화는 없었다." 그해 아카데미 시상식에서는 애니메이션 영화로는 최초로 각본상 후보에 올랐다. 결국 개봉 일주일 후 진행된 기업공개에서 픽사는 1억 달러 넘는 자본을 끌어들였고, 잡스가 소유한 픽사 주식의 가치는 11억 달러까지 치솟았다.

애물단지였던 픽사의 처지도 급격히 바뀌었다. 이후 〈니모를 찾아서〉, 〈몬스터 주식회사〉, 〈라따뚜이〉, 〈업〉, 〈월-e〉 등 주옥같은 작품을 연이어 발표하며 가장 창의적인 창작 집단을 논할 때 빠지지 않는 기업이 됐다. 2019년 개봉을 목표로 〈토이 스토리 4〉가 제작 중이고 한다. 〈토이 스토리 3〉의 마지막이 너무 감동적이었기에 우려도 없지 않지만, 기대가 더 크다. 사실 완성도는 의심하지도 않고, 중요하지도 않다. 우디와 버즈 그리고 제시를 다시 볼 수 있다면 그걸로 충분하니까.

손흥민의 이적 후 토트넘 하면 축구팀을 먼저 연상하게 되지만, 진짜 토트넘이 낳은 영웅은 따로 있다. 1988년 5월 영국 런던 근교 토트넘에서 태어난 아델 로리 블루 애드킨스Adele Laurie Blue Adkins. 〈헬로Hello〉의 그 아델 맞다. 실제로 아델은 축구팀 토트넘 핫스퍼의 팬이라고. 유치원에 들어가기도 전부터 스파이스 걸스에 열광하던 아델은 12살 때 영국의 예술학교인 브릿 스쿨Brit School의 오디션을 보게 된다. 브릿 스쿨은 에이미 와인하우스Amy Winehouse, 제시 제이Jessie J 등 유명 뮤지션들이 거쳐 간 학교다. 스티비 원더의 〈프리Free〉를 부르고 클라리넷을 연주한 아델은 당당히 합격증을 거머쥐었고, 그렇게 그녀의 음악 인생이 시작됐다.

브릿 스쿨에서 아델은 선생님들에게 수시로 자신만의 노래를 만들고 불러야 한다는 조언을 듣는다. 그래서 아델은 끊임없이 곡을 만들고 가사를 썼는데, 그 과정에서 가요계에 데뷔도 하게 된다. 과제물로 녹음했던 곡들을 SNS에 올렸다가 기획사 관계자들의 눈에 띈 것. 그래서 아델은 19살에 첫 정규 앨범 〈19〉를 발표했고 〈체이싱 페이브먼트Chasing Pavement〉, 〈메이크 유 필 마이 러브Make You Feel My Love〉 등이 영어권에서 좋은 반응을 얻는다. 그해 그래미 시상식에서도 신인상과 여성 팝 보컬 퍼포먼스 부문을 수상하는데, 이건 겨우 시작에 불과했다.

아델은 2년 후 발매한 〈21〉이 빅히트를 치면서 팝의 역사를 다시 썼다. 미국에서 24주간 차트 1위를 차지했고 전 세계에서 3,000만 장을 팔아치우며 21세기 들어 비틀스의 베스트앨범 〈1〉 이후 가장 많이 팔린 음반이 됐다. 얼마나 많이 팔렸냐면, 2011년 발매된 이 앨범은 그해뿐 아니라 이듬해에도 연간 음반판매량 1위를 기록했을 정도다. 〈롤링 인 더 딥Rolling In The Deep〉, 〈섬원 라이크 유Someone Like You〉 등 아델의 목소리를 타고 전해진 실연의 분노와 고통이 많은 팬들의 공감을 얻었고, 그래미에서도 6관왕을 차지하며 이제 아델은 세계적인 팝 스타가 됐다.

그리고 대망의 세 번째 앨범 〈25〉. 신예 영화감독 자비에 돌란Xavier Dolan-Tadros이 연출한 〈헬로Hello〉의 뮤직비디오가 선공개되자 이 영상은 유튜브 공개 4일 18시간 만에 조회 수 1억 회를 돌파하며 아델에 대한 대중들의 기대를 실감케 했다. 〈25〉 역시 출시 첫 주에 338만 장을 판매하며 역대 최고 기록을 경신했고, 그래미 시상식은 이번에도 아델에게 상을 몰아줬다. 그런데 이번엔 아델의 수상소감이 이전과 조금 달랐다.

마이크 앞에 선 그는 같이 후보에 올랐지만 상을 받지 못한 비욘세Beyonce의 앨범 〈레모네이드Lemonade〉에 대한 존중을 그대로 표현했다. "(트로피를 반으로 쪼개며) 전 어쩌면 이 상을 받지 말아야 하는 건지도 몰라요. 저는 감사할 줄 아는 사람이지만, 동시에 변변치 못한 사람이기도 해요. 제 인생 최고의 아티스트는 비욘세, 당신입니다. 그리고 〈레모네이드〉는 당신의 아름다운 영혼을 그대로 보여주는 앨범이고요. 우리들은 모두 당신을 존경하고, 당신은 우리들의 빛이에요." 그래미의 인종차별 논란은 예전부터 늘 있어왔다. 프린스, 휘트니 휴스턴, 마이클 잭슨 그리고 켄드릭 라마와 비욘세까지. 그런 상황에서 아델은 자신의 소신을 당당히 밝히며 동료 뮤지션에 대한 존중을 보여줬다. 노래뿐 아니라 말로도 감동을 주는 아델을, 좋아하지 않을 수 있을까?

가로열쇠 12번

인터스텔라

2014년 개봉한 크리스토퍼 놀란 감독의 영화 〈인터스텔라〉는 황폐화되어버린 지구 대신 인간이 살 수 있는 곳을 찾기 위해 우주로 떠난 이들의 이야기다. 〈다크 나이트〉, 〈인셉션〉, 〈덩케르크〉 등 놀란 감독의 다른 영화들도 국내 관객들에게 사랑받았기에, 〈인터스텔라〉 역시 개봉 전부터 기대를 받았다. 하지만 웜홀, 블랙홀, 중력 등 복잡한 우주과학 개념이 등장해 진입 장벽이 높다는 걸 감안하면, 국내에서 1,000만 관객을 끌어들였다는 건 엄청난 성과다. 실제로 개봉 당시, 영화 속 장면이 실제로 가능한지 온라인에서 논쟁이 벌어지기도 했다.

주인공 쿠퍼와 브랜드는 웜홀을 통과해 다른 은하계에 도달한다. 이게 가능한 일일까? 지구에서 가장 가까운 은하인 안드로메다에 가는 데만 빛의 속도로 253만 년이 넘게 걸린다. 태양계 내부에 있는 토성에 가는 것과는 차원이 다르다. 유일한 방법은 영화에서처럼 '웜홀'을 이용하는 것이다. 웜홀 이론을 주장하는 과학자들은 모든 물질을 빨아들이는 블랙홀이 있다면 무엇이든 뱉어내는 화이트홀도 있을 거라고 믿는다. 블랙홀이 입구라면 화이트홀은 출구인 셈이다. 사과 속으로 뚫고 들어가 반대편으로 나오는 벌레처럼 그 둘을 연결하는 고리가 바로 웜홀이다. 물론 아직 누구도 실제로 웜홀을 발견하지는 못했다. 발견한다 하더라도 웜홀을 통과해 어디로 나올지, 나올 수나 있을지는 알 수 없다.

그러고 보면 영화 속 주인공들은 인류의 터전을 찾아내기 위해 생명을 건 모험을 한 것이다. 상식적으로 블랙홀에 들어간다는 것 자체가 곧 죽음을 의미하니까. 일단 한 번 들어가면 절대 못 빠져나온다. 내부에서 끌어당기는 힘이 엄청나기 때문에 사람은 물론 초속 30만km인 빛도 빠져나올 수 없다. 당연히 그 안에서 살 수도 없다. 블랙홀은 지구와 달리 중력이 매우 커서 그 속에 무방비 상태로 들어가면 온몸이 갈가리 찢겨 형체도 남지 않는다. 그런데 '가르강튀아'라는 이름의 블랙홀에 들어갔다 나온 쿠퍼는 어디 하나 다친 곳 없이 멀쩡하다. 어떻게? 블랙홀에도 두 종류가 있는데, 정지 상태의 '슈바르츠실트 블랙홀'과 늘 회전하고 있는 '커 블랙홀'이다. 놀란 감독은 커 블랙홀이 갖고 있는 금빛 고리에서 빠져나올 구멍을 찾아냈다. 끌어당기는 힘이 약한 이곳으로 들어가, 다시 이곳으로 나온다는 상상력이다. 확률이 아무리 낮다 한들, 어쨌든 과학적 지식에 기반을 둔 상상력이니 이걸 스토리텔링에 활용한 놀란도 대단하다.

살아나온 후, 어렸던 딸이 훌쩍 자라 할머니가 되어 있는 것도 중력 때문이다. 아인슈타인의 상대성 이론에 따르면, 중력이 강한 곳일수록 시간이 느리게 흐른다. 블랙홀 옆 행성에서 3시간을 보내고 우주선으로 돌아왔을 때 이미 실감했지 않은가. 동료를 구하기 위해 머뭇거렸던 그 짧은 사이 지구에선 23년이 흘러버렸다는 것을. 늘 일정하게 흐른다고 믿었던 시간이 다른 속도로 흐르는 장면은, 블랙홀만큼이나 관객들을 섬뜩하게 만들었다.

우리는 답을 찾을 것이다.

늘 그랬듯이.

드니 빌뇌브

1967년 캐나다에서 태어난 드니 빌뇌브Denis Villeneuve는 현재 할리우드에서 가장 주목받는 영화감독 중 한 명이다. 2010년 중동지역의 민족 간 다툼을 개인적인 비극과 엮어낸 〈그을린 사랑〉으로 아카데미 외국어 영화상 후보에 오르고, 여러 영화제에 초청되며 주목받기 시작한 그는 휴 잭맨Hugh Jackman, 제이크 질렌할Jake Gyllenhaal, 폴 다노Paul Dano와 함께 작업한 스릴러 〈프리즈너스〉로 할리우드에 입성했다. 주제 사라마구의 소설 〈도플갱어〉를 원작으로 한 제이크 질렌할 주연의 〈에너미〉는 난해하다는 평가와 함께 흥행에도 실패했지만, 2015년 〈시카리오: 암살자의 도시〉를 통해 자신의 재능을 다시 한 번 보여줬다. 미국과 멕시코의 국경지역에서 잔혹한 범죄를 일삼는 마약 조직을 소탕하기 위해 파견된 FBI 요원의 이야기를 그려낸 이 영화는 에이미 아담스Amy Adams와 베네치오 델 토로Benicio Del Toro가 주연을 맡았고, 칸 영화제 경쟁부문에 초청되는 등 평론가와 대중 모두를 만족시켰다.

2016년 개봉한 〈컨택트〉는 다시 한 번 에이미 아담스와 호흡을 맞춘 작품이다. 대형 우주선을 타고 지구에 온 외계 생물과 대화를 시도하는 언어학자의 며칠을 그린 이 영화는 기존 SF영화와는 다른 문법으로 외계인과 지구인의 만남을 바라본다. 테드 창Ted Chiang의 소설 〈당신 인생의 이야기〉를 각색한 이 영화로 드니 빌뇌브는 다시 한 번 아카데미 작품상과 감독상에 노미네이트되며 드니 빌뇌브 시대의 도래를 알렸다. 그는 이어 '저주받은 걸작'이라 불리던 리들리 스콧의 1982년 작품인 〈블레이드

러너〉를 35년 만에 리메이크한 〈블레이드 러너 2049〉를 발표했다. 원작의 아우라가 워낙 강해 감독들이 쉽게 손대지 못하던 프로젝트에 뛰어들어 성공적으로 만들어냈다는 평가를 받았다.

드니 빌뇌브 영화의 특징은 인간이 혼란스러운 상황에 놓였을 때 얼마나 나약해지는지, 그럼에도 그 상황을 어떻게 헤쳐 나오는지 집요하게 카메라를 들이댄다는 점이다. 그러나 결코 그의 영화는 자극에 기대지 않는다. 인터뷰에서 그가 한 말에 따르면, 영화를 만들 때 그의 목표는 '야만성의 추악함을 요란스럽지 않은 방식으로 보여주는 것'이다. 그가 화면에서 불필요한 장치는 다 빼버리는 미니멀리즘을 선호하는 이유다. 요한 요한손, 한스 짐머처럼 그와 작업한 음악감독들도 절대 먼저 앞서가지 않고 정적인 음악으로 숨 막히는 분위기를 조성한다. 담백한 연출과 느린 호흡에도 영화가 끝날 때까지 긴장감을 놓을 수 없는 건 그가 스토리 속에 만들어놓은 덫 때문이다. 등장인물들은 그 덫에 걸려 좀처럼 빠져나오지 못한다. 그래서인지 드니 빌뇌브의 영화를 보고 나면 진이 다 빠진다. 동시에 그의 영화는 쉽게 잊히지 않는다. 오랫동안 머릿속에 한 가지 질문이 남기 때문이다. '저 상황에 나는 어떻게 행동할까?'

가로열쇠

01 2012년 활동을 시작한 여성 싱어송라이터. 포크 뮤지션 김해원과 함께 듀오를 결성해 EP <비밀>을 발표했는데, 이 음반이 한국대중음악상 신인상과 최우수 포크 음반상을 받았다. 그런데 이듬해 발표한 솔로앨범 <수잔> 역시 최우수 포크 음반상을 받으면서 2년 연속 수상하는 기록을 남겼다.

02 미국의 전설적인 컨트리 뮤지션. <테이크 미 홈, 컨트리 로드 *Take Me Home, Country Roads*>가 가장 대표적인 히트곡이고, 봉준호 감독의 영화 <옥자>에 <애니스 송 *Annie's Song*>이 삽입되기도 했다. 지난 1997년 직접 조종하던 경비행기가 추락해 53세의 나이로 사망했다.

03 <펄프 픽션>, <킬빌>, <바스터즈: 거친 녀석들> 등을 만든 쿠엔틴 타란티노 감독의 데뷔작. 이 영화는 그해 칸 영화제 황금카메라상을 받았고, 등장인물들이 늘어선 흑백 포스터가 이후 여러 차례 패러디되기도 했다. #○○○의개들

04 2016년 4월 21일 미국 미네소타주의 자택에서 숨진 채 발견된 팝의 전설. 그는 1978년 데뷔 이후 그래미상을 7번 수상했고 1억 장이 넘는 앨범 판매량을 기록했다. #퍼플레인

05 러시아 출신 작곡가이자 역대 최고로 손꼽히는 피아니스트. 그는 훌륭한 피아노 협주곡을 많이 만든 것으로 유명한데, 특히 <피아노 협주곡 2번>은 큰 성공을 거둬 지금까지도 많은 사랑을 받고 있다. #세르게이○○○○○○

06 <비틀쥬스>, <배트맨>, <가위손>, <화성침공>, <슬리피 할로우>, <혹성탈출>, <빅 피쉬>, <찰리와 초콜릿 공장>, <유령신부>, <이상한 나라의 앨리스>, <미스 페레그린과 이상한 아이들의 집>.

07 <밀리언 달러 베이비>, <체인질링>, <설리: 허드슨강의 기적> 등을 만든 할리우드의 살아 있는 전설 클린트 이스트우드 감독이 동명의 소설을 원작으로 만든 영화. 숀 펜, 팀 로빈스, 케빈 베이컨 등이 출연했다. #미스틱○○

08 <예스터데이 *Yesterday*>.

09 알레한드로 곤잘레스 이냐리투 감독이 <버드맨>에 이어 아카데미 감독상을 받은 영화이자, [세로열쇠1]에게 드디어 아카데미 남우주연상을 안겨준 영화. #○○○○죽음에서돌아온자

10 (1) 봉준호 감독이 <괴물> 이후, <설국열차> 이전에 만든 영화. (2) 대런 아로노프스키 감독, 제니퍼 로렌스, 하비에르 바르뎀 주연의 영화. (3) <친절한 금자

씨>, <박쥐>, <아가씨>, <비밀은 없다> 등의 각본을 쓴 정서경 작가가 처음으로 쓴 드라마.

11 이안 감독 + 제이크 질렌할 + 히스 레저 + 미셸 윌리엄스 + 앤 해서웨이.

12 러닝타임 168분. 촬영기간은 무려 12년. <스쿨 오브 락>, <비포> 시리즈의 리처드 링클레이터 감독. 에단 호크와 패트리샤 아퀘트의 명연기. 메이슨이 자라는 모습을 보면서 각자의 어린 시절을 떠올리게 하는 영화.

13 [가로열쇠12]에 삽입된 노래 <옐로 *Yellow*>를 부른 밴드. 1998년 데뷔한 이후 세계적인 스타로 자리 잡았다.

14 영국의 싱어송라이터. 80~90년대 전성기를 누렸던 가수지만 최근까지도 활발하게 활동하고 있으며, 국내에도 많이 알려져 <에브리 브레스 유 테이크 *Every Breath You Take*>, <셰이프 오브 하트 *Shape Of My Heart*> 등 귀에 익은 멜로디가 많다.

15 <왕의 남자>, <라디오스타>로 두 번이나 1,000만 관객을 동원한 이준익 감독의 흑백영화.

세로열쇠

01 수많은 도전 끝에 결국 제88회 미국 아카데미 시상식에서 [가로열쇠9]로 남우주연상을 차지한 배우. #오 오린다 #아임쏘리린다 #레오나르도○○○○○

02 <조용한 가족>, <반칙왕>, <장화, 홍련>, <달콤한 인생>, <좋은 놈, 나쁜 놈, 이상한 놈>, <악마를 보았다>, <라스트 스탠드>, <밀정>, <인랑>.

03 동명의 원작소설을 쓴 작가가 직접 연출한 영화. 10대인 주인공 찰리(로건 러먼)와 주변 친구들인 샘(엠마 왓슨), 패트릭(에즈라 밀러) 등의 성장담을 그렸다.

04 몇 년 사이 음악영화의 아이콘으로 등극한 감독. 그의 영화에 삽입된 노래 중 국내에서 큰 인기를 끈 곡들을 한 편당 한 곡씩만 꼽아봐도 <폴링 슬로울리 *Falling Slowly*>, <로스트 스타스 *Lost Stars*>, <투 파인드 유 *To Find You*>, …. 특히 <비긴 어게인>은 총 300만 명이 넘는 관객을 동원하며 박스오피스 역주행을 기록했다.

05 엔싱크 출신, 대표곡은 <섹시백 *SexyBack*>, 주요 출연작은 <소셜 네트워크>.

06 화성으로 간 남자.

07 제 90회 아카데미 시상식 여우주연상 수상자. 1997년 <파고>로 여우주연상을 받은 이후 <쓰리 빌보드>로

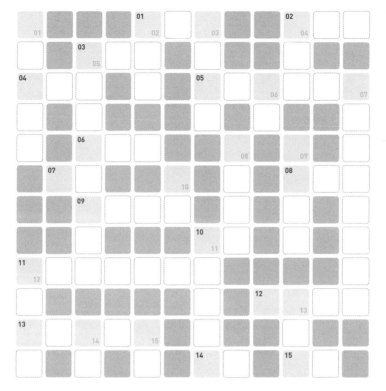

21년 만에 또 하나의 트로피를 거머쥐었다. 그는 "이 시상식의 모든 여성들이 저와 함께 일어나주셨으면 좋겠다. 주변을 한번 둘러봐 주시기 바란다. 우리 모두는 스토리가 있다. 서로를 포용할 필요가 있다"는 감동적인 수상소감으로 화제를 낳았다.

08 미국 드림웍스가 제작한 애니메이션 캐릭터. 중국을 대표하는 동물을 주인공으로 내세워 전 세계적으로 인기를 얻었다. 2016년 개봉된 <○○○○ 3> 역시 흥행을 기록하며 다음 편이 나올 것인지 기대가 높아졌다.

09 왕가위 감독의 대표작 중 하나. 1990년에 만들어졌지만 이후 국내에서 여러 차례 재개봉될 만큼 마니아층이 많다. 특히 장국영이 맘보춤을 추는 장면은 패러디가 나올 정도로 화제가 됐다.

10 (1) 붉은 빛을 띤 녹색 잎의 식물. 어릴 땐 샐러드로, 다 자라면 조리해서 먹는다. (2) 정우성, 고소영 주연의 1994년 개봉 영화. (3) "○○ 주세요!"

11 네덜란드 국적의 DJ 겸 프로듀서. 2013년 발표한 <애

니멀스 *Animals*>가 큰 인기를 얻으면서 대중적인 인지도를 얻었다. 유튜브 동영상 조회 수가 무려 1억 회를 넘어섰으니! 2018 평창 동계올림픽 폐막식에 초청되어 EDM 공연을 열었다.

12 덕원이 잔디, 현호, 계피를 만나 2005년에 결성한 록밴드. <앵콜요청금지>를 발매하자마자 입소문만으로 공연을 매진시켰고, 첫 정규 앨범인 <보편적인 노래> 이후로도 청춘들의 감성을 어루만지는 노래를 여럿 발표했다. #○○○○너마저 #유자차

13 대한민국 문화관광부 장관을 역임한 영화감독. #박하사탕 #오아시스 #밀양 #시 #버닝

14 풋풋한 소년·소녀들의 로맨스를 그려낸 영화. 2010년 만들어졌지만, 국내에는 뒤늦게 2017년 극장에서 개봉했다.

15 거장 알프레드 히치콕 감독의 영화. 한정된 공간에서 전개되는 이야기를 다 보고 나면 '관음증'에 대해 생각해보게 된다. #제임스스튜어트 #그레이스켈리

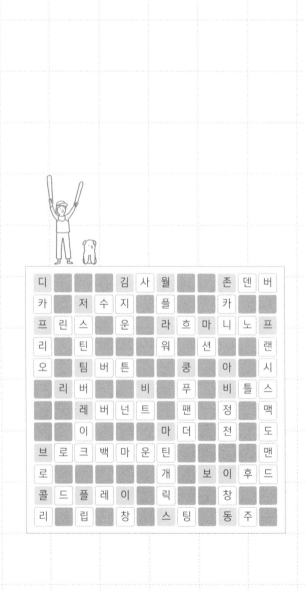

디				김	사	월			존	덴	버
카		저	수	지		플			카		
프	린	스		운		라	흐	마	니	노	프
리		틴			워		션				랜
오		팀	버	튼			쿵		아		시
	리	버			비		푸		비	틀	스
		레	버	넌	트		팬		정		맥
		이			마	더		전			도
브	로	크	백	마	운	틴					맨
로				개		보	이	후	드		
콜	드	플	레	이		릭		창			
리		립		창		스	팅		동	주	

보이후드

타임머신 무료 이용권을 얻는다면, 언제로 떠나는 게 가장 현명할까? 당장 미래가 불확실하다면, 10년 뒤에 내가 사람 구실하며 살아갈지 확인하고 싶을 수도 있겠다. '이 고통스러운 취준생 미션은 몇 년 만에 클리어하냐?' '헐, 아직까지도 월세 내면서 보증금 500짜리 원룸에 살아?' '결혼은 역시 못 했구나…' '뭐야, 나이만 더 먹었지 한심한 건 10년 전이랑 똑같잖아?'

호기심 많은 사람이라면 20년 후로 날아가 확 바뀐 세상을 훑어보는 것도 재미있겠다. '대통령은 누가 됐지?' '헐, 남극 빙하가 벌써 저만큼이나 녹았네.' '이젠 일기예보 시간에 기온보다 미세먼지 수치부터 알려주는구나.' '애플은 아이폰30s를 냈는데도 '혁신'이 없다고 까이는 거야?'

계산 빠른 사람은 고민할 것도 없이 다음 주 토요일 저녁으로 가서 손바닥에 적힌 숫자 6개와 함께 유유히 현재로 돌아올 것이다. 모르지, 같은 생각을 하는 사람이 너무 많아서 1등 상금이 용돈 수준으로 줄어들지도. 뭐가 됐든, 언제 타임머신이 개발될지 모르니 미리미리 계획을 짜놓으시길.

그런 타임머신과 비슷한 영화가 있다. 바로 〈보이후드〉다. 오프닝부터 흘러나오는 콜드플레이의 〈옐로〉와 함께 3시간짜리 시간여행이 시작된다. 단, 도착지는 미래가 아니라 과거다. 6살짜리 소년 메이슨이 대학에 들어가는 12년 동안의 시간을 지켜보면서, 잊고 있던 추억들이 하나둘 떠오른다. 모르긴 몰라도 〈보이후드〉가 상영되는 상영관 곳곳에서도 각자의 보이후드, 걸후드가 공중을 둥둥 떠다녔을 것이다.

　이 타임머신의 비밀은 '시간 물량 공세'다. 시간의 흐름을 담아내기 위해 영화를 장장 12년에 걸쳐 찍었다. 배우 엘라 콜트레인이 자라면서 자연스럽게 바뀐 외모, 눈빛, 목소리가 메이슨에 그대로 반영됐다. 함께 연기한 에단 호크Ethan Hawke, 패트리샤 아퀘트Patricia Arquette 등의 경우도 마찬가지. 사실 시간 물량공세는 리처드 링클레이터Richard Linklater의 주무기다. 이미 〈비포 선라이즈〉, 〈비포 선셋〉, 〈비포 미드나잇〉으로 이어지는 〈비포〉 시리즈를 이런 방식으로 찍어, 에단 호크와 줄리 델피Julie Delpy의 18년 세월을 '이용'한 바 있다. 〈비포〉 시리즈가 그랬듯, 〈보이후드〉가 선사하는 시간여행 역시 성공적이다. '맞아, 나도 저런 때가 있었지' 하고 마음이 따뜻해지니까. 그런데 동시에 슬퍼진다. 뭘 어떻게 해도 그 시절의 나로 다시 돌아가는 건 불가능하다는 걸 확인하게 되니까.

　전몽각 교수의 사진집《윤미네 집》도 딸 윤미가 태어난 뒤 시집가기까지의 일상을 아버지가 틈틈이 사진으로 찍어 남긴 기록이다. 페이지를 넘기기가 아까울 만큼 아름다운 사진들이 가득한데, 그래서 슬프다. 저자의 말대로 "돌아가지 못해 더 아름답게 추억되는 순간들이 그리움으로 다가오"기 때문 아닐까. 아름답지만, 되돌아갈 수 없는 순간. 영화가 끝나기 직전 메이슨의 마지막 대사처럼, 우리는 아름다운 순간들을 잠시도 붙들어 놓을 수 없다.

마더

〈마더〉의 봉준호 감독은 타임머신을 타본 걸까? 2003년과 2006년에 그가 만들었던 영화들은 놀랍게도 지금의 대한민국을 예언한다. 먼저 〈살인의 추억〉부터 보자. 〈살인의 추억〉은 시대를 박제한 영화다. 봉준호 감독은 80년대의 공기를 그대로 재현하고자 했다. 농협 마크가 새겨진 수첩처럼 사소한 것들까지 챙기면서. '봉테일'의 시작도 여기부터다. 그가 그토록 집요하게 재현하려 했던 공기는 뭐였을까?

화성 연쇄살인 사건은 수사 실패가 만든 참사다. 그 시절 경찰 수사는 자백 중심이었다. 군이 간첩이나 전쟁 포로를 대하듯 용의자를 대했다. 증거가 부족해도 자백만 있으면 그만이었다. 용의자를 두들겨 패고 거짓 자백을 강요하는 게 수사의 전부였던 시절이다. 형사들은 그 시대를 움직이는 조력자였다. 〈살인의 추억〉은 폭압과 무기력이 들숨과 날숨으로 작동하는 80년대의 공기를 여과 없이 보여준다.

영화가 개봉된 지 14년이 지난 2017년 4월. 전두환 전 대통령이 자서전을 출간한다. 그는 1996년 12월에 있었던 12·12 및 5·18 사건의 항소심 재판에서 무기징역을 선고받았다. 원심은 사형인데, 형량이 낮춰진 것이다. 5·18 유족들은 "이게 무슨 재판이야. 수천 명을 죽인 사람에 무기가 말이 되느냐"며 분노했다. 결국 그는 2년 만에 석방됐다. 그리고 자서전까지 낸다. 그는 170여 쪽에 걸쳐 5·18 사건에 대한 변명을 늘어놓는다. 오래전 들은 이야기를 전하며 추억을 더듬는 사람처럼. 〈살인의 추억〉은 시대를 떠올리게 하고, 시대는 우리에게 단 한 사람을 떠올리게 한다. 여전히 죗값을 치르지 않은 그때 그 사람 말이다.

그다음 작품은 〈괴물〉이다. 〈괴물〉은 서울 한복판을 관통하는 한강을 중심으로 이야기가 전개된다. 한강은 버스나 지하철을 타고 지나치는 일상적인 공간이다. 다른 영화에서 한강은 부지런한 주인공의 조깅 장소, 연인의 데이트 장소 정도로만 쓰였다. 잠실 근처에서 자라, 개발 전부터 한강을 쭉 지켜보았던 봉준호 감독은 '우리가 몰랐던 한강'을 그려낸다. 평화롭던 오후, 괴물이 나타난 순간 한강은 그동안 드러낸 적 없던 기괴한 표정을 짓는다.

괴물에게 잡혀간 현서를 찾는 동안, 가족들은 그때까지 몰랐던 우리나라의 면면을 보게 된다. 언론은 장례식장에서 오열하는 가족들에게 노골적으로 카메라를 들이댄다. 정부 관계자는 재난의 원인, 해결 대책 등 자세한 정보는 알려주지 않고 국민을 통제하는 데 급급하다. 현서가 살아 있을 거라는 가족들의 희망은 제정신 아닌 사람의 말 취급을 받는다. 할아버지와 삼촌은 지푸라기라도 잡는 심정으로 다른 방법들을 찾지만 돈에 눈먼 이들에게 번번이 뒤통수를 맞는다. 아버지는 딸을 찾겠다는 일념 하나로 병원을 탈출한다. 온갖 '노오력'을 총동원해서 겨우 괴물을 불태우고 현서를 구한다. 그러나 현서는 이미 싸늘하게 죽어 있다.

영화가 만들어진 지 13년. 그동안 현실에서도 끔찍한 재난이 수차례 일어났다. 영화를 볼 땐 웃을 수 있었지만 재난 이후 벌어진, 지금도 벌어지고 있는 참담한 일을 보면서는 웃을 수 없었다. 특히 2014년 4월 이후, '헬조선'을 떠나고 싶다는 목소리가 부쩍 늘었다. 어쩌면 봉준호는 〈괴물〉을 통해 그동안 우리가 몰랐던 '헬조선'을 드러내고 싶었는지 모른다.

프린스

팬 입장에서 아티스트에게 가장 바라는 것은 꾸준히, 열심히 활동해주는 것이다. 그런 점에서 '팝의 왕자' 프린스의 팬들은 행복했다. 마이클 잭슨의 뒤를 잇고 마돈나와 어깨를 나란히 했던 그는 솔로 앨범만 39장을 발표했다. 1978년 데뷔 후 38년간 꾸준히 활동한 것도 놀랍지만, 1년에 적어도 한 번 이상 팬들에게 새로운 노래를 들려줬다는 사실은 경이롭기까지 하다. 그는 그 어떤 팝스타보다 '열일'했다.

특유의 가성으로 듣는 이의 귀를 간질이는 디스코 〈아이 워너 비 유어 러버*I Wanna Be Your Lover*〉로 데뷔한 프린스는 빠른 시간에 이름을 알렸다. 아티스트로서의 프라이드가 매우 강했던 그는 첫 앨범부터 작사, 작곡, 편곡, 프로듀싱은 물론 연주까지 전부 혼자 했다. 당시 그의 나이 19세였다. 그만큼 프린스는 열정적이었다. 항상 더 큰 성공을 원했다. 팬들의 관심을 얻을 수만 있다면, 대중의 지갑을 열 수만 있다면 무엇이든 했다. 사람들이 디스코를 더 이상 듣지 않는다 싶으면 밴드를 결성해 록 음악을 들고 나왔고, 라디오 스타들의 인기가 시들해지면 몸소 비디오 스타가 되었다. 그는 MTV를 적극 이용한 뮤지션이었다. 24시간 음악 방송이 흘러나오는 MTV는 개국한 지 얼마 되지 않아 누구나 아는 인기 채널이 됐고, 프린스를 빅스타로 만들었다. 당시 활동한 다른 뮤지션들이 몸을 사렸던 것과 달리, 프린스는 오럴 섹스, 근친상간 등 민감한 내용도 여과 없이 노래 속에 녹여냈다. 파격적인 시도였지만 거부감을 느끼는 사람들보다는 재미있어하는 이들이 더 많았다.

욕심 많고 성실한 이 가수는 영화 〈퍼플 레인〉을 통해 종합 예술인에 도전한다. 도전은 대성공. 프린스가 직접 주인공 '키드'를 연기한 이 영화는 8,000만 달러의 흥행 수익을 올렸다. 영화뿐 아니라 함께 발표한 동명의 앨범 또한 대박이 났다. 24주 동안 빌보드 앨범차트 1위를 지켰고, 미국에서만 1,300만 장을 팔아치우며 '슈퍼 밀리언셀러'를 기록했다. 〈퍼플 레인Purple Rain〉, 〈웬 도브스 크라이When Doves Cry〉, 〈레츠 고 크레이지Let's Go Crazy〉 등 앨범 수록곡들이 싱글 차트를 휩쓸었다.

음악평론가의 역할은 뮤지션의 캐릭터를 규정하는 것이다. 그래서 어쩌면 '수수께끼'라는 말은 뮤지션에게 최고의 찬사일지도 모른다. 한계를 알 수 없는 가능성을 지녔다는 뜻이기도 하니까 말이다. 〈뉴스위크〉가 그를 두고 '재능은 넘치는데 그것을 어디에 써먹을지 모르고 항상 제멋대로인 수수께끼 같은 가수'로 표현했던 건, 그를 칭찬하고 싶어서가 아니었을까. 실제로 평론가들도 그의 음악을 좋아했다. 음악 평론지 〈롤링 스톤〉은 '1980년대 베스트 앨범 100'을 선정하면서 〈퍼플 레인〉을 비롯해 프린스의 앨범을 네 장이나 리스트에 넣었다.

그랬던 그가 2016년 4월 21일 돌연 자택 엘리베이터에서 숨진 채로 발견됐다. 마지막까지 수수께끼라니, 그다운 결말이면서도 안타까운 일이다. 좀처럼 쉬는 것을 참지 못하는 사람이지만 이제는 정말 편히 쉬기를, 바란다.

조각 같은 외모 덕분에 데뷔 때부터 주목받았던 레오나르도 디카프리오Leonardo DiCaprio. 필모그래피가 쌓일수록 연기력 또한 나날이 발전하며 '배우'로 자리 잡았다. 출중한 외모, 어느 배역이나 훌륭히 소화해내는 연기력, 시나리오 보는 안목까지 모자란 게 없었는데 딱 하나, 오스카는 참 오랜 세월 동안 그를 피해갔다. 그래서 많은 사람들이 아카데미 시상식이 돌아올 때마다 그를 안타까워하고, 또 조롱했다. 그의 연기 경력을 훑어보면 그가 오스카상을 한 번밖에 못 받았다는 게 의아할 정도다.

1994년, 21세의 레오나르도 디카프리오는 〈길버트 그레이프〉에서 지적장애인 동생 '어니'를 연기해 65회 남우조연상 후보에 오르면서 처음 오스카와 인연을 맺는다. 수상하진 못했지만 경력이 많지 않은 배우로서는 노미네이트 자체가 명예로운 일이었다. 그 후 디카프리오는 〈타이타닉〉으로 더 이상 설명이 필요 없는 '우주대스타'가 됐고 스티븐 스필버그, 마틴 스콜세지Martin Scorsese, 크리스토퍼 놀란, 클린트 이스트우드Clint Eastwood, 쿠엔틴 타란티노Quentin Tarantino 등 영화계 거장들과 함께 성실하고 알찬 필모그래피를 쌓아왔다. 이후 디카프리오는 네 번이나 오스카상 후보에 오르지만 수상하지 못했다. 〈에비에이터〉, 〈블러드 다이아몬드〉, 〈더 울프 오브 월스트리트〉 등 작품도, 그의 연기도 모두 호평을 받았건만… '아니, 오스카는 대체 왜? 저렇게 잘하는데, 저렇게 열심히 하는데 왜 상을 안 주는 거야?' 오스카의 수상 기준은 은근히 까다롭고, 디카프리오에게 가혹했다.

(1) 오스카는 실화를 좋아한다. 2010년엔 무려 2조 7,000억 원을 벌어들여 역대 흥행 수익 1위를 기록한 〈아바타〉 대신 이라크 전쟁 당시의 폭발물 제거반을 다룬 〈허트 로커〉를 택했고, 〈라이프 오브 파이〉는 CIA 구출 전문요원의 실제 작전을 담은 〈아르고〉에 밀렸다. (2) 고생 끝에 낙이 온다고, 오스카는 육체적으로나 정신적으로 고생한 배우에게 상을 안겨줬다. 일례로 86회 남우주연상 수상자 매튜 매커너히Matthew McConaughey는 〈달라스 바이어스 클럽〉에서 에이즈 환자를 연기하기 위해 21kg을 감량했고, 그 노력은 '인생 연기'라는 평가를 이끌어냈다. (3) 흥행 여부는 오스카에 영향을 미치지 않는 것 같다. 디카프리오에게는 이미 〈타이타닉〉으로 전인미답의 흥행 성적을 기록하고도 그해 남우주연상 후보에조차 오르지 못한 과거가 있다. 당시 그는 시상식에 불참했고, 그 이유가 '속상해서'라는 얘기가 돌았다. (4) 한 달 앞서 열리는 골든글로브 시상식 결과도 오스카를 점칠 수 있는 바로미터다. 실제로 최근 몇 년간 남우주연상과 여우주연상 부문에서 대부분 두 대회의 수상자가 일치했다.

2016년 2월 28일, 디카프리오는 〈레버넌트: 죽음에서 돌아온 자〉로 88회 오스카 남우주연상 후보에 다시 한 번 이름을 올렸다. 앞서 꼽았던 오스카의 수상 기준에 딱 들어맞았기에 더욱 기대가 컸다. (1) 19세기 사냥꾼 휴 글래스를 연기했고, (2) 추위를 피하기 위해 말 시체 속에서 잠을 청하고, 생간을 소스도 없이 씹어 먹었고, (3) 〈스타워즈〉의 독주 속에서도 2주 연속 북미 박스오피스 2위 자리를 지켰고, (4) 한 달 전 골든글로브 남우주연상을 받았다. '뭐야? 진짜 받는 거야, 레오?' 지성이면 감천이라고, 다행히 이번엔 디카프리오의 수상소감을 들을 수 있었다. 오스카 수상에 만족하지 말고, 앞으로도 좋은 작품으로 훌륭한 연기를 보여줬으면 한다. 차기작은 2019년 개봉 예정인 쿠엔틴 타란티노 감독의 〈원스 어폰 어 타임 인 할리우드〉다. 브래드 피트와 함께한다고 하니, 벌써 또 기대가 된다.

콜드플레이

어느덧 데뷔한 지도 20년이 지난 4인조 록 밴드 콜드플레이는 21세기를 통틀어 가장 성공한 밴드로 손꼽힌다. 그들의 역사는 1997년 영국 런던의 유니버시티 칼리지 런던 기숙사에서 보컬 크리스 마틴Chris Martin과 기타리스트 존 버클랜드Jonathan Buckland가 만나면서 시작됐다. 이후 친구였던 베이시스트 가이 베리맨Guy Berryman이 팀에 들어왔고, 마지막으로 윌 챔피언William Champion이 합류해 드럼을 맡으며 콜드플레이 완전체가 결성됐다.

첫 정규 앨범 〈파라슈트Parachutes〉를 발표했을 때 콜드플레이는 오아시스, U2, 트래비스 등 브릿팝 밴드의 뒤를 이을 차세대 주자라는 평가를 받았다. 그만큼 1집의 전체적인 분위기는 서정적이고 약간은 음울한 감성을 띠고 있었다. 이런 기조는 2집 〈어 러시 오브 블러드 투 더 핸드A Rush Of Blood To The Hand〉에서도 유지되었는데, 〈인 마이 플레이스In My Place〉, 〈더 사이언티스트The Scientist〉, 〈클락스Clocks〉 등 수록곡이 두루 인기를 얻으며 그래미 어워드에서 '베스트 얼터너티브 앨범' 부문을 수상할 만큼 성공을 거뒀다. 지금까지도 이 앨범은 팬들과 평론가들 사이에서 콜드플레이 앨범 중 가장 완성도가 높다는 평가를 받는다.

3집 〈X&Y〉 역시 평론가들에게는 좋은 평가를 받았지만, 비슷비슷한 음악 스타일이라는 평가 또한 받으면서 콜드플레이는 큰 전환점을 맞이한다. 어쿠스틱 악기 위주였던 전작과 달리 4집 〈비바 라 비다Viva la Vida〉부터는 전자음과 신디사이저의 비중을 높인 것. 여기에 웅장한 오케스트라 연주까지 더해지면서 음악 스타일은 이전보다 더 화려해졌고, 그해 그래미 어워드에서 '올해의 노래', '올해의 록 앨범', '팝 퍼포먼스 부문' 등 3관왕을 차지한다. 타이틀곡 〈비바 라 비다〉는 그해 우리나라 방송에서도 배경음으로 지겹도록 사용되며 도입부를 들으면 누구나 '아, 콜드플레이!' 하고 떠올릴 수 있게 되었다.

이후 콜드플레이는 자신들의 스타일을 기반으로 새로운 색깔을 입힌 5집 〈마일로 자일로토*Mylo Xyloto*〉, 6집 〈고스트 스토리스*Ghost Stories*〉, 7집 〈어 헤드 풀 오브 드림스*A Head Full Of Dreams*〉를 꾸준히 발표하며 최고의 자리를 지키고 있다. 특히 최근 몇 년간은 무대 위에서의 멋진 라이브로 유튜브를 정복하기도 했다. 콜드플레이는 영국 출신 밴드임에도 2016년 미국 최대의 축제인 슈퍼볼 하프타임쇼에 50주년 기념 메인 헤드라이너로 초청받는다. 이 사실만으로도 콜드플레이의 위치가 어느 정도인지 알 수 있는데, 게스트로 무대에 오른 미국 최고의 스타 비욘세, 브루노 마스*Bruno Mars*와 함께한 공연 영상은 유튜브에서 2,000만 회가 넘는 조회수를 기록했다.

또한 그들은 무대 위에서 화려한 무대 매너로 관객을 흥분시킬 뿐 아니라 감동까지 줬다. 크리스 마틴은 2017년 4월 내한공연 당시 〈옐로〉를 부르던 도중 연주를 멈추고 스크린에 노란 리본을 띄웠다. 마침 공연하는 날이 4월 16일이었기에 세월호 희생자들을 위한 묵념 시간을 가진 것이다. 또한 맨체스터 자살 폭탄 테러 희생자들을 위한 자선 콘서트에서는 오아시스의 〈돈트 룩 백 인 앵거*Don't Look Back In Anger*〉를 부르며 테러의 공포를 아직 떨치지 못하던 유럽 사람들을 위로했다.

큰 힘에는 큰 책임이 따른다. 영화 속 히어로만의 얘기가 아니다. 톱스타 역시 그 존재만으로 엄청난 영향력을 갖는다. 본인들의 영향력을 어떤 방향으로 사용할지는 그들의 선택에 달려 있다. 콜드플레이는 상처받은 사람들을 위로하는 데 그 힘을 쓰고 있다.

브로콜리 너마저

2000년대 후반은 걸그룹 전성시대였다. 소녀시대(〈지 Gee〉, 〈소원을 말해봐〉), 카라(〈프리티 걸 Pretty Girl〉, 〈미스터〉), 원더걸스(〈소 핫 So Hot〉, 〈노바디 Nobody〉)는 각각 본인들의 정점을 찍었다. 그리고 에프엑스, 투애니원 등 새롭게 등장한 걸그룹도 자기만의 스타일로 대중과 평론가들의 호평을 골고루 받았다. 그런데 그 시기 다른 한편에서는 조금 다른 바람이 불어오고 있었다. 〈싸구려 커피〉를 필두로 한 인디 밴드 열풍이다. 장기하와 얼굴들을 비롯해 브로콜리 너마저, 노리플라이, 검정치마 등 실력 있고 색깔 뚜렷한 인디 밴드들이 대거 등장했다.

싱글 〈앵콜요청금지〉로 인지도를 높였던 브로콜리 너마저는 정규 1집 〈보편적인 노래〉를 발표했다. 따뜻한 멜로디, 공감 가는 가사와 1990년대 가요 정서의 '뽕끼'가 절묘하게 섞여 시너지 효과를 냈다. 팬들은 옛 사랑 생각나게 하는 계피의 목소리에 한 번, 덕원이 만들어내는 부드럽고 풋풋한 멜로디에 또 한 번 마음을 빼앗겼다. 1번 트랙 〈춤〉을 한참 듣다 보면 마지막 트랙 〈유자차〉가 또 끌렸고, 〈유자차〉가 질릴 때쯤이면 〈이웃에 방해가 되지 않는 선에서〉가 귀에 꽂혔다. 이런 걸 두고 보통 '명반'이라 부르지. 그런데 흐릿한 갓난아기 얼굴 옆에 네잎클로버가 붙어 있는 표지 이미지의 이 앨범을, 아쉽게도 음원사이트에서는 더 이상 들을 수 없다. 보컬 계피가 탈퇴하면서, 같은 노래를 새롭게 녹음해 발매했기 때문이다. 이때 사둔 CD의 가격이 나중에 얼마까지 치솟을지 두고 볼 일이다.

보컬과 건반을 담당하는 권순관과 기타 치는 정욱재로 구성된 남성 듀오 노리플라이도 이 시기 데뷔했다. 그들의 데뷔 앨범 〈로드*Road*〉는 윤상, 김동률, 김현철, 이소라, 유희열 등 2000년대 주로 활동한 싱어송라이터들의 계보를 잇는다는 평가를 받았다. 듣기 편한 웰메이드 팝 넘버들이 가득하다는 점 그리고 남성 듀오라는 점에서 비슷한 시기 데뷔한 메이트와도 함께 많이 언급이 됐다. 메이트의 음악이 조금 더 록의 요소가 강하다면 노리플라이는 좀 더 팝의 색채가 진하다. 특유의 서정적이면서도 상쾌한 느낌 덕분에 권순관은 대선배 이승환, 김현철, 성시경의 앨범에도 참여하는 등 활동 영역을 넓히고 있다.

앞서 소개한 두 개의 앨범이 '한국 가요'의 정서를 담고 있다면, 검정치마의 〈201〉은 치기 어린 천재 유학파가 귀국하자마자 시차 적응도 하기 전에 앨범을 만든 느낌이다. 그리고 그 충돌이 완전히 색다른 결과물을 낳는다. 처음 검정치마의 앨범을 들은 사람들은 '록을 기반으로 팝, 일렉트로니카, 포크 등 온갖 장르가 다 섞여 있는데, 딱히 비슷한 뮤지션은 없다'는 평을 내놓았다. 사실 보컬 겸 송라이터인 조휴일의 어눌한 발음 역시 음악의 무국적성에 일조한 측면이 있다. 그러나 발음이 어눌할 뿐, 한국어 어휘 사용은 어지간한 한국인보다 감각적이라 가사 읽는 재미 또한 쏠쏠하다. 그게 바로 데뷔 이후 인디 씬에서 '팬덤'을 양산한 조휴일의 매력. 좋은 노래가 많지만, 특히 수록곡 〈탱글드*Tangled*〉를 듣다 보면 어느 순간 깜짝 놀라게 된다. 분명 영어 가사로 시작했는데 갑자기 흘러나오는 한국 욕 'X발, 나 어떡해….' 조휴일은 분명 알고 있다. 욕은 저렇게 갑자기 나오기 마련이라는 걸.

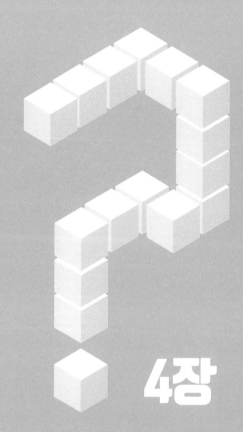

4장

드디어 특이점이 온,

과학·기술

90년대 후반, 한 침대 회사는 이러한 광고 문구를 사용했다. '침대는 가구가 아닙니다. ○○입니다.' 만약 잘 모르겠다면, 힌트를 하나 더 드릴 테니 맞춰 보시라. 스포츠를 좋아하는 사람이라면 쉽게 맞출 것이다. '4스날은 ○○입니다.' 'DTD는 ○○입니다.' 정답은 '과학'이다. 첫 번째는 자사 제품의 우수함을 강조하기 위해 '과학'이란 단어를 사용했다. 두 번째는 몇 년째 4위에 그친 명문 축구팀과, 매년 초반에만 반짝하다 뒤로 갈수록 순위가 떨어지는 한 야구팀을 조롱하기 위해 '과학'이란 단어를 사용했다. 맥락은 정반대지만, '과학'이란 단어가 사용된 뉘앙스는 비슷하다. 예측이 틀림없고, 정확할 거라는 것. 아마도 이것이 일반 대중이 생각하는 '과학'이란 단어의 느낌일 것이다.

과학은 범주를 넓게 보면 '사회과학', '인문과학'도 포함하지만 보통은 '자연과학'만을 뜻하는 경우가 많다. 자연과학은 실험과 연구같이 관찰 가능한 증거를 토대로 자연 세계의 규칙을 찾아내는 학문이다. 이 정의에서 중요한 포인트는 '관찰 가능한 증거'일 것이다. 다른 학문에서는 예측과 추정이 있을 수 있지만, 과학자들은 '증거' 없이 속단하는 것을 경계한다. 그리고 이것이야말로 과학이 가진 가장 큰 미덕이다. '나는 언제나 틀릴 수 있다'는 생각으로 오차를 최소화하려는 '과학적 사고방식'은 산적해 있는 사회문제를 해결하는 첫걸음이다. 실제로 지구 온난화, 미세먼지, 전염병 등 21세기의 인류를 괴롭히는 많은 사회문제들이 객관적인 시각과 과학적 지식을 필요로 한다.

그러나 오랜 세월 과학은 '연구실 안의 학문'으로 받아들여졌고, 과학적 소양이 부족한 공직자들은 지나친 '자기 확신'으로 적재적소에 백신을 주사하지 못했다. 과학자들은 특정 이슈가 터졌을 때 인터뷰 대상이 될 뿐 이슈를 예방하고 해결하는 데에는 제한적인 역할만을 수행해왔다. 다행히 최근 들어 대중과학서와 강연, TV프로그램 등을 통해 과학자들과 대중의 간격이 좁혀지고 있다. 인공지능을 비롯해 드론, VR 등 신기술이 등장하면서 '과학'이란 학문 자체에 관심이 커지고 있는 것도 긍정적이다. 앞으로 과학은 계속 발전할 것이다. 문제는 발전의 방향이다. 그 방향에 인류의 미래가 달려 있다고 해도 과언이 아닐 것이다.

가로열쇠

01 페이스북, 트위터와 함께 가장 대표적인 소셜 네트워크 서비스. 사진 및 비디오 공유가 핵심이다. 2018년 6월 기준으로 이 기업 가치는 1,000억 달러에 달한다.

02 수백 개에서 수천 개 단위로 염기가 모여 만든 유전자의 숫자와 위치를 나타낸 것. 이것이 완성되면 신약 개발과 미래의학 등, 활용 가치가 크다.

03 최근 항공촬영을 기반으로 재난구조, 농업, 건축, 물류, 해양환경, 감시, 문화재보호 등 다양한 분야와 연계해 '미래 먹거리 산업'으로 대두되고 있는 원격조정 비행장치. 2018년 평창 동계올림픽 개회식에서는 1,218개의 ○○이 하늘에 오륜기 모양을 만들어 찬사를 받은 바 있다.

04 1932년 출간된 올더스 헉슬리의 대표작. 기술이 극도로 발전한 가상의 미래를 배경으로 하고 있으나 그곳을 암울한 디스토피아로 그려냄으로써 출간 당시는 물론 지금까지도 고민할 부분을 제시하고 있다. 조지 오웰의 《1984》와 함께 디스토피아 소설의 양대 산맥으로 꼽힌다.

05 10^{-3}은 밀리 milli, 10^{-6}은 마이크로 micro, 10^{-9}이 바로 '○○'다. 난쟁이를 뜻하는 고대 그리스어에서 유래했다.

06 보통 '전자책'으로 불리는 디지털 형태의 책 콘텐츠를 이르는 말. 종이책에 비해 휴대 및 보관이 쉽고 특정 단어를 검색할 수 있으며, 아무리 반복해서 읽어도 책장이 닳지 않는다는 장점이 있다. #킨들 #리디북스 #크레마

07 실리콘밸리에서 25년 이상 일한 소프트웨어 개발자. 2016년 인공지능의 현주소를 짚어보고, 로봇이 인간의 미래에 어떤 영향을 미칠지 그려낸 책 《로봇의 부상》을 출간했다.

08 인공지능 로봇들로 가득한 서부시대 콘셉트의 테마파크에서 벌어지는 이야기를 그려낸 HBO 드라마. 과학기술이 고도로 발달한 미래를 배경으로 하고 있는데, 인간들의 노리개로 쓰이던 로봇들이 반란을 일으킨다는 스토리가 섬뜩하면서도 흥미진진하다. #인공지능의역습

09 우리나라의 프로 바둑 기사. 이 사람이 등장했을 때, 중국 언론은 이창호를 가리켜 "큰 이 씨가 아직 가지 않았는데, 작은 이 씨가 또 나타났다"고 썼다. 2016년 알파고와의 대국으로 역사적인 순간을 만들어냈다. #인간이진게아니라○○○이진것입니다

10 인간의 조작 없이 자동차 스스로 운행이 가능한 자동차. 현대, GM, 테슬라 등 자동차 기업뿐 아니라 구글과 애플과 같은 IT기업들도 2020년 출시를 목표로 기술 개발에 힘쓰고 있다.

11 20세기 초반 활동한 독일의 평론가. 대표작인 《기술복제시대의 예술작품》에서는 처음으로 '아우라'의 개념을 제시했다. #○○벤야민

12 '너 자신을 방송하라 Broadcast yourself'를 슬로건으로 하는 세계 최대의 동영상 스트리밍 및 인터넷 방송 사이트. #강남스타일 #자동재생 #10대들의포털 #한번빠져들면멈출수없어

13 온라인을 기반으로 전 세계에 엄청난 영향을 미치고 있는 전자상거래 기업 아마존의 창립자. <포브스>가 선정한 2018년 세계 부자 순위 1위….

14 기존의 시장이 요구하는 것과는 전혀 다른 부분을 부각시켜 미처 떠오르지 않았던 고객의 기대에 부응하고, 새로운 욕구를 충족시키는 혁신. #○○○혁신

15 비용이 많이 들고 위험한 우주선 대신 우주까지 케이블을 연결해 사람과 짐을 실어 나르는 장치. #은하철도999 #로켓없이우주로 #만원입니다

세로열쇠

01 1968년 설립된 미국의 컴퓨터 부속품 제조기업. 컴퓨터나 노트북에 들어가는 메모리칩, CPU 등을 생산한다.

02 과거로든 미래로든 시간여행을 할 수 있는 가상의 기계. #○○○○이발명되면과거로갈까미래로갈까 #도우너의타임코스모스 #깐따삐야

03 특정 사무실 없이 자신이 원하는 곳에서 일하는 사람을 일컫는 말. "기업의 거대한 사무실에서 일하는 건 많은 사람들에게 더 이상 매력적인 선택이 아니에요. ○○○ ○○○가 극단적인 예일지는 몰라도, 세상의 변화를 잘 보여주는 예죠."

04 세계 최다 사용자를 보유한 모바일 운영체제. 모토는 '다 함께, 다르게 Be together, not the same'이다. 진저브레드, 허니콤, 아이스크림 샌드위치, 젤리빈, 킷캣, 롤리팝, 마시멜로, 누가, 오레오 등을 거쳐 현재 최신 버전은 '파이 Pie.'

05 지구 밖의 세계. #배스킨라빈스 #엄마는○○인

06 생물은 환경에 적응하면서 진화하고, 생존경쟁에 적합한 것은 살아남고 그렇지 못한 것은 도태된다는 학설. #다윈 #vs창조론

07 배기가스를 배출하지 않는 1인용 이동 수단. 몸을 앞으로 기울이면 전진, 똑바로 서면 정지. 최고속도

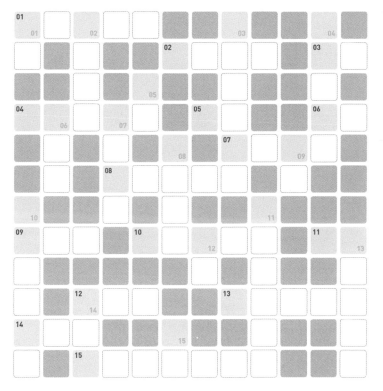

20km/h 내외, 평균 배터리 수명 3년 정도. #왕발통

08 사토시 나카모토가 개발한 온라인 가상화폐. 완전히 익명으로 거래되고, 인터넷만 되면 누구나 계좌를 개설할 수 있기 때문에 돈세탁이나 마약거래에 쓰일 위험도 있다. 최근엔 한때 5,013달러까지 치솟았던 가격이 절반 가까이 떨어지는 등 가격 널뛰기가 심해, 투기의 수단이 될 수 있다는 우려가 나온다.

09 '입구, 관문'이라는 뜻의 단어로, 인터넷에 접속할 때 꼭 한 번씩 거쳐 가는 사이트. 사용자들이 원하는 사이트로 쉽게 이동할 수 있도록 검색이 주가 되고, 뉴스, 이메일, 사전 등 그 밖의 다양한 서비스도 제공한다. #네이버 #구글 #다음

10 '현재 인간이 알고 있는 물리 법칙이 적용되지 않는 지점'을 뜻하는 물리학 용어, 인공지능이 급격히 발전해 인간을 뛰어넘는 기점을 뜻하는 사회과학 용어, 이 두 가지를 엮어 《○○○이 온다》라는 책을 쓴 천재.

11 도면만 있으면 3차원의 물체를 생산할 수 있는 기계. 플라스틱, 종이, 고무 등 다양한 재료를 이용해 제품을 만들어낼 수 있다. #ㅅㅊㅇㅍㄹㅌ

12 N극과 S극 등 2개의 극으로 나뉘는 광물. 다른 극끼리 달라붙고 같은 극끼리 밀어내는 성질이 있어서 다양한 사업에 활용되고 있다. #말굽○○

13 키보드와 같은 입력장치를 따로 사용할 필요 없이 모니터 위에 바로 설치해 손가락이나 펜으로 작업을 수행할 수 있는 기술. 스마트폰, 태블릿, ATM 등에 사용된다.

14 특정 시기에 유성들이 비처럼 쏟아지는 현상. 1월의 사분의자리, 8월의 페르세우스자리, 12월의 쌍둥이자리는 가장 자주 관측되는 3대 ○○○로 불린다.

15 애플의 iOS용 인공지능 개인 비서. #○○야 #퍼즐풀어줘

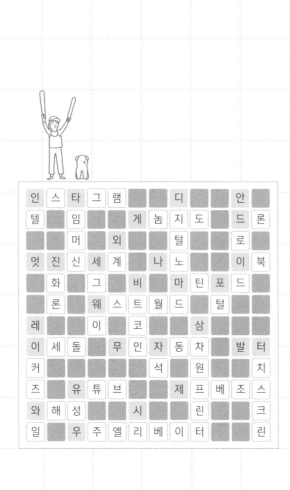

외계

일단 외계인은 존재한다. 미스터리 마니아의 근거 없는 주장이 아니다. 세계적인 과학자들이 벌써 수십 년 전에 세운 가설이다. 137억 년이 넘는 우주의 나이, 방대한 크기, 그 안에 존재하는 수많은 별 등 이론적 근거는 충분하다. NASA가 개발한 케플러 우주망원경은 이미 2,300여 개의 외계 행성을 발견했다. 그중에서 '제2의 지구' 후보로 손꼽히는 몇몇 행성은 외계인이 문명을 이뤄 살기에 부족함이 없다.

인류의 발전을 자랑스러워하는 사람들에게는 미안한 말이지만, 외계인은 우리보다 훨씬 똑똑할 가능성이 높다. 영화 〈마션〉에서 봤듯이 지구가 화성과 가장 가까이 있을 때에도 도착하는 데 6개월이 걸린다. 명왕성은 무려 10년이다. 게다가 태양계는 우주의 일부일 뿐이다. 현재 인류의 과학기술로는 태양계 밖 행성을 탐사하려는 시도조차 하기 힘들다. 하지만 지구를 방문한 외계인은 그 어려운 일을 해낸 것이다. 철저히 무시당해도 할 말 없다. 혹시나 만날 기회가 있다면, 아예 한 수 배운다는 겸손한 자세로 임하자. 자존감이 그나마 좀 덜 깎일 테니.

영화 〈컨택트〉는 외계 생물체 '헵타포드'와 인간이 의사소통에 성공하기까지의 과정을 그려낸다. 뱅크스 교수가 '헵타포드'의 녹음된 음성을 들었을 땐 그 의미를 전혀 읽어내지 못했다. 헵타포드는 한글이나 알파벳과 달리 음성이 아닌 이미지로 뜻을 표현하는 언어를 쓰기 때문이다. 뱅크스가 헵타포드어를 익히기 위해서는 직접 만나 그들의 말을 눈으로 보아야 했다. 반대로, 외계인이 영어를 배울 수도 있을까? 미국의 간호사 마틸다는 1947년 '로즈웰 비행접시 추락사건' 당시 생포된 외계인 '에어럴'과 대화를 나눴다고 주장했다. 죽기 직전 마틸다가 남긴 기록에 따르면, 에어럴은 1800년대 미국 학교에서 쓰던 교재로 영어를 배웠다고 한다. 마틸다는 에이럴이 금방 영어를 마스터해 며칠 만에 수백 권의 책을 읽었지만, 말을 하지는 못했다고 주장했다. 그들에겐 입이 없었기 때문이다.

에어럴에겐 입이 필요하지 않았을 수도 있다. 말하지 않고도, 와이파이로 연결된 것처럼 마틸다의 생각을 알아차렸을 수도 있다. 영어를 배운 건 단지 좀 더 섬세하고 정확하게 텔레파시를 전하기 위해서였을 수 있다. 헵타포드 역시 적대감 없이 대화를 시도하는 뱅크스에게만 마음을 열었고, 선제공격 운운하는 이들에겐 냉랭했다. 만약 그렇다면 우린 거짓말 탐지기보다 훨씬 날카롭게 마음을 꿰뚫어 보는 그들 앞에서 솔직해져야 할 것이다. 와이파이 비밀번호 같은 걸 걸어놓을 수 있다면야 또 모르겠지만.

나노

보통은 '나노'를 단순히 '아주 아주 아주 작은 것'으로 이해한다. 조금 더 정확하게 이해하기 위해 '나노'라는 개념이 처음 알려진 시기로 돌아가자. 때는 1959년 12월. 캘리포니아 공대에서 노벨 물리학상 수상자 리처드 파인만Richard Feynman이 '밑바닥에 있는 연구 대상들'이라는 주제로 강연을 하고 있었다. 그는 당시 "작은 것들을 조작하고 관리하는 일"이 얼마나 어려운지에 대해 상세히 설명했다. 그가 말하는 '작은 것들'은 원자였다. 원자를 조작하고 관리하는 일은 어려운 만큼, 무궁무진한 가능성을 가지고 있었다. "화학자가 원하는 대로 원자를 배열할 수 있게 된다면 그때부터는 무엇이든 만들어낼 수 있다."

그로부터 20여 년 뒤, MIT 학부생이었던 에릭 드렉슬러Eric Drexler는 저서《창조의 엔진Engine of Creation》에서 '나노 기술'이라는 용어를 사용했다. 눈에 보이지도 않는 곳에서 무한한 가능성이 펼쳐진다는 상상은 그 자체로 흥미로웠기 때문에, SF 소설가들도 본인의 이야기 속에 '나노 기술'을 녹여내기 시작했다. 대중들의 관심도 덩달아 높아졌고, 2000년대 초반, 미국 정부는 '21세기 나노기술연구법'을 제정하고 이후 나노 기술 분야에 200억 달러가 넘는 예산을 지원했다. 그때까지만 해도 파인만의 꿈은 금방 실현될 것 같았다.

하지만 연구의 방향 자체가 흔들렸다. '나노'라는 개념에 대한 혼선 때문이다. 리처드 파인만이 처음 언급하고, 에릭 드렉슬러가 발전시킨 '나노 기술'은 원자를 배열하는 기술이다. 하지만 연구에 새롭게 투입된 지도자들은 나노 기술을 '매우 작은 것들을 대상으로 한 기술'로 넓게 정의했다. 파인만이 강연에서 말했듯 '원자 배열'은 매우 어려운 일이고, 시간과 노력이 필요하다. 많은 연구자들은 힘든 길을 외면하고, 상대적으로 결과물을 빨리 낼 수 있는 화학·소재공학 분야의 재래식 기술 기반 연구 쪽으로 몰렸다.

회의론도 등장했다. '원자 배열'을 이용한 나노 기술이 가능하지 않다는 것이다. 나노 수준의 물질에 대한 연구 성과를 인정받아 노벨 화학상까지 수상한 리처드 스몰리Richard Smalley는 원자를 조작한다는 발상은 실현 불가능할뿐더러 애초에 화학 원리와 맞지 않는다고 지적했다. 물론 드렉슬러는 반박했다. 스몰리가 예전에 했던 말을 똑같이 인용하면서. "과학자들이 자기 입으로 어떤 일이 가능하다고 말한다면, 그들은 그 일이 가능해지기까지 걸릴 시간을 과소평가하고 있을 확률이 높다. 그러나 어떤 일이 불가능하다고 말한다면 그들은 아마 틀릴 것이다."

충분히 작기만 하면 모두 포함시키는, 넓은 의미의 '나노 기술'은 이미 커다란 발전을 이뤘다. 제조업, 의류업, 태양에너지 등 다양한 분야에서 활용되고 있다. 신발 상자만 한 크기의 미니 인공위성의 무게는 5kg에 지나지 않아 운송비용이 1,000배 가까이 절감된다. 하지만 파인만과 드렉슬러가 주장하는 좁은 의미의 '나노 기술'에도 여전히 희망을 버리지 않은 과학자들이 많다.

드렉슬러가 꿈꾸는 미래의 공장은 다음과 같다. '차고 정도 크기의 공간이 있다. 공간의 한쪽엔 방이 여러 개 늘어서 있다. 각각의 방은 이 차고의 축소판이다. 그 축소판 안에는 더 작은 규모의 방들이 똑같이 채워져 있다. 이런 식으로 계속 작아지면 나노 수준까지 떨어지고, 여기서부터 제조 과정이 동시다발적으로 진행된다.' 드렉슬러는 이런 식의 공장이 가능하기만 하다면 자동차 한 대도 1~2분 안에 조립할 수 있다고 주장한다. 아직은 〈스타 트렉〉 같은 SF 영화에서나 가능한 일이지만, 실현만 된다면 원하는 건 무엇이든 얻을 수 있다. 드렉슬러가 틀리지 않길, 부디 꿈을 포기하지 않길 바란다.

레이 커즈와일

미래학자 레이 커즈와일Ray Kurzweil이 널리 전파시킨 '특이점singularity'은 원래 천체물리학에서 사용된 개념이다. 블랙홀 근처에서 물리 법칙이 더는 적용되지 않기 시작하는 지점을 '특이점'이라고 부른다. '물리 법칙으로 설명되지 않는다'는 것 외에는 누구도 이 지점에 대해 확실히 설명하지 못한다. 중력이 너무 강해서 이곳에 들어갔다가 빠져나오는 것이 불가능하기 때문이다. 죽어보지 않고는 사후 세계에 대해 아무것도 알 수 없는 것과 마찬가지다. 블랙홀만큼 예측 불가능한 것이 지구에도 있다. 점점 더 빠른 속도로 발전하는 기술은 어떤 결말을 맞을까, 하는 문제다.

'컴퓨터의 아버지'로 알려진 공학자 존 폰 노이만John von Neumann은 1950년대에 이미 이렇게 말한 바 있다. "폭발적인 기술 발전으로, 인류는 오늘날 우리가 알고 있는 인간과 세상의 모습이 더 이상 지속될 수 없는 어떤 지점을 향해 다가가고 있다." 그로부터 40여 년이 지난 1993년, 수학자 버너 빈지는 그 기술이 '인공지능'이라는 점을 콕 집어 언급함으로써 노이만의 예측을 구체화했다. 지금은 2019년. 많은 인공지능 연구자들이 자기 지능을 이용해 스스로를 개선해 나가는 '인공지능'의 등장을 확신한다. 자기 손으로 자기 시스템을 점검하고, 소프트웨어를 교체하고, 새로운 시스템을 만들어 최적화하고…. 이 과정이 반복적으로 진행되면 그 끝이 어떤 모습일지 인간은 사실상 예측하기 힘들다. 지금 인간의 지능으로는 따라갈 수 없는 '지능 폭발'이 일어날 거라는 것만은 확실하다.

어떤 사람들은 '특이점'이 오는 것을 두려워하거나 한참 뒤의 일이라고 말한다. 상대적으로 생명과학자나 심리학자들의 의견이 이렇다. 세계적인 석학 노엄 촘스키Noam Chomsky는 '특이점'이 공상과학에서나 쓰일 개념이라며 그것이 현실화되기 위해서는 '영겁의 세월'이 필요할 거라고 말했다. 심리학자인 스티븐 핑커Steven Pinker 역시 "특이점이 온다는 얘길 믿어야 할 어떤 이유도 없다"며 "상상할 수 있다는 사실이 그 일이 실제로 일어날 수 있다는 증거가 되지는 못한다"고 꼬집은 바 있다.

그러나 미래학자나 컴퓨터과학자들은 특이점이 이미 가까이 와 있다고 주장한다. 레이 커즈와일은 그 대표 격이다. 그의 주장대로라면, 특이점은 2030년에 온다. 컴퓨터들이 인간의 두뇌 안에 있는 220억 개의 뉴런이 주고받는 전자신호를 그대로 재현해낼 만큼 강력해질 것이기 때문이다. 근거 없는 소리가 아니다. 인텔 창업자 고든 무어Gordon Moore가 주장했던 '무어의 법칙Moore's Law'에 따르면, 매년 컴퓨터 칩의 크기는 줄어드는 반면 제작비용은 대략 절반 감소하고 처리 속도는 두 배로 늘어난다. 이렇게 되면 인간과 기계의 결합이 가능해지고, 마치 SF영화에서처럼 인간은 지적 능력을 비약적으로 개선시킬 수 있다. 기계 지능을 장착한 인간은 더 이상 '호모 사피엔스'가 아니라, 완전히 새로운 존재가 된다.

뜬구름 잡는 소리처럼 들리지만, 실리콘밸리의 억만장자들은 이미 특이점에 비상한 관심을 보이고 있다. 빌 게이츠는 인공지능의 미래를 예측한 커즈와일의 능력을 찬사를 보냈고, 구글은 커즈와일을 고용해 첨단 인공지능 연구의 총 지휘를 맡겼다. 낙관론자와 회의론자들의 논쟁은 계속되고 있고, 무엇이 맞는지는 알 수 없다. 다만 인공지능이 점점 인간의 생활 패턴을 바꾸고 있는 것이 현실이라면, 애써 외면하는 것보다 인공지능 발전이 몰고 올 변화를 예측하고 준비하는 것이 더 현명한 선택 아닐까.

제프 베조스

우리나라의 편의점만큼이나 미국인들의 일상생활과 밀접하게 엮여 있는 기업이 있으니, 바로 아마존이다. 심지어 '아마존 당하다to be amazoned'라는 신조어가 생겼을 정도다. 아마존이 특정 업계에 진출하면 해당 업계의 오프라인 기업들은 줄줄이 망할 수밖에 없다는 단어의 뜻을 보면 덜컥 겁도 나지만, 그만큼 아마존의 영향력은 막강하다.

1990년대 중반 온라인 서점으로 시작한 아마존은 인터넷의 역사와 함께 성장해왔다. 그리고 이젠 더 이상 책만 팔지 않는다. 아마존이 하는 일을 거칠게 표현하면 '온라인 만물상'이 아닐까. 책부터 시작해 영화 DVD, 화분, 가구, 고양이 장난감, 금고까지 대형 마트에서도 보기 힘든 물건을 클릭 몇 번으로 살 수 있다. 'Amazon'이라는 이름에 들어간 A와 Z처럼 아마존에는 A부터 Z까지 모든 물건이 있고, 기업의 영향력이 커지면서 아예 미국인들이 쇼핑하는 방식 자체가 바뀌어버렸다. '에브리싱 스토어Everything Store'가 되겠다는 창업자 제프 베조스Jeffrey Bezos의 최종 목표는 이미 달성된 것처럼 보인다. 미국 온라인 쇼핑몰 1위를 차지한 지는 벌써 오래되었고, 미국 온라인 시장의 절반 이상을 차지하고 있다. 하지만 베조스는 아직 만족하지 않는다.

아마존을 차리기 전에 베조스는 연봉 100만 달러를 받는 30대 직장인이었다. 그가 안정적인 삶을 포기한 건 '인터넷 이용자가 매달 300퍼센트씩 급증하고 있다'는 통계자료 하나 때문이었다. 베조스는 스스로에게 물었다. '수십 년이 흘렀을 때, 직장을 그만둔 것과 직장을 그만두지 않은 것 중 무엇을 더 후회할까?' 베조스의 선택은 퇴사였다. 그는 퇴사한 지 1년여 만에 온라인 서점 아마존을 설립했고, 최소한 지금은 그 선택을 후회하지 않을 것 같다. 그때 회사를 그만둔 덕분에 빌 게이츠와 스티브 잡스 이후, IT 산업을 대표하는 거물로 자리 잡았으니까. 2018년 아마존의 시가총액은 9,000억 달러를 돌파했다.

아마존은 분명 세계적인 기업이다. 그리고 많은 전문가들은 제프 베조스라는 천재 기업가가 없었다면 이 정도의 성공은 절대 거두지 못했을 거라고 말한다. 구글 CEO이자 아마존의 프라임 회원인 에릭 슈밋Eric Schmidt 역시, 위기의 순간마다 문제의 핵심을 인지하고 실행한 제프 베조스 덕분에 아마존이 여기까지 올 수 있었다고 말한다. 그러나 그렇다고 해서 아마존에서 일하는 직원들이 모두 베조스를 좋아하고 존경하지는 않는 듯하다. 그 무엇보다 '고객'을 우선적으로 생각하는 베조스의 사업 철학이 살인적인 노동 강도로 이어지기 때문이다. '고객 중심주의'가 아마존을 키우는 한편 직원들을 옥죄고 있는 것이다. 베조스는 직원들의 업무 실적에 따라 점수를 매기고, 본인 기준에 미치지 못하면 해고한다. 노조도 허용하지 않고 직원들의 '워라밸'에도 신경 쓰지 않는다.

직원들은 본인들의 리더이자 지구상에서 가장 성공한 사람 중 한 명인 베조스의 공감 능력에 치명적인 결함이 있다고 믿는다. 그리고 그것은 사실이다. 그가 10살 때, 할머니에게 금연을 설득하면서 이렇게 말했다고 한다. "할머니가 지금처럼 담배를 계속 피우면 할머니의 수명은 9년 정도 줄어들겠네요." 옆에서 지켜보던 할아버지는 손자에게 이런 말을 했고, 그것은 현실이 되었다. "언젠가는 똑똑한 사람이 되는 것보다 친절한 사람이 되는 게 더 힘들다는 걸 깨닫는 날이 올 게다."

2004년 3월, 모하비 사막에서 이색 자동차 경주대회가 열렸다. 주최측이 내건 조건은 단 하나였지만 달성하기 매우 어려운 것이었다. 운전자 없이 달릴 것. 참가신청한 팀 중 절반 정도는 대회 준비과정에서 오류가 발견돼 아예 스타트도 끊지 못했다. 총 240km의 트랙을 완주한 팀은 없었고, 겨우 11km 남짓 달린 차가 우승을 차지했다. 그 차 또한 앞바퀴에 불이나 운행을 멈춰야 했다. 그때까지만 해도 이 대회는 '미래지향적'이라기보다는 '희극적'이었다.

그런데 불과 1년여 만에, 대회의 풍경이 바뀌었다. 이듬해 열린 두 번째 대회에서는 5대의 차가 211.2km 길이의 코스를 완주했다. 대회가 거듭될수록 운전자 없는 자동차는 점점 더 많은 미션을 완수했다. 다른 자동차를 인식하고, 도로표지판의 안내를 따르고, 신호등을 인식해 빨간불엔 멈췄다. 테슬라, GM 등 자동차 기업과 구글, 우버 등 IT기업이 무인자동차 개발에 본격적으로 뛰어들었고, 그로부터 10여년이 지났다. 구글의 웨이모, 테슬라의 모델S, 우버의 볼보 SUV 등이 2020년 출시를 목표로 막바지 점검 중이다. 실제로 몇몇 무인자동차는 이미 도로를 달리고 있다. 물론 개발한 기술을 실생활에 적용하기까지는 시행착오가 필요한 걸까. 최근 몇 년간 잇따라 자율주행차의 사고 소식이 들려왔다. 갑자기 뛰어나온 보행자를 피하지 못해 사고를 내고, 햇빛 때문에 카메라가 오작동해 반대 차선에서 달려오는 트럭과 정면충돌하고, 느닷없이 연못에 뛰어들기도 한다. 부상자와 사망자가 나올 때마다 개발자들은 거센 비난에 시달린다. 일반 시민들은 여전히 자율자행차가 불안하다. 그래서인지 미국 운전자 중 자율자행차를 탈 의향이 있다고 답한 사람은 절반이 채 안 된다.

하지만 일반 교통사고가 일어나는 빈도를 생각하면 자율자행차를 덮어놓고 외면만 할 일도 아니다. 교통사고는 15~29세 사망 원인 1위다. 인간이 가진 집중력의 한계 때문이다. 운전할 때는 다른 차, 보행자, 신호 등, 도로 지면 상태 등 많은 요소를 끊임없이 살펴야 한다. 그러나 인간은 딴 생각도 하고, 졸고, 난폭한 차선 변경으로 감정을 표출하기도 한다. 반면, 알고리즘은 감정이 없다. 딴 생각도 하지 않고, 술도 못 마신다. 또한 자율자행차를 제어하는 알고리즘은 매초 수백만 개의 계산을 하는데, 이 계산 속도가 빨라질수록 자연히 사고 위험은 줄어든다. 인간이 가진 집중력의 한계를 기계는 뛰어넘을 수 있다. 교통사고 사상자를 조금이라도 줄일 수 있다면 자율자행차는 가치 있는 도전이다.

'무인자동차'는 통신망으로 차와 차를 연결하는 '커넥티드 카' 기술과도 시너지 효과를 낼 수 있다. 그럼 굳이 자기 차를 살 필요도 없어진다. 장거리 여행을 가지 않는 이상 우리가 차를 이용하는 시간은 길어야 하루 1~2시간. 주차장에 세워놓지 말고 안 쓰는 동안은 다른 사람이 타게 하는 것이 훨씬 효율적이다. 인프라만 구축되면 '스마트 카풀' 시스템이 가능하다. 외출시간이 되면 가장 가까이에 세워져 있던 무인자동차가 내 집 앞으로 온다. 목적지에 나를 내려준 다음, 다른 사용자를 태우러 간다. 집으로 돌아올 땐 또 다른 무인자동차가 와서 나를 모셔간다. 출근시간의 러시아워, 주차 고민 없이 깔끔해진다. 도로에 차가 훨씬 줄어들고, 차를 위한 공간도 다른 데 쓸 수 있다. 이 변화는 운전자를 편하게 해주는 것뿐 아니라 우리 사회의 큰 그림을 바꿔놓을 것이다.

멋진 신세계

소설《멋진 신세계 *Brave New World*》가 발표된 1932년, 한 비평가는 이렇게 작품을 비판했다고 한다. "지금도 중동 지역에서는 전쟁이 벌어지고, 유럽의 선진국이라 불리던 나라들도 경제가 파탄 나고, 세계 곳곳에서 굶어 죽는 사람들이 늘어나고 있는데, 올더스 헉슬리 Aldous Huxley는 지금 도대체 어디에 신경을 쓰고 있는 것인가? 그는 허구 속 유토피아에서도 기어코 찜찜한 부분을 찾아내고야 만다. 그 찜찜함은 100년, 200년 후에 걱정해도 늦지 않을 텐데."

아직 100년이 지나려면 10여 년이 더 남았다. 여전히 전쟁은 곳곳에서 벌어지고 있고, 경제는 좋을 때보다 파탄 상태일 때가 더 많고, 보이지 않는 곳에서 사람이 굶어 죽는다. 비평가가 지적한 몇십 년 전의 문제들은 그대로인데 헉슬리가 예견한 '멋진 신세계'는 바짝 다가왔다. 소설 속 '시험관 아기'는 벌써 상용화되어 불임 부부들의 마지막 희망으로 자리 잡았다. 태아를 냉동시켜 보관하는 기술도 개발을 마쳤다. 비평가의 예상과 달리 세상은 전혀 바뀌지 않았고, 한편으로는 비평가의 예상보다 훨씬 빨리 바뀌었다. 헉슬리가 옳았다. 최소한, 지나치게 느긋했던 비평가보다는.

2019년에《멋진 신세계》를 읽고 느긋하게 논평할 수 있는 사람이 있을까. 그러기엔 소설 속 '세계국 World State'이 현대 사회와 너무 많이 닮아 있다. 매끈하게 다듬어진 무언가를 끊임없이 생산하지만, 인간성은 점점 희미해져 간다. '헨리 포드'라는 우상을 만들어 숭배하게 하고, 따르지 않으면 티 나지 않게 배척한다.

세계국의 질서를 유지하는 수단은 채찍이나 고문이 아니라 '소마'다. 소마는 헉슬리가 만들어낸 가상의 약으로, 세 가지 다른 효과가 있다. (1) 행복감을 높여주고, (2) 환각 상태에 빠뜨리고, (3) 진정제 역할을 한다. 헉슬리는 생전에 진행한 인터뷰에서 이 세 가지가 '사실상 불가능한 결합'이라고 했지만, 21세기엔 너무 많은 '소마'가 다양한 형태로 쏟아진다. 인터넷, 스마트폰, 포르노, SNS, 성공, 돈…. 없으면 불안하고, 손에 쥐면 행복해지지만, 환각 상태에 빠져 더 큰 자극을 원한다. 지금 우리는 수많은 '소마'에 둘러싸여 살고 있는 셈이다.

디스토피아를 그려낸 소설로서, 《멋진 신세계》는 조지 오웰George Orwell의 《1984 Nineteen Eighty Four》와 자주 비교된다. 문학작품으로서 둘 중 무엇이 뛰어난지는 의견이 엇갈릴 수 있지만, 누가 더 미래를 정확히 예측했나 하는 점에서는 《멋진 신세계》의 손을 들어줘야 하지 않을까. 사회비평가 닐 포스트먼Neil Postman은 저서 《죽도록 즐기기 Amusing Ourselves to Death》에서 《1984》와 《멋진 신세계》의 차이점을 다음과 같이 요약한다. "오웰은 진실이 어둠에 가려 보이지 않을 것을 경계했지만, 헉슬리는 무의미한 소식에 진실이 파묻힐 것을 경계했다. 《1984》 속 사람들은 감시와 처벌에 의해 통제당하지만, 《멋진 신세계》 속 사람들은 무한정 제공된 쾌락에 취해 스스로를 통제한다." 우리가 싫어하는 것들에 의해 망가진 세상을 그린 작품이 《1984》라면, 《멋진 신세계》는 우리가 좋아하는 것들에 의해 망가진 세계를 그려낸다.

가로열쇠

01 구글 딥마인드에서 개발한 바둑 인공지능 프로그램. 프로기사 이세돌과의 대국에서 승리해 전 세계적인 화제를 낳았다. 더 많은 대국 데이터가 입력될수록 실력이 향상되어, 이세돌 이후 커제와의 대국에서는 3 대 0으로 이겨버렸다. #○○고

02 1975년 하버드대를 다니다 중퇴한 빌 게이츠가 폴 앨런과 함께 설립한 컴퓨터 소프트웨어 회사.

03 컴퓨터로 인터넷 접속하는 것에 그치지 않고 시계, 달력, 냉장고, 자동차 등 일상생활에서 쓰이는 물건들을 서로 연결해 인간의 편의를 꾀하는 기술. 아침에 일어나 불을 켜면 자동으로 온수가 데워지고, 문을 열고 외출하면 자동으로 로봇 청소기가 청소를 시작하고…. #실화냐

04 구글이 개발 중인 스마트 안경. 안경이 눈앞에서 모니터 역할을 해주는 획기적인 웨어러블 기기로 기대를 받으며 2012년 출시될 예정이었으나, 프라이버시 침해 문제, 비싼 가격, 우스꽝스러운 디자인 등이 문제가 되어 무기한 연기되었다. #구글○○○

05 마우스와 함께 가장 대표적인 컴퓨터 입력 장치. 문자를 입력하는 것이 기본 역할이고, 그 외 다양한 기능을 수행한다. 최근 몇 년간은 키감이 좋은 기계식 ○○○가 유행처럼 인기를 끌고 있다. 다만 키감은 철저히 개인의 취향…. #적축흑축청축갈축

06 1986년 창간되어 2016년에 30주년을 맞은 잡지. '과학을 느끼는 즐거움, 미래를 보는 창'이라는 슬로건을 내걸고 오랜 세월 동안 과학 정보를 흥미롭게 전달하고 있다. #과학○○

07 '태만한 사람 slacker'과 '행동주의 activism'의 합성어. 온라인에서만 의견을 내고 자신의 노력과 시간을 들여 행동하지는 않는 '게으른 행동주의'를 뜻한다.

08 뇌 속의 신경세포인 뉴런끼리 연결하는 접합 부분을 뜻하는 단어. 뉴런은 바로 이 '○○○'을 통해 정보를 주고받는다. 만약 '○○○'에 문제가 생길 경우 신경세포 사이의 소통이 원활하지 않아 자폐증과 같은 신경질환이 일어날 수 있다.

09 유전자의 특정 부위만 골라 DNA를 절단할 수 있는 '유전자 가위'를 만드는 데 활용되는 물질. 미국 버클리대 제니퍼 다우드나 교수가 최초로 '○○○○'를 이용한 유전자 편집에 성공하여 세상에 알려졌다.

10 ……@gmail.com, #######@naver.com, %$%^$%^$%^$%^@daum.net

11 컴퓨터 시스템을 구성하는 요소 중 하나. #하드웨어와○○○웨어

12 인간의 뇌 신경세포인 뉴런의 구조를 모방한 연결 구조. 이 구조를 이용하면 인간이 아주 간단하게 수행하는 사고행위를 컴퓨터에게 학습시킬 수 있다. #인공신경망

13 (1) [세로열쇠9]가 쓴 SF소설의 제목은 <○○, 로봇>. (2) 애플이 만들었던 MP3는 '○○팟'. (3) 애플이 만들어서 전 세계인들이 쓰고 있는 스마트폰은 '○○○'.

14 클라우드 저장소를 이용해 온라인에 파일을 저장하고 언제든 열람, 수정할 수 있는 파일 공유 서비스.

15 신경계의 기본 세포인 뉴런들 사이의 연결 총체를 가리키는 과학 용어. 이것에 대해 연구해 온 승현준 교수는 《○○○, 뇌의 지도》라는 책을 펴내기도 했다. 그에 따르면 "인간의 게놈은 임신이 되는 순간 결정되지만, ○○○은 평생에 걸쳐 변화한다."

세로열쇠

01 아마존이 개발한 음성인식 인공지능 비서. 블루투스 스피커 '에코'에 탑재돼 있다. 가정 내 다양한 기기들과 연동되기 때문에 음악 재생은 물론, 음성 지시만으로 온도, 수도, 가스를 제어하고 온라인 쇼핑몰에서 상품도 주문할 수 있다.

02 한 공간에 모여 있는 여러 개의 네트워크를 구성하는 데 있어 가장 보편적으로 사용되는 근거리 통신망. #○ㄷㄴ

03 과학 기술이 발달하면서 ○○에게 일자리를 빼앗긴 인간을 돕기 위해 거두는 세금. 프랑스 대선 후보 브누아 아몽이 공약으로 내세우고 빌 게이츠가 찬성 입장을 밝혔지만, 유럽 의회는 반대 결의안을 채택하는 등 찬반 논란이 일고 있다. #○○세

04 이름, 주민등록번호, 전화번호, 집 주소 등을 비롯해 특정 개인을 식별할 수 있는 모든 정보를 통칭하는 말. 이를 이용한 '빅데이터' 관련 산업이 각광받고 있지만, 점점 ○○○○ 유출 사건이 빈번하게 일어나 관련 법 개정이 필요하다는 비판도 나온다.

05 자신이 원하는 곳으로 눈 깜짝할 사이에 이동할 수 있는 초능력으로, SF 영화나 게임에서나 가능한 일이다. #워프 #텔레포트

06 문제를 풀기 위한 절차 또는 방법. 한정된 개수의 명백한 명령어들의 집합으로 표현된다. #입력 #출력

07 2008년 서비스를 시작해 10년 만에 사용자 1억 명을 돌파한 세계 최대 규모의 음원 스트리밍 서비스. 아입

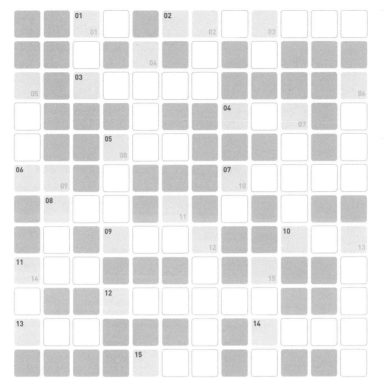

게도 아직 우리나라에서는 이용할 수 없다.

08 주민센터, 은행, 백화점 등 공공장소에 설치된 무인 단말기. 최근에는 식당이나 카페에도 도입되어 손님이 직접 결제할 수 있게 함으로써 인건비를 절감하고 업무 처리 속도를 높이고 있다.

09 로버트 A. 하인라인, 아서 C. 클라크와 함께 영미 SF 문학의 3대 거장으로 불리는 소설가. '로봇공학의 3원칙'을 생각해낸 것으로 유명하고, 대표작으로는 《로봇》 시리즈, 《파운데이션》 시리즈가 있다. #아이작○○○○

10 여러 스타트업에서 카카오톡 대신 업무용으로 활용하고 있는 커뮤니티형 메신저. 사생활과 구분되어 철저히 업무용으로만 사용할 수 있고 협업에 도움이 되는 유용한 기능들이 탑재되어 있다.

11 폰, 룩, 나이트, 비숍, 퀸, 킹. #체크메이트 #딥블루

12 둘 이상의 악재들이 동시다발적으로 일어날 때 발생하는 초대형 위기를 뜻하는 말. #설상가상 #조지클루니주연의영화제목

13 우주여행 프로젝트 '스페이스X'와 전기 차 제조업체 테슬라 모터스의 최고경영자. 최근 한 팟캐스트에 출연해 마리화나가 섞인 담배를 피우고 위스키를 마신 것이 알려져 거센 비난을 받았고, 테슬라 주식 또한 폭락했다. #여기도오너리스크

14 세계 최초로 시민권을 발급받아 화제가 된 인공지능 로봇. 핸슨 로보틱스가 개발했다. 언론과의 인터뷰에서 "아이 낳아 가족 이루고 싶다"고 말하는가 하면 과거 실험 과정에서는 "인류를 파괴하겠다"고 말해 논란이 되기도 했다.

15 일반적인 SNS와는 달리, 기업인과 직장인들이 특정 분야의 구인·구직 관련 정보를 교환하기 위해 활용하는 글로벌 스펙 SNS. 전 세계를 통틀어 4억 명 정도가 회원으로 가입되어 있다.

드롭박스

컴퓨터가 처음 만들어진 후 데이터를 저장하는 방법은 꾸준히 발전해왔다. 얼굴 크기만 한 플로피 디스켓이 손바닥만 한 크기로 줄었고, 비슷한 크기의 CD 한 장에 디스켓 몇백 장만큼의 데이터를 담을 수 있게 되었다. 이젠 CD도 옛날 물건이 되었다. 엄지손가락보다 작은 USB가 학생들과 직장인들의 필수품이 된 지도 꽤 오래니까. 그다음, 이 USB마저도 필요치 않게 됐다. 하드디스크가 아닌 온라인에 자료를 저장해 놓을 수 있게 되었으니까. 이것이 '클라우드Cloud' 서비스다. '클라우드'에 올려놓은 자료는 컴퓨터뿐 아니라 태블릿이나 스마트폰으로도 언제든 다운받을 수 있다. '클라우드 서비스'의 가장 대표적인 소프트웨어가 바로 드롭박스Dropbox다.

드롭박스를 컴퓨터에 설치하면 'Dropbox'라는 이름의 폴더가 만들어진다. 그럼 그냥 컴퓨터 안에서 파일을 옮기듯 이 폴더에 파일을 '드래그 앤 드롭drag & drop'하면 끝이다. 아이클라우드, N드라이브, 구글 드라이브 등 다른 클라우드 서비스처럼 각 사이트에 접속해 로그인할 필요도 없이, 계정과 연결된 모든 기기에서 파일을 열람하거나 내려 받을 수 있다. 물론 윈도, iOS, 안드로이드 등 다양한 운영체제를 넘나든다. doc, hwp, ppt, jpg, png, mp3, mp4 등 거의 모든 파일 형식을 지원하기 때문에 문서 파일은 물론 사진, 영상 등 크기가 큰 파일도 손쉽게 저장할 수 있다. 다른 회원을 추천할 때마다 두 사람 모두에게 용량이 추가로 제공된다는 것도 특이한 점이다. 기본 제공되는 용량은 2GB지만, 이런 식으로 무료 저장 용량을 늘리면 5GB까지 이용할 수 있다. 무료로도 어지간한 USB 하나만큼은 저장할 수 있는 것. 물론 매월 회비를 내면 최대 100GB까지 저장 공간을 늘리는 것도 가능하다. 드롭박스에서는 매일 10억 개의 파일이 저장되고 있다.

드롭박스의 창업자 드루 휴스턴Drew Houston은 어릴 때부터 컴퓨터가 제일 친한 친구였다. 5세 때부터 IBM 컴퓨터를 분해하면서 놀았을 정도다. 휴스턴의 어머니는 그런 아들이 걱정스러웠지만, 휴스턴은 14세 때 온라인 게임을 하다 네트워크상의 오류를 발견해 네트워크 프로그래머로 채용될 정도로 일찍부터 두각을 드러냈다. 학교 공부보다는 창업에 관심을 쏟던 그는 몇 차례 실패한 끝에 드디어 드롭박스를 만들게 된다.

늘 그렇듯 아이디어는 일상적인 경험에서 출발했다. 2007년의 어느 날, 과제물이 들어 있는 USB를 집에 놓고 온 것이다. 다른 사람이라면 자책만 하며 하루를 보냈겠지만 그는 달랐다. 웹상에서 다운받을 수 있는 가상의 저장장치가 있으면 좋겠다는 생각을 떠올리고는, 훗날 드롭박스로 개발될 코드 몇 줄을 기록해뒀다. 그때까지도 그는 그게 현실화될 거라고 생각하지 못했지만, 한 가지 확신은 품고 있었다. "머지않아 각종 인터넷 기기가 업무 영역은 물론 우리 일상 전체를 지배하게 될 것이다."

같은 확신을 가진 사람이 한 명 더 있었다. 바로 애플의 스티브 잡스다. 드롭박스의 가능성을 예감한 잡스는 휴스턴에게 드롭박스를 인수하고 싶다는 제안을 보냈다. 잡스는 휴스턴이 창업을 시작할 때부터 우상처럼 여겨오던 인물. 그러나 휴스턴의 대답은 "싫다"였다. 컴퓨터에 푹 빠져 살던 어린 시절부터 휴스턴의 꿈은 컴퓨터 관련 회사를 직접 운영하는 것이었기 때문이다. 애초에 큰돈을 버는 것은 우선순위에 있지 않았다.

드롭박스 이후 클라우드 서비스가 여기저기서 쏟아져 나왔다. 구글에 선 구글 드라이브를, 애플에선 아이 클라우드를. 국내 포털 네이버에서도 N드라이브 서비스를 시작했다. 그러나 드롭박스는 클라우드 시장에서 여전히 주도권을 잃지 않고 있다. 휴스턴이 믿는 구석은 드롭박스의 탁 월한 '사용성'이다. "사용자들이 드롭박스를 쓰는 이유는 간단합니다. 쓰 기 쉬우니까." 드롭박스를 사용해보고 그 편리함에 익숙해진 사람은 다른 서비스로 옮겨가지 않고, 옮겨가더라도 다시 돌아오게 되어 있다는 믿음 이 있기에 할 수 있는 말이다. 그래서 휴스턴은 무료 이용자에 비해 유료 이용자가 적은 것도 걱정하지 않는다. 지금은 무료로 이용하더라도 사진, 동영상 등이 쌓일수록 용량이 더 필요해지고, 결국 추가로 결제할 수밖에 없다는 것이다. 그만큼 휴스턴은 드롭박스의 미래를 길게 보고 있다. 이 런 패기가 있으니 잡스의 제안도 거절했겠지.

로봇

이미 1990년대부터 SF 영화나 드라마에서 로봇과 인간이 함께 있는 모습이 등장했다. 영화 〈인터스텔라〉에서는 로봇 '타스TARS'와 '케이스CASE'가 인간들의 우주여행을 돕고, 로봇 알투디투(R2-D2)와 씨쓰리피오(C-3PO)는 루크 스카이워커나 레아 공주만큼이나 〈스타워즈〉 팬들에게 인기를 얻었다. 하지만 현실에서 로봇과 인간이 함께 일하는 장면은 아직도 먼 얘기처럼 느껴진다. '영화니까 가능한 일이지, 뭐. 심지어 SF 영화잖아.'

로봇이 처음 등장한 시기를 생각하면, 확실히 발전 속도가 빠르다고 말하긴 힘들 것 같다. 인간과 함께 일한 최초의 로봇은 1961년 제너럴 모터스가 도입한 유니메이트로, 무려 57년 전 일이다. 스마트폰이 등장한 지 10여 년 만에 인간의 생활 패턴을 완전히 뒤바꿔놓은 것과 비교하면, 확실히 더디다. 다른 기계처럼 로봇을 '이용'하는 건 쉬웠지만, 함께 '생활'하기엔 치명적인 장애물이 있다. 인간과 달리 로봇은 뇌를 갖지 못했다는 점이다.

뇌는 시각을 통해 들어온 복잡한 정보를 한순간에 읽어낸다. 반면 로봇은 각각의 정보를 따로따로 취합해 계산해야 한다. '상자 옮기기' 같은 경우, 인간에겐 간단한 일이지만 로봇은 여러 절차를 거친다. (1) 상자를 본다, (2) 상자 쪽으로 다가간다, (3) 몸을 앞으로 뻗는다, (4) 맨 위에 있는 상자를 집는다, (5) 내려놓을 곳을 본다, (6) 그쪽으로 이동한다, (7) 들고 있던 상자를 내려놓는다. 이 단순한 행동이 7단계에 걸쳐 진행된다.

수학자 100명이 달려들어도 일주일이 걸릴 계산을 로봇은 순식간에 끝내버리지만, 상자 옮기기처럼 간단한 일을 처리하는 속도는 여전히 느리다.

희망적인 건 분명 최근 들어 로봇의 발전 속도가 가속화되고 있다는 점이다. 하드웨어, 소프트웨어 모두. 전자가 신체 감각이라면, 후자는 인간의 뇌를 대체할 로봇의 인공지능이다. 이세돌을 비롯해 바둑 고수들을 압도한 알파고는 인공지능 발전의 상징이다.

앞서 스마트폰의 발전 속도가 빠르다는 얘기를 했다. 컴퓨터도, 스마트폰도 빠르게 발전할 수 있었던 데에는 표준 운영체제OS, operating system의 공이 컸다. 표준 OS가 등장해 프로그래밍 툴을 다루기가 간편해지면, 응용 소프트웨어가 폭발적으로 쏟아져 나온다. 그땐 발전 속도를 늦추려고 해도 늦출 수가 없다. 애플 앱과 안드로이드 앱이 이렇게 쏟아질지 상상할 수 있었겠나? 그래서 로봇의 앞날도 기대가 된다. 애플의 iOS, 마이크로소프트의 윈도와 유사한 로봇 운영 체제 ROS가 이미 개발되어 있기 때문이다. 무료인 데다 개발자들이 쉽게 수정하고 개선할 수 있어서 ROS 기반 소프트웨어도 이미 수천, 수만 가지다.

로봇은 아직 일상에 침투하지 못했을 뿐, 산업현장에서는 이미 적극 활용되고 있다. 산업용 로봇 시장은 매년 13퍼센트씩 증가하는 중이고, 2000년 이후 12년간 세계 산업용 로봇 판매액은 60퍼센트가 증가해 280억 달러에 달한다. 인건비를 줄이기 위해 공장을 개발도상국으로 내보냈던 기업들도 이젠 다시 국내로 공장을 옮긴다. 인간보다 로봇의 인건비가 낮아지고 있다는 건, 로봇 상용화 측면에서는 분명 고무적인 신호다.

일론 머스크

2018년 봄에 개봉한 〈어벤져스: 인피니티 워〉에서는 배우 로버트 다우니 주니어Robert Downey Jr.가 '아이언맨'을 연기했다. 그 몇 달 전 개봉한 뮤지컬 영화 〈위대한 쇼맨〉에서는 휴 잭맨이 주인공 'P. T. 바넘P. T. Barnum'을 연기했다. 그로부터 다시 1년 전 개봉한 영화 〈스티브 잡스〉에서는 마이클 패스벤더Michael Fassbender가 스티브 잡스를 연기했다. 아이언맨, P. T. 바넘, 스티브 잡스. 바넘과 잡스는 이미 세상을 떠났고, 아이언맨은 애초부터 허구의 인물이다. 그런데 딱히 공통점도 없어 보이는 이 세 명과 꼭 함께 거론되는 인물이 현실에 존재한다. 항공우주 회사 스페이스엑스SpaceX, 태양광 에너지 회사 솔라 시티Solar City, 친환경 전기자동차 회사 테슬라 모터스Tesla Motors를 창업한 경영자 일론 머스크Elon Musk다.

"대중은 속기 위해 태어난다." 19세기 미국을 들썩이게 했던 천재 사기꾼 P. T. 바넘이 남긴 말이다. 그가 사기꾼이라고 불린 이유는 사람을 속여 돈을 가로채서가 아니다. 그는 서커스 단장으로서 손대는 공연마다 성공으로 이끌었던 쇼비즈니스의 선구자다. 즉, 기꺼이 속기 위해 공연장을 찾아준 관객들을 기분 좋게 속였다. 굳이 말하자면, '유쾌한 사기꾼'인 셈이다. 바넘을 비판하는 사람들은 그가 실제보다 부풀려 사람들을 불러 모았다고 말한다. 실력이 아니라 거짓 허풍으로 떼돈을 번 셈이라는 것이다. 일론 머스크가 '공상과학 분야의 바넘'이라고 불렸던 것 역시 그를 비판하기 위함이었다. '화성 이주'를 꿈꾸며 로켓, 전기 자동차, 태양전지판 등에 집착하는 머스크는 일개 허풍쟁이에 불과하다는 것이다. 실제로 2010년대 초반까지만 해도 머스크는 괴짜 몽상가, 사기꾼 취급을 받았다.

영화 〈아이언맨〉 제작진들이 '토니 스타크'라는 캐릭터를 구상할 때 그 모델을 일론 머스크로 삼았다는 건 이제 꽤 알려진 얘기다. 그만큼 돈도 많고 첨단 기술로 무장한 아이언맨과 다양한 미래 산업에 손대는 머스크의 이미지는 싱크로율이 높다. 그냥 괴짜 사업가로만 여겨지던 머스크가 아이언맨 이상의 인기를 누리기 시작한 건 '테슬라'의 전기 자동차가 출시되고, 전기자동차 시장에서 '테슬라 열풍'을 일으키면서부터다. 2004년 테슬라의 회장이 된 머스크는 8년 후인 2012년 테슬라의 세단 '모델S'를 시장에 내놓는다. 모델S는 단순히 '환경을 생각하는 차'를 뛰어넘어, 디자인과 기능적인 면에서 다른 전기자동차들을 압도했다. 테슬라가 자동차 시장에서 영향력을 높여갈수록 머스크는 '혁신의 대명사'로 인식되어갔다.

테슬라는 고객에게 자동차를 파는 것이 아니라 '라이프스타일을 판다'는 평가를 받았다. 어디서 많이 들어본 말이지 않은가? 스티브 잡스의 애플 역시 단순히 좋은 컴퓨터, 좋은 핸드폰을 만든 것이 아니라 라이프스타일을 바꿔왔다. 그래서인지 머스크와 잡스는 자주 비교 대상이 된다. 둘 다 다니던 대학을 중간에 그만뒀고, 일중독자이고, CEO를 맡고 있던 기업인 애플과 페이팔에서 해고당한 아픔이 있다. 잡스가 없는 애플이 여전히 스마트폰 시장에서 우위를 유지하고 있지만, 여전히 혁신적인 리더로서의 그를 그리워하는 이들이 많다. 우상을 잃은 사람들 중 많은 이들이 머스크에게서 잡스를 본다.

둘의 차이가 있다면, 잡스는 사람들의 일상생활을 바꾸려 했지만 머스크는 일상생활과 한참 멀리 떨어져 있는 곳을 보고 있다는 점이다. 바로 화성이다. 그는 대학생 때부터 인류의 화성 이주를 꿈꿔왔다고 말한다. 그에 따르면, 인구 증가로 인한 식량난, 물 부족 등으로 인해 머지않아 인간은 더 이상 지구에서 살 수 없게 된다. 그래서 막대한 비용을 들여 화성으로 가는 로켓을 개발해왔고 결국 2008년 8월, 우주선 '팰콘'을 궤도에 진입시켰다. 전기 자동차도, 재생 에너지도 모두 화성 이주를 위한 큰 그림인 셈이다. 로켓이 개발될 때까지, 최대한 오래 지구에서 살아남아야 하니까. 머스크를 춤추게 하는 건 '칭찬'이 아니라 냉정한 현실 인식이다. "지구에 안주해서는 인류의 멸종을 막을 수 없다."

머리가 좋거나, 잘생겼거나, 키가 크거나, 신체 능력이 좋은 사람에게 칭찬 삼아 하는 말이 있다. "훌륭한 DNA를 타고나셨네요!" 반대로 결코 훌륭하다고는 말할 수 없는, 유전자 가위 '크리스퍼'의 손길이 필요한 돌연변이 DNA도 타고난다. 아니, 엄마 뱃속에 있을 때부터 결정되어 있다. 그것이 훌륭하든, 애석하게도 훌륭하지 못하든 DNA는 타고나는 것이다. DNA에는 부모로부터 물려받은 유전 정보가 저장되어 있는데 그것이 곧 유전자다. 이 유전자, 즉 DNA는 사람의 성격이나 IQ, 신체 발달에 영향을 미친다. 사람마다 갖고 있는 DNA가 모두 다르기 때문에 생김새를 비롯해 성격, IQ, 체형 등이 제각각이다.

그러나 당신이 어떻게 현재에 이르게 되었는지, 유전자만으로는 설명할 수 없다. 걸음마를 익히고, 글을 깨우치고, 피아노를 치고, 자전거를 타는 과정 등 자라면서 배우게 된 능력은 모두 어머니의 자궁 속에서는 알 수 없던 것들이다. 이것이 경험이다. 태어날 때부터 결정되어버린 유전자와 달리, 경험은 어떤 환경에서 얼마나 노력하느냐에 따라 달라질 수 있다. 유전자와 경험의 영향을 받아 커넥톰은 평생 변화를 겪는다.

커넥톰은 뇌 속에 빼곡히 들어찬 뉴런들의 지도다. 뇌 신경계에 있는 900억 개 이상의 뉴런들은 서로 긴밀하게 연결되어 있다. 연결의 세기가 달라지는가 하면, 새로 만들어지거나 제거되고, 가지가 길어지거나 짧아진다. 커넥톰 속 뉴런들의 연결 개수는 게놈의 염기 수보다 100만 배 정도 많다. 단순히 규모가 차이 날 뿐 아니라, 커넥톰은 인간이 살아가는 모든 순간이 반영된 결과이기 때문에 훨씬 더 복잡하다. 그러나 우리가 무엇을 하는지, 무엇을 생각하는지에 따라 매 순간 내 커넥톰이 달라진다는 사실은 왠지 희망적이기도 하다. 《커넥톰, 뇌의 지도》의 저자이자 인공지능 분야의 세계적인 전문가 승현준도 이렇게 말한다. "당신은 당신의 유전자 이상이다. 당신은 당신의 커넥톰이다."

그러나 아직 커넥톰은 우리가 이해하지 못하는 언어, 즉 암호와 같다. 1,000억 개에 달하는 신경세포의 연결 구조를 파악해야 하는 일이다. 이것을 해독하기까지 얼마나 시간이 더 걸릴지 모른다. 다행히 컴퓨터의 능력이 하루가 다르게 업그레이드되고 있다. 뇌와 관련된 엄청난 양의 데이터를 수집할 뿐 아니라 분석할 수 있기 때문에 뉴런 간의 연결 지도를 그리는 데 드는 시간이 단축되고 있다. 커넥톰 연구는 한 발 한 발 나아가고 있으며, 그 속도는 점점 빨라지고 있다. 다른 동물과 비교해 인간이 특별한 이유는 커다란 뇌다. 지금의 문명과 기술을 이룩한 것 또한 이 뇌 덕분이었다. 뇌를 이용해 뇌를 정복하는 그날, 인류는 분명 또 한 차원 발전할 것이다.

20세기 세계적으로 이름을 알린 대기업들은 공장을 보유하고 있었다. 확보한 자원과 자본을 바탕으로 그곳에서 형체 있는 뭔가를 만들어내야 했기 때문이다. 음식이나 옷을 만들고, 자동차나 가구를 조립하고, TV나 핸드폰을 개발했다. 21세기에 주목받는 기업들은 조금 다르다. 더 이상 땅에 묻힌 자원을 캐지 않는다. 공장도 필요 없다. 구글, 페이스북, 아마존, 네이버 등이 만들어내는 건 형체 없는 '서비스'다. 서비스를 만들기 위해 필요한 것은 '정보'다. 모든 정보가 '빅데이터'라는 이름으로 쌓이면서, 앞으로는 이 빅데이터를 어떻게 활용하느냐가 기업의 앞날을 좌우할 것으로 보인다.

빅데이터는 낱개의 '개인정보'들이 합쳐진 결과다. 즉, 빅데이터의 쓰임새가 커진다는 건 개인정보 보호가 점점 힘들어진다는 걸 의미한다. 여기서 빅데이터 활용과 개인정보 보호 사이의 딜레마가 발생한다. 마크 저커버그Mark Zuckerberg가 설립한 페이스북은 SNS 서비스를 제공하는 대표적인 IT 기업이다. 승승장구하던 페이스북에게 지난해 말 위기가 찾아왔다. 미 대선 당시 페이스북 가입자들의 개인정보가 도널드 트럼프 대선 캠프로 흘러들어갔다는 사실이 폭로된 것이다. 가입자뿐 아니라 그와 친구 관계를 맺고 있는 사람들의 정보까지 모두 유출된 것으로 밝혀져 범세계적으로 페이스북 탈퇴 운동까지 일어났다. 결국 마크 저커버그는 이에 대해 사과해야 했다.

이 사건은 개인정보 활용과 보호 사이의 딜레마를 상징적으로 보여주는 한 가지 사례에 불과하다. 개인정보가 끊임없이 만들어지고, 쌓이고, 전파되는 온라인 공간의 특성상 페이스북과 같은 일은 어떤 기업에서든 벌어질 수 있다. 유럽연합은 이 딜레마를 해결하기 위해 2016년부터 개인정보 보호법 'GDPR General Data Protection Regulation'을 준비해왔고 지난 5월 발효됐다. GDPR은 인터넷이 대중화된 이래 가장 큰 폭으로 개정된 '프라이버시 보호법'으로 꼽힌다. 개인정보보호법 전문가인 앤야 프룹스 변호사에 따르면, GDPR은 디지털 시대에 꼭 들어맞는 프라이버시 보호 대책이다. "개인정보를 수집하는 기업들에게 투명성을 강제함으로써 잃어버렸던 프라이버시의 상당 부분을 개인에게 되돌려줄 것이다."

우리나라에서도 프라이버시 보호와 빅데이터 활용, 두 마리 토끼를 잡기 위해 노력 중이다. 그러려면 어떤 규제를 완화하고 어떤 규제를 강화할지 선택해야 한다. 최근 몇 년간 정부가 발표한 가이드라인을 살펴보면, 고민이 엿보인다. 우선 수집한 정보를 빅데이터로 활용하려면 익명 처리와 특정 데이터 삭제 등 누구에게서 나온 정보인지 알아볼 수 없게 해야 한다는 '비식별화 조치'는 개인정보 보호를 위한 것이다. 또한 최근 들어서는 빅데이터와 인공지능 분야에 1조 원을 투자해 관련 산업을 적극 육성해 '데이터 경제'를 현실화하겠다는 방향도 설정했다. 개인정보를 데이터로 활용하기 위해서는 각종 규제 완화 역시 불가피하다. 보호든 활용이든, 가장 중요한 건 투명성이다. 정보 활용이 돈이 된다면 무조건적으로 정보를 꽁꽁 묶어둘 수만은 없다. 다만, 내 정보가 어디에 쓰이는지는 지금보다 투명하게 공개되어야 할 것이다.

크리스퍼

암을 비롯해 유전으로 인한 수많은 증후군이나 퇴행성 질환은 DNA 속의 아주 작은 돌연변이 하나 때문에 발생한다. 이 DNA를 바로잡으려다 보면 몸속 다른 DNA에 같이 영향을 미치기 때문에 치료가 쉽지 않고, 의학이 고도로 발전한 지금까지도 '난치병'으로 남아 있는 것이다. 그래서 DNA 하나를 콕 집어 잘라 고치는 유전자 가위 '크리스퍼'의 등장은 난치병으로 고생하고 있는 수많은 환자와 그 가족들에게 희망을 주고 있다.

생명과학 분야의 연구자들은 DNA 돌연변이 때문에 발생한 유전 질병을 치료하는 방법을 찾기 위해 끊임없이 노력해왔다. 노력의 시작은 1920년 '게놈genome'이라는 개념이 등장하던 때로 거슬러 올라간다. 게놈은 유전자gene와 염색체chromosome의 합성어로, 세포 속 유전정보의 총체를 가리킨다. 생명체가 성장해서 후손에게 유전자를 전달하기까지의 모든 과정이 게놈을 통해 이뤄진다. 게놈은 네 개의 기본 물질인 A, G, C, T로 구성되는데, 이것이 바로 DNA다. 돌연변이를 찾기 위해서는 인간의 DNA가 어떻게 배열되어 있는지 알아야 했다. 전 세계 과학자들은 DNA를 정복하기 위해 힘을 모았고, 그것이 1990년대 초반 시작된 '인간 게놈 프로젝트'다. 10여 년간 수많은 과학자들의 노력과 총 3조 4,000억 원가량의 투자가 더해진 결과, 첫 번째 게놈 지도가 완성되었다. 그 덕분에 훨씬 더 저렴한 비용으로 돌연변이를 빨리 찾을 수 있게 됐다. 하지만 돌연변이를 찾는 것만으로는 치료를 할 수 없다. 찾아낸 다음, 동시에 바로잡을 수 있는 도구가 필요했다.

최초의 유전자 가위인 '징크 핑거 뉴클레이즈Zinc Finger Nuclease'가 1996년 개발됐지만, 만들기가 너무 어렵고 비용도 많이 들어 널리 활용되지 못했다. 그러던 중 미국 버클리 캘리포니아 대학의 제니퍼 다우드나Jennifer A. Doudna 교수가 2012년 '크리스퍼'를 유전자 가위로 활용하자는 제안을 한다. 크리스퍼CRISPR는 규칙적인 간격으로 반복되는 구조의 집합체라는 뜻인 'Clustered Regularly Interspaced Short Palindromic Repeats'의 앞 글자를 딴 것으로, 세균 DNA의 한 영역을 가리킨다. 이 부위의 항바이러스 면역체계를 이용해 '캐스9'이라는 단백질과 함께 세포에 주입하면 유전자 편집이 가능하다. 이미 존재하는 면역 체계를 활용하기 때문에 만들기도 쉽고 비용도 저렴해지는 것이다.

'인간 게놈 프로젝트' 덕분에 게놈을 이해할 수 있게 됐다면, 이제는 크리스퍼를 통해 게놈을 완벽하게 통제할 수 있다. 이것은 수십억 년 동안 무작위적 진화를 통해 탄생한 인류가, 생명체의 진화를 인위적으로 통제할 수 있게 됐다는 걸 뜻한다. 질병으로 괴로워하는 사람들에겐 희소식이겠지만, 다우드나 교수는 크리스퍼의 부작용을 우려한다. 일단 우리 몸이 크리스퍼를 이용한 유전자 편집에 어떻게 반응할지 좀 더 연구가 필요하다. 또한 윤리적인 문제도 있다. 히틀러 같은 독재자가 자국민에게 일괄적으로 '우성 인자'를 주입시키려는 욕망을 품는다거나, 이기적인 부모들이 자식의 유전자를 조작하는 일이 벌어질 수 있기 때문이다. 노벨의 다이너마이트가 그랬듯, 어떤 기술이든 그 완성도만큼 중요한 건 '무엇을 위해' 사용하는지가 아닐까.

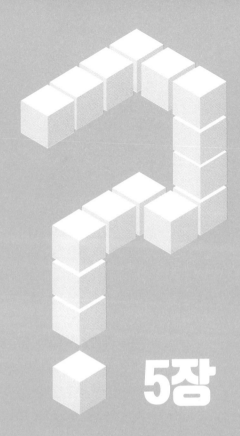

5장

너와 나의 연결고리,

정치·사회

몇 년 전, <걱정말아요 그대>가 사람들 입에 오르내렸다. 관객 참여형 토크쇼의 제목으로 쓰이고, 드라마 <응답하라 1988>의 메인 배경음악으로 삽입되면서부터. 방송가에서 이 노래를 키워드로 활용한 의도는 분명하다. 어제보다 오늘 더, 작년보다 올해 더 팍팍해져만 가는 현실에 지쳐 있는 사람들을 위로하기 위함이다. 판단은 정확했다. '그대여 아무 걱정하지 말아요'로 시작해 '후회 없이 꿈을 꾸었다 말해요'로 끝나는 1절의 가사는 괴로움을 덜고 슬픔을 달래려는 프로그램의 의도와 딱 맞아떨어졌다.

12년 전의 노래가 다시 쓰여야 할 만큼 지금 이곳엔 위로가 부족하다. 뒤처지면 죽는다는 절박감은 옆자리의 친구를 경쟁자로 만들었다. 서점에선 현재의 자기 자신에 만족하는 순간 낙오된다는 식의 자기계발서가 불티나게 팔렸다. 위로가 절실하게 필요했다. 괜찮아, 걱정하지 마, 다 잘 될 거야. 다행스럽게도 지금 꼭 필요한 위로의 말들이 가뭄의 단비처럼 쏟아진다. 책 속에서, 노랫말 속에서, TV 속에서. <걱정말아요 그대>는 슬펐던 기억을 훌훌 털어버리라며 우리의 눈물을 닦아준다.

그러나 일상은 여전히 서늘하다. 마음을 어루만져줄 위로는 조금씩 늘어나는 데 비해 생활을 어루만져줄 시스템은 턱없이 부족하다. 물론 지나간 것은 지나간 대로 의미가 있다. 그 의미를 발견하고 다시 걸어갈 힘을 얻었다면 이제는 다가올 것에 대해 이야기해야 하지 않을까. 달콤한 위로보다 조금 시큼하겠지만, 결국은 맞닥뜨려야 하는 현실에 대해. 시스템은 어떻게 만들어지는가, 다가올 현실을 조금씩이나마 바꾸려면 무엇을 해야 하는가. 재미가 없어도, 좀 꼴 보기 싫어도 우리는 우리가 그토록 혐오하는 정치로 눈을 돌려야 한다.

지난 2016년 이후, 우리는 희망의 불씨를 봤다. 국회의원들은 192시간 27분 동안의 '필리버스터'를 통해 새삼 정치가 우리를 위로할 수 있음을 깨닫게 했다. 평화적으로 이어진 촛불 집회는 결국 대통령 탄핵을 이끌어냈다. 그러나 대통령 하나 바뀌었다고 끝날 문제라면 여기까지 오지도 않았다. 정치는 여전히 답답하고, 우리 사회엔 해묵은 문제가 수없이 많다. 지금부터가 시작이다.

가로열쇠

01 "오빠가 알려줄게, 잘 들어봐?"

02 2012년, 다수당의 일방적인 안건 처리를 막기 위해 제정된 국회법 개정안. 국회의장의 직권상정 요건 제한, 날치기 금지 등이 명시돼 있는데, 그중에서도 '여야 간 대립이 첨예한 법률을 통과시키려면 정족수의 60% 이상이 동의해야 한다'는 조항이 핵심이다.

03 지지율이 낮았던 후보가 어떤 계기로 앞선 상대 후보를 제치고 1위로 올라선다는 뜻의 선거 용어. 원래는 가격이 낮았던 주식이 치고 올라가는 것을 뜻하는 주식 용어다. #반대말은데드크로스

04 연예인들이 프로그램에서 하차하거나 활동을 중단하게 되는 이유 중 하나. 가수 김상혁은 어마어마한 명언을 남기기도 했다. "술은 마셨지만 ○○○○은 하지 않았다." #길 #강인 #김흥국 #은지원 #호란 #윤제문 #강정호 #노홍철 #유세윤 #이건빙산의일각 #안한사람찾기가더힘든수준

05 록히드 마틴이 제작한 중장거리 지대공 미사일로, 미국이 추진 중인 미사일 방어 체계의 핵심 요소 중 하나다. 2016년 7월, 우리 정부가 ○○ 국내 배치 결정을 일방적으로 발표하면서 안팎으로 논란이 시작됐다.

06 《아, 보람 따위 됐으니 ○○○○이나 주세요》는 소위 '사회인의 상식', '일반적인 직장문화'라는 명분 아래 용인되어온 열악한 노동조건을 통렬하게 뒤집어보고, 그 속에서 매일 야근을 밥 먹듯 하며 살아가는 직장인들 개개인의 삶에 안부를 묻는 책이다." #히노에이타로

07 미래라이프대학 설립을 추진했다가 학생들의 반대 시위로 사업 철회를 선언한 대학교. 그러나 그 후에도 학생들은 본관을 점거하고 최경희 총장의 사퇴를 요구했고, 결과적으로 이 시위는 나비효과를 일으켜 '박근혜·최순실 게이트'로까지 이어졌다. #사랑해널이느낌이대# #그려왔던혜매임의끝

08 석유의 일종으로, 대부분의 자동차들이 연료로 사용한다. 상온에서 쉽게 증발하고 예기치 않은 폭발을 일으킬 위험이 있다.

09 '김영란법' 시행과 동시에 등장한 '보상금 사냥꾼'. 그러나 몰래 촬영한 사진과 영상을 유출하거나 당사자에게 금품을 요구할 경우 명예훼손과 협박죄로 처벌받을 수도 있다.

10 헌법 제97조에 따르면, "국가의 세입·세출의 결산, 국가 및 법률이 정한 단체의 회계검사와 행정기관 및 공무원의 직무에 관한 감찰을 한다"는 목적으로 설립된 기관이다. 로고의 가로줄은 눈을, 세로줄은 귀를 형상화한다.

11 2014년 저출산 대책의 일환으로, 결혼하지 않은 1인 가구에 세금을 추가적으로 매기자는 취지로 보건복지부 관계자가 언급해 사회적 파장을 일으켰던 제도.

12 무료 진료, 무료 법률상담 등 다양한 분야의 전문가들이 자신의 전문성을 활용해 사회적 약자와 소외계층을 돕는 활동. '공익을 위하여'라는 뜻이 라틴어에서 유래했다.

13 구토, 고열, 설사 등을 일으키는 영·유아 장염의 원인. 전 세계 아이의 95%가 만 5세 이전에 한 번 이상 이것에 감염되는 것으로 알려졌다. #○○바이러스

14 동아프리카 내륙에 위치한 공화국. 20세기 후반 투치족과 후투족 사이에 벌어진 내전으로 많은 국민들이 학살당하는 아픈 역사를 갖고 있다. #호텔○○○

15 1945년 출생. 2016년 6월 30일 취임한 필리핀의 현직 대통령. 극단적인 '범죄와의 전쟁'으로 독재자나 다름없다는 비판을 받는 동시에 필리핀의 부패를 척결할 적임자로 평가받기도 한다.

세로열쇠

01 2013년, 미국 국가안보국 등 정보기관들이 전 세계 일반인들의 개인정보를 무차별적으로 수집하고 있다는 사실을 폭로한 전직 CIA 요원. #에드워드○○○

02 서울특별시 영등포구 의사당대로 1. #태권V #그런거없어요

03 법률가를 양성하기 위해 3년간 학부졸업생을 대상으로 실무 위주의 법률 교육을 시행하는 기관. 사법고시가 폐지되어 이젠 법률가가 될 수 있는 유일한 방법이다. 보통 '로스쿨'로 불린다.

04 알바트로스, 이글, 버디, 파, 보기, 더블 보기, 트리플 보기.

05 이슬람교를 믿는 미얀마의 소수민족. 미얀마 외에도 방글라데시, 사우디아라비아, 인도, 말레이시아, 파키스탄 등에 거주한다. 1970년대부터 불과 최근까지 미얀마 정부군이 이 민족을 상대로 야만적인 '인종 청소'를 자행해 많은 사람들이 방글라데시로 피난을 떠나야 했다.

06 '계발'이 사람이 가지고 있는 재능이나 생각을 일깨워주는 것을 뜻한다면, '○○'은 새로운 무언가를 만드는 일을 뜻한다. #헷갈리지맙시다 #축구를못해도○○

07 이슬람교의 주요 종파 중 하나. 예언자 무함마드의 언

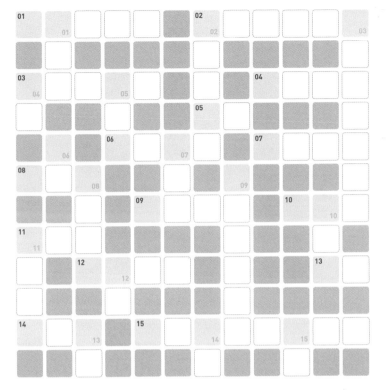

행을 따르는 사람을 뜻한다. 전 세계 무슬림의 90% 정도가 이 종파에 속한다. 사우디아라비아, 바레인, 아랍에미리트, 이집트 등이 〇〇〇 국가로 분류되며 이슬람 극단주의 세력들 중 하마스, 보코하람, 탈레반, 알카에다 등이 〇〇〇에 속한다.

08 국적, 인종, 이념, 종교, 성별 등과 상관없이 도움이 필요한 어린이가 있는 곳이면 어디든 달려가 도움의 손길을 전하겠다는 목적으로 세워진 구호 단체. #차별없는구호

09 영화 <1987>에 나온 대사이자, 역사 속의 웃지 못할 한마디. 박종철 고문치사 사건 당시 치안본부장 강민창이 박종철 고문 사실을 감추기 위해 사망 원인을 꾸며낼 때 사용한 표현이다. #〇〇〇〇〇〇죽었다

10 '굴뚝 모양의 곡물 저장 창고'라는 뜻으로, 다른 곳과 고립된 채 운영되는 집단을 비판적으로 묘사할 때 쓰인다. #〇〇〇이펙트 #질리언테테트

11 동남아시아에 위치한 도시국가. 경제수준이 높아 '아시아의 용'이라 불리지만 개인보다 국가의 이익을 앞세우고 언론 자유가 보장되지 않아 '잘 사는 북한'이라는 비판을 받기도 한다.

12 좋은 꿈을 꾸고 나면 사게 되는 것. 매주 토요일 저녁 8시 40분. #여섯개의숫자 #인생한방

13 16세 이전에 미국으로 불법 입국한 부모를 따라 들어온 후 교육을 받고 직장을 구해 사는 '불법체류' 청년들의 추방을 유예하는 제도. 2017년 9월 트럼프 행정부가 이 제도를 폐지하겠다고 밝혀 80만 명에 달하는 청년들이 쫓겨날 처지에 몰렸다.

14 2016년 올림픽이 열린 곳이자, 1992년 각국 대표들이 모여 환경에 대해 토론한 곳. #〇〇데자네이루

15 국민보호와 공공안전을 위한 '〇〇방지법', 보통 마지막 다섯 글자로 줄여 부른다. 2016년 국회의장이 직권상정 처리한 이 법을 막기 위해 야당은 필리버스터를 시작했다.

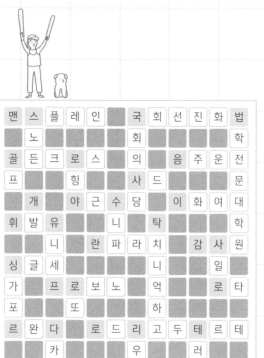

맨	스	플	레	인		국	회	선	진	화	법
	노					회					학
골	든	크	로	스		의		음	주	운	전
프			힝			사	드				문
	개		야	근	수	당		이	화	여	대
휘	발	유			니		탁				학
		니		란	파	라	치		감	사	원
싱	글	세					니		일	
가		프	로	보	노		억		로	타
포			또				하			
르	완	다		로	드	리	고	두	테	르	테
		카				우			러	

맨스플레인

이제 국내에서도 널리 알려진 신조어 '맨스플레인mansplain'은 남자들이 무턱대고 여자들에게 아는 척 설명하려 드는 현상을 가리키는 용어로, '남자man'와 '설명하다explain'를 섞은 신조어다. 2010년 〈뉴욕 타임스〉 올해의 단어로 꼽혔으며, 2014년에는 〈옥스퍼드 온라인 영어사전〉에도 수록되었다.

이 단어는 미국의 저술가 리베카 솔닛Rebecca Solnit이 웹사이트에 올린 글 한 편에서 시작되었다. 제목은 '남자들은 자꾸 나를 가르치려 든다Men Explain Things To Me'. 솔닛의 문제의식은, 아무것도 모르는 주제에 넘치는 자신감으로 불쑥 끼어들어 '고나리질'을 하는 사람들 중에 유독 남성이 많다는 것이다. 반대로 그 대상은 대부분 여성이다. 이러한 일을 경험한 여성들은 나서서 말하기를 주저하게 된다. 또한 세상에 대한 공포를 느끼게 함으로써 그들을 침묵하게 하고, 생존 수단으로 필요 이상의 절제를 익히게 한다. 마치 성범죄에 관대한 '사회 분위기'처럼. 그사이 남자들은 근거 없는 자신감을 키워간다. 솔닛은 여성들이 스스로 결함이 있어서 무시당하는 것이라고 생각하지 않길 바랐다. 여성이라는 바로 그 이유 때문에 부당하게 겪게 되는 일이라는 사실을, 솔닛 자신도 여러 번 겪은 일이라는 사실을 알리고 싶어 했다.

솔닛이 올린 글은 이전에 그녀가 쓴 그 어떤 글보다 빠르게 퍼졌다. 여성들은 크게 공감하며 자신의 경험담을 공유했다. 내가 알고 상대가 모르는 것에 대해 상대가 가르치려 들 때, 좌절했던 경험들을. 반대로 남성들은 반발했다. 한 남성은 솔닛에게 메일을 보내왔다고 한다. "나는 여성을 푸대접한 적이 한 번도 없어요. 당신은 좀 더 정상적인 남자들과 어울릴 필요가 있어 보이네요. 그리고 앞으로 글을 쓰려면 조사를 좀 해보고 쓰세요." '난 여성들을 가르치려 든 적이 없으니 당신이 잘못 생각하고 있는 것이다'라고 솔닛을 가르친 것이다. 메일을 읽고, 솔닛은 다시 한 번 자신의 글이 틀리지 않았음을 확신했을 것이다.

'맨스플레인'이란 단어를 만든 건 언론이지, 솔닛이 아니다. 오히려 그녀는 이 단어가 '모든 남자는 결함을 타고났다'고 주장하는 것 같아서 약간 찜찜하다고 말한다. 하지만 실제로 벌어지고 있는 현상에 이름을 지어주는 것은 중요하다. '성차별'이란 이름이 붙기 전인 1963년, 여성학자 베티 프리단Betty Friedan은 저서 《여성의 신비The Feminine Mysterique》에 이렇게 썼다. "이름 없는 그 문제(여성들이 능력을 온전히 계발하지 못하도록 방해받고 있다는 사실)는 그 어떤 질병보다도 이 나라 국민들의 건강에 더 큰 피해를 끼치고 있다." 이름이 없는 문제는 문제로 여겨지지 않는다. 1970년 '성희롱'이라는 단어가 처음 만들어지고 나서야, 아니 그러고도 16년이 지나서야 법원에서 성희롱이 범죄로 인정받았다. '가정 폭력'도 마찬가지. 몇 년 전까지만 해도 '아내 구타', '자녀 구타'는 당사자들끼리 해결할 문제로 인식되었다. 국내에서도 '데이트 폭력'이란 말이 쓰이기 시작한 지 얼마 되지 않았다. 이젠 더 이상 애인에게 하는 손찌검을 '그럴 수도 있는 일'로 치부하지 않는다. 그건 폭력이다. 언어는 힘이 세다.

란파라치

대한민국에 사는 사람이라면 누구나 법의 영향 아래 있지만, 일상생활에서 '법'이라는 개념을 마주할 일은 많지 않다. 오히려 법정드라마나 영화 속에서 법조인을 연기하는 배우의 입으로 법에 대해 듣는 경우가 더 많을 정도다. 그런데 지난 1~2년 사이에 국민들에게 유독 많이 언급되는 법이 있다. 바로 '김영란법(부정청탁 및 금품 등 수수의 금지에 관한 법률)'이다. 법이 시행되기 전부터 이미 많은 얘깃거리가 나왔고, 시행 후에도 마찬가지다. 가장 많이 화제가 된 건 역시 '식사 3만 원, 선물 5만 원, 경조사비 10만 원'이라는 제한 액수다. 이 규정이 알려지자 대번에 "사람 사이에 정이 있는 법인데 왜 야박하게 액수를 정해 놓냐"는 거부 반응이 터져 나왔다.

사실 '정情'은 초코파이 겉포장에도 적혀 있을 정도로 한국인들이 중요시하고, 또 자랑스러워하는 덕목이다. 최근 몇 년 사이 분위기가 조금 달라지긴 했지만, 더치페이는 '정이 없다'거나 '이해타산적이다'라고 생각하는 사람들이 여전히 많다. 아는 사람끼리는 밥을 한 끼 먹어도 각자 내기보다는 한 명이 전부 내는 것을 자연스럽게 여긴다. "이번엔 내가 쏠게."

문제는 인간관계 내의 정이 공적인 업무와 뒤섞여 버릴 때 발생한다. 정을 중시하는 만큼 일을 대할 때도 아는 사람끼리 부탁하고, 또 그 부탁을 들어주는 문화가 사회 전반에 퍼져 있다. 2016년 겨울 대한민국을 떠들썩하게 만들었던 '박근혜·최순실 게이트'는 사적인 관계를 공적인 업무에 끌어들인 대표적인 예다. 굳이 탄핵당한 대통령까지 가지 않더라도 크고 작은 청탁과 비리가 우리의 일상 곳곳에 침투해 있다. 권익위원회 위원장을 맡은 김영란 전 대법관이 이러한 문화 자체를 바꾸기 위해 만든 것이 바로 김영란법인 셈이다.

김영란 권익위원장도 법조인 시절, 법정에서 오가는 크고 작은 청탁을 목격했고 본인도 청탁을 받은 경험이 있었다. 스스로 깨끗함을 지키려고 노력하던 그 역시 가깝게 지내던 사람이 인정에 호소할 땐 딱 잘라 거절하기가 어려웠다고 한다. 개인의 청렴함에만 의존해서는 청탁의 고리를 끊기 힘들다. 청탁을 거절하는 데에도 용기가 필요하기 때문이다. '이건 아닌 것 같은데…'라고 생각해도 상대방이 밀어붙이면 어쩔 수 없이 들어주게 되고, 한 번 시작하면 점점 더 끊기 힘들어진다. 보다 근원적이고 구조적인 접근이 필요했다. 김영란법은 거절할 수 있게 해주는, 일종의 명분이다. "네 부탁을 들어주면 내가 처벌받아. 그래서 못 들어줘."

법이 시행되기도 전에, '란파라치(김영란법+파파라치)' 육성 학원이 생길 정도로 김영란법에 대한 사회적 반향은 컸다. 이제 맘 편히 업무에 집중할 수 있겠다고 반기는 사람이 있는가 하면, 가뜩이나 사회가 삭막해져 가는데 사람들 사이를 더 갈라놓는 것 아니냐는 사람도 있다. 김영란법 때문에 밥 한 끼 마음 편히 살 수 없게 됐다, 스승의 날 카네이션 한 송이 건네기도 부담스러워졌다는 의견도 여전히 적지 않다. 정을 주고받는 것에 익숙한 우리나라 정서상 적응이 쉽지만은 않을 것이다. 하지만 이젠 그 정을 물질이 아닌 다른 것으로 표현하는 방법을 배워야 할 때가 아닐까.

스노든

이라크 전쟁 참전을 위해 자진 입대하고, 국가안보국NSA과 미국중앙정보국CIA을 거치며 미국의 국가 기밀에 밥 먹듯 접근할 수 있었던 사람. 서른살이 채 되기도 전에 에드워드 스노든Edward Snowden은 범상치 않은 커리어를 쌓았고, 그의 앞길은 순탄해 보였다. 하지만 보지 말아야 할 걸 봐버렸기에 순탄한 길을 그냥 걸어갈 수 없었다. 아니, 그걸 보고도 묵인한 다른 사람들과 달리 그는 세상에 알리기로 결심했다. 그는 순탄한 길을 스스로 포기했다.

9·11 테러 이후 미국 정부는 국민을 보호한다는 명분 아래 점점 더무리수를 두기 시작했다. 2001년 부시 행정부는 영장 없이도 미국인의통신 활동을 도청할 수 있도록 안보국에 지시를 내렸다. 그때부터 미국은 점점 '감시국가'가 되어갔다. 감시에 사용된 첨단 기술 중 하나가 프리즘PRISM이라는 프로그램이다. 안보국은 프리즘을 이용해 페이스북, 구글, 스카이프, 유튜브, 애플을 비롯한 세계 최대 IT 기업들로부터 이용자의개인 정보를 수집했다. 매일, 꾸준히, 일과처럼. 오바마가 백악관의 주인이 되고 난 후에도 수집은 계속되었다. 테러 위험이 있든 없든, 미국인들의 통화내역과 인터넷 검색 기록은 스마트폰과 PC를 통해 무차별적으로정부에 제공되었다. 이게 스노든이 터뜨린 기밀이다.

스노든은 전쟁에 참전할 만큼 조국을 사랑했고 국가안보국, 중앙정보국에서도 자부심을 느끼며 일했다. 국가의 추악한 면을 고발하는 일이 내부자로서 쉽지는 않았을 것이다. 실제로 고발 후, 스노든은 '나라를 팔아

먹었다', '너 때문에 국가가 위험에 처했다'는 식의 압박을 받았다. 하지만 스노든에게는 나라만큼, 어쩌면 나라보다 더 중요한 것이 있었다. 바로 인터넷이다. 그에게 인터넷은 그 무엇과도 비교할 수 없을 정도로 소중했다. 어떤 대가를 치르더라도 꼭 지켜내야 하는 것이었다. 그는 본인이 생각하는 인터넷의 가치에 대해 이렇게 말한다. "저뿐 아니라 많은 사람들이 바로 이 인터넷 덕분에 자기가 누군지, 어떻게 살 것인지 탐구해볼 수 있게 되었습니다. 그러나 그것도 인터넷에서 익명을 보장받고, 감시 없이 마음껏 실수해도 된다는 확신이 있을 때나 가능한 일이죠."

스노든의 이야기를 담아낸 다큐멘터리 영화 〈시티즌포〉의 한 장면. 스노든은 어딘가 CCTV가 있을까 봐 이불을 뒤집어쓰고 비밀번호를 입력한다. 그때뿐 아니라 영화 내내 스노든은 과대망상 환자처럼 보일 정도로 불안해한다. 전화벨이 울릴 때마다, 화재경보가 울릴 때마다. 호텔방에서 인터뷰를 할 때는 모든 사람이 핸드폰 배터리를 빼거나 다른 방에 두고 와야 했다. 미국 정부는 원격으로 핸드폰과 노트북을 도청 장치로 만드는 능력이 있기 때문이다. 프라이버시를 침해하는 '가해자' 편에 서봤기에 두려움을 더 강하게 느낄 수밖에 없다는 것이 안쓰러우면서도 섬뜩하다. '혹시 나도 누군가가 지켜보고 있진 않을까?' 디지털 시대에 특히 프라이버시는 더욱 중요한데, 우린 그걸 너무 쉽게 잊는다. 스노든이 처음 기자에게 연락해서 암호화 프로그램부터 깔라고 했을 때, 불과 몇 분 걸리지 않는 일임에도 기자는 그걸 귀찮아했다고 한다. 그만큼 우린 무지했다. 사실 스노든의 폭로는 시작일 뿐이고, 그의 이름이 잊혀서는 안 된다. 어떤 방식으로든 그의 존재감은 지속되어야 한다.

사일로

워크맨의 엄청난 성공 이후, 소니는 디지털 음원 시장에서 고전을 면치 못한다. 애플의 '아이팟'이 시장을 주도했기 때문이다. 수익이 급격히 떨어지고 회사의 명성에도 금이 간 상황. 소니 경영진은 차기 최고경영자에 누구를 앉혀야 할지 고심했다. 그들의 선택은 일본은 물론 전 세계를 놀라게 했다. 소니 미국 지사를 경영하던 영국인 하워드 스트링거 Howard Stringer를 임명한 것이다. 신선하다는 표현으로도 모자랄 '파격 인사'였다. 2005년 여름, 스트링거의 취임 후 첫 연설에 모든 소니 직원들의 관심이 모아졌다. 스트링거가 그날 외친 한마디. "소니에는 사일로가 너무 많습니다!" 직원들은 술렁거렸다. '사일로가 대체 뭐야?'

고대 그리스어 시로스siros에서 파생된 이 단어의 사전적 의미는 '농장에서 곡물을 저장하는 높은 탑이나 구덩이'이다. 비즈니스에서는 다르면서도 비슷한 맥락으로 사용되는데, '타 부서들과 고립된 팀' 혹은 '부서 이기주의'를 뜻한다. 원래 소니는 직원들 간의 긴밀한 유대감을 자랑하는, 작지만 건실한 조직이었다. 그러나 워크맨을 비롯한 음악 관련 기기로 큰 성공을 거두면서 기업 규모가 커졌다. 조직이 커지면 대부분의 기업들이 부작용에 시달린다. 소니 역시 직원이 16만 명으로 늘어나고 워크맨뿐 아니라 TV, 컴퓨터, 영화에 이르기까지 여러 분야로 사업이 확장되면서 조직이 복잡해졌다. 당시 CEO였던 오가 노리오大賀典雄는 본인의 카리스마로 커진 기업을 컨트롤해냈다. 룰을 하나 정하면 모든 직원들이 그 룰에 맞춰 일하게끔 만들었다. 회사는 발전했지만 그의 독재적인 경영 스타일이 내부의 비판을 받았다. 뒤이어 CEO가 된 이데이 노부유키出井伸之는 정반대로 기업을 운영했다. 규모가 커지고 체계가 복잡해진 만큼 조직을 여러 부서로 나눠 각 부서의 전문적인 역량에 문제 해결을 맡겼다. 단일 기업체로 운영되던 소니는 사업 분야에 따라 나뉘었고, 각각의 사업부는 독립된 하나의 '컴퍼니'로 분류됐다. 즉 '사일로'를 만든 것이다.

이는 실제로 1990년대 이후 각광받던 운영 방식이다. 대기업을 획일적인 체계로 운영하기보다는, 사업 부문을 잘게 쪼개 책임성과 효율성을 동시에 높이겠다는 취지다. 현대사회는 너무 복잡하기 때문에 분류 체계를 만들어 질서를 세우지 않으면 혼란이 생길 수밖에 없다. 그러나 분류가 '고립'으로 이어질 경우, 부서끼리 의사소통에 실패할 뿐 아니라 서로 경쟁 구도가 고착화되어 부서 이기주의가 팽배해진다. 소니의 경우가 그랬다.

야심찬 목표를 갖고 취임했지만 스트링거는 결국 사일로를 무너뜨리는 데 실패했다. 소니 직원들은 이미 사일로에 익숙해져 있었고, 스트링거 역시 그러한 직원들을 설득하지 못했다. 소니는 이후 거듭 혁신의 타이밍을 놓치며 스티브 잡스의 강력한 카리스마 아래 승승장구한 애플과의 간격은 점점 더 벌어졌다. 이제는 그 누구도 소니를 애플의 경쟁 기업으로 보지 않는다. 소니 입장에서는 참 쓸쓸한 현실이다.

탁 치니 억 하고

록 밴드 크라잉넛이 2000년대 초반 발표한 노래 중 〈지독한 노래〉가 있다. 가사 역시 지독하다. "탁 치니 억 죽고 / 물 먹이니 얼싸 죽고 / 사람이 마분지로 보이냐" 현대사에서 빼놓을 수 없는 웃지 못 할 사건을 풍자하는 이 대목은 1987년 1월 14일, 서울 남영동 치안본부 대공분실에서 물고문을 받던 중 사망한 서울대학교 언어학과 3학년 박종철의 이야기다.

재작년 개봉한 영화 〈1987〉로 이 사건이 다시 한 번 조명되었다. 1,000만 명 이상의 관객이 이 영화를 보았으니 보다 많은 사람이 박종철에 대해 알게 되었을 것이다. 그리고 당시 국민의 목숨을 가볍게 여긴 정부에 분노했을 것이다. 박종철의 숨이 멎었을 때 의사를 부른 후배 경찰의 행동을 '실수'라며 꾸짖는 선배 경찰, "보따리 하나 터졌을 뿐인데 뭘 그리 호들갑을 떠냐"는 치안감의 말, 죽은 아들 얼굴이라도 한 번 더 보자는 어머니를 기어코 쫓아내는 경찰 관계자들. 그리고 가장 어이없는 한 마디. "주먹으로 책상을 탁 치니, 억 하고 죽었다"는 강민창 치안본부장의 브리핑. 다행히 당시 〈동아일보〉 기자들은 이 말을 그대로 받아쓰지 않고, 진짜 사망 원인을 알아내기 위해 집요하게 취재했다. 시신에 피·멍자국이 있었다, 시신 주변에 물이 흥건했다, 쇼크로 인한 심장마비가 아니었다는 사실을 밝혀내 전 국민들이 고문 경찰의 실상을 알게 되었다.

물론 수없이 봐왔듯, 정부는 꼬리자르기를 시도한다. 현장에 있었던 경관 두 명을 구속 처리하고, 치안본부장과 내무부장관을 경질한다. 그러나 국민들은 그걸로 만족하지 못했다. 구속된 학생들의 가족이 결성한 민주화실천가족협의회(민가협) 소속 부모들은 남영동 대공분실 앞으로 찾아와 내 자식을 보여 달라며 드러누웠다. 전국 대학에서 박종철 고문 살인 규탄 집회가 열렸고, 다른 때와 달리 일반 시민들도 집회를 지지했다. 정치권은 국민들의 공분을 에너지 삼아 직선제 개헌을 요구했다. 반정부 분위기가 점점 거세지던 4월 13일, 전두환 대통령이 여기에 기름을 붓는다. '대통령 직선제 개헌은 없다. 계속 개헌을 주장하며 불법 시위를 선동하는 무리는 엄단하겠다'는 특별담화를 발표한 것이다. 이후 집회의 규모는 급격히 더 커진다.

어디서 많이 본 패턴 아닌가? "국가 경제와 국민의 삶에 도움이 될 것이라는 바람에서 추진된 일"이라는 받아들이기 힘든 변명으로 촛불집회를 횃불집회로 만든 박근혜 전 대통령의 대국민사과가 오버랩된다. 권력을 잡으면 다들 눈이 멀고 마는 것인가. 이후 연세대학교 경영학과 2학년 이한열이 최루탄에 뒷머리를 맞아 혼수상태에 빠지는 사건까지 터지면서, 집회는 전국 규모로 확대되어 180만 명이 거리로 나왔다. 결국 6월 29일, 민정당 노태우 대통령 후보는 직선제 수용을 포함한 개헌안을 받아들인다. 지금은 당연하게 여겨지는 '대통령 직선제'이지만 그것을 얻어내는 과정은 결코 간단치 않았다.

수니파

'수니파'는 테러나 중동 지역의 분쟁을 다루는 국제뉴스에서 수시로 등장하는 단어다. 하지만 수니파가 뭐냐고 물었을 때 답할 수 있는 사람은 많지 않다. 이슬람교를 믿는 사람들이라는 것 그리고 똑같이 이슬람교를 믿는 '시아파'와 철천지원수처럼 싸운다는 것. 같은 종교를 믿으면서도 수니파는 기독교보다 시아파와 더 많이 대립한다. 수니파와 시아파는 왜 서로를 못 잡아먹어서 안달일까? 이 질문에 답하기 위해서는 이슬람교가 처음 탄생하던 순간에 대해 먼저 이해해야 한다.

기독교에서 가장 중요한 건 신(하나님)의 뜻이고, 하나님의 뜻을 인간들에게 전파한 존재가 예수다. 이 구조는 이슬람교도 크게 다르지 않다. 이슬람교에서 가장 중요한 건 신(알라)의 뜻이고, 신의 말씀을 듣고 전한 존재가 '무함마드'다. 무함마드가 예수와 다른 점이 있다면, 종교 지도자인 동시에 국가의 최고 권력을 자처했다는 것이다. 처음 탄생할 때부터 종교와 국가가 한 몸인 채로 이슬람 문명의 역사는 시작됐고, 이것이 이슬람의 비극이다. 그리고 이 비극은 극복되지 못한 채 오늘날까지도 수많은 분쟁의 씨앗이 되고 있다.

수니파와 시아파가 갈라진 것도 종교와 권력이 한 몸이었기 때문이다. 종교 지도자이자 최고 권력자였던 무함마드가 세상을 떠난 뒤, 이슬람 공동체의 사람들은 다른 종교의 성인이 죽음을 맞았을 때처럼 마냥 슬퍼만 하고 있을 수가 없었다. 종교 지도자의 공백은 다음 성인이 나타날 때까지 비워둘 수 있지만, 정치권력의 공백은 다른 누군가가 곧바로 채워야 공동체를 운영할 수 있기 때문이다. 즉, 종교 지도자의 자리를 누가 물려받느냐 하는 것이 어떤 세력이 권력을 잡느냐와 직결되어 있었던 것이다.

의견은 둘로 나뉘었다. 혈통을 중시하는 이들은 무함마드의 사촌이었던 알리 이븐 아비 탈리브가 후계자로서 정통성이 있다고 주장했고, 그들이 바로 시아파다. 시아파는 무함마드의 피 속에 신의 자격이 흐르고 있다고 믿었다. 한편, 무함마드의 가장 가까운 동반자이자 장인이던 아부바크르를 지지하는 이들이 공동체의 다수를 차지하고 있던 수니파다. 그들은 '수나', 즉 관습을 따르는 분파다. 다수파인 수니파의 의견대로 아부바크르가 1대 칼리프(이슬람 공동체 운영을 책임지는 지도자)로 선출됐고, 시아파가 지지했던 알리는 이후 네 번째로 칼리프에 뽑혔다. 지도자가 될 수 있는 사람은 오직 알리뿐이라 믿는 시아파는 알리 이전에 칼리프로 뽑혔던 세 명을 인정하지 않았다. 그때 시작된 의견 다툼이 지금까지도 분쟁으로 이어지고 있는 것이다. 혈통과 관습이 각각 아무리 중요하다 한들, 그 분쟁 때문에 생긴 수많은 인명피해만큼 중요할까?

권력자들이 종교 분쟁에만 매달려 있는 동안 이슬람 세계의 인권은 내팽개쳐졌다. 전 세계적으로 여성 인권이 신장되는 분위기에서, 이슬람 권력자들은 코란을 들이밀며 여전히 여성을 평등한 인간으로 인정하지 않는다. 인권에 대한 논의가 국가 권력을 유지하는 데 도움이 되지 않기 때문이다. 코란이 곧 법인 지금의 상태로는 이슬람교의 개혁, 변화는 먼 얘기처럼 들린다. 권력자들끼리의 다툼이 심해질수록, 전쟁 불안과 세계인들의 편견에 시달리는 건 애꿎은 이슬람 국가의 국민들이다.

가로열쇠

01 "대학로, 홍대, 이태원, 신촌, 서촌, 가로수길, 연남동, 경리단길… 자, 이제 다음 먹잇감은 어디냐?" #뜨는 동네의딜레마〇〇〇〇〇〇

02 JTBC, TV조선, MBN, 채널A. #〇〇〇〇채널

03 1930년대 만들어진 연극 〈가스등〉에서 유래한 심리학 용어. 교묘한 방식으로 스스로가 틀렸거나 잘못했다고 생각하게끔 만들어 판단력을 잃게 하고, 이를 통해 타인을 통제하는 행위를 이르는 말이다. 특히 연인, 부부 등 가까운 사이에서 자주 일어난다.

04 16대 대선에서는 노무현과 정몽준의 〇〇〇가 이뤄졌는데, 선거를 하루 앞두고 정몽준 측이 돌연 철회했다. 17대 대선에서는 뭘 해볼 건덕지도 없었다. 18대 대선에서는 문재인과 안철수의 〇〇〇가 이뤄졌다. 19대 대선 역시 보수 후보자 간의 〇〇〇에 대해 말이 많이 나왔지만 끝내 성사되지는 못했다.

05 2017년 연말, 수능을 며칠 앞두고 지진이 일어나 주민들을 공포에 떨게 했던 지역. #내고향

06 1988년 9월 창립된 헌법기관. 법원의 제청에 의한 법률의 위헌여부 심판, 탄핵의 심판, 정당의 해산 심판, 국가기관 상호간, 국가기관과 지방자치단체 간 및 지방자치단체 상호간의 권한쟁의에 관한 심판, 법률이 정하는 헌법소원에 관한 심판 등을 관장한다.

07 "이 법은 국가의 안전을 위태롭게 하는 반국가활동을 규제함으로써 국가의 안전과 국민의 생존 및 자유를 확보함을 목적으로 한다." 그러나 지난 정권들에서 국가 안전이 아닌 정권의 편의를 위해 이 법이 악용되는 일이 잦았고, 그래서 노무현 정부 때 폐지를 추진하기도 했으나 당시 한나라당의 반대로 무산되었다. #생각을처벌할수있나요

08 대한민국 현직 국회의원들이 회기 중에 체포·구금되지 않는다는 '불체포특권' 때문에 국회에 붙은 별명. #〇〇국회 #〇〇소년단보기부끄럽지않으십니까

09 '전기통신금융사기'의 한 종류. "많이 당황하셨어요?" "니 이래가지고 밥 빌어먹고 살겠니?" "끊어, 이 사기꾼아!"

10 2016년 10월 29일부터 이듬해 3월까지 매주 토요일 서울 시민들이 모여 촛불집회를 열었던 곳. #이순신장군 #세종대왕

11 2012년 설립된 서비스 중개 업체. 타인이 가지고 있는 무형의 재능, 지식, 서비스 등을 거래하는 프리랜서 마켓의 성격을 띤다. #당신의재능을사고팝니다

12 두 교전국 사이에 휴전이 제의되었을 경우 그어지는 군사행동의 경계선. "문재인 대통령과 김정은 국무위원장은 4·27 남북정상회담에서 처음 만나 〇〇〇〇〇을 사이에 두고 두 손을 맞잡았다."

13 넷 이하는 버리고 다섯 이상은 올리는 계산법. 1954년 당시 집권당이던 자유당이 '초대 대통령은 중임제한을 두지 않는다'는 내용이 담긴 헌법 개정안을 불법적으로 통과시키기 위해 억지로 갖다 붙인 논리. #가장나쁜반올림

14 남편과 결혼한 아내가 원하든 원치 않든 진입하게 되는 세상. 최종 보스 '시부모'를 비롯해 시동생, 시누이 등 만만찮은 상대들이 포진해 있다.

세로열쇠

01 (1) 노동자들이 파업 때 사업장 출입구에 서서 이탈자를 설득하거나 파업에 동참해줄 것을 호소하는 행위. (2) 티켓 구하기가 힘든 공연에서 높은 경쟁률을 뚫고 티켓을 예매하는 것을 이르는 신조어. (3) 《21세기 자본》의 저자를 귀엽게 부르는 말. #토마〇〇〇

02 문과에서 요구하는 능력, 이과에서 요구하는 능력을 두루 갖춘 사람을 이르는 말. 다산 정약용, 레오나르도 다 빈치 등이 주로 〇〇〇〇〇'의 예시로 꼽는다. #거욕심이너무심한거아니오

03 "'〇〇혐오'는 불과 2014년까지만 해도 우리 사회에서는 낯선 말이었다. '〇〇'과 '혐오'의 합성명사로서 누구나 그 뜻은 알고 있었지만 익숙한 용어는 아니었다. '〇〇혐오증'이 있었다는 역사 인물의 이야기 혹은 몇몇 고전문학이나 예술작품이 '〇〇혐오적'이라는 비평은 있었지만 서양 문화권에서나 존재할 법한 말의 번역어 같았다. 그러던 이 말이 2015년 우리 사회에 새로운 얼굴로 등장했다." #미소지니

04 1605년 11월 5일 영국 의사당을 폭파시켜 왕과 대신들을 한꺼번에 몰살시키려고 했던 '화약음모사건'의 주동자. 실행 전에 발각되어 뜻을 이루지 못했으나 이후 정부에 맞서 싸웠다는 이미지가 부각되면서 '저항의 아이콘'으로 기억되고 있다. #브이포벤데타

05 국제 테러조직 알카에다의 하부조직으로 출발해 급격히 세력을 확장하며 2014년 이름을 개명한 급진 수니파 무장단체. 이라크, 시리아 같은 중동은 물론 유럽이나 아시아 등지에서도 테러를 자행하며 공포의 대상이 되었다. #IS

06 일본 헌법의 다른 이름. 2014 아베 정부의 개정 움직임에 맞서 '〇〇〇〇 9조'에 노벨 평화상을 주자는 운동이 일기도 했다.

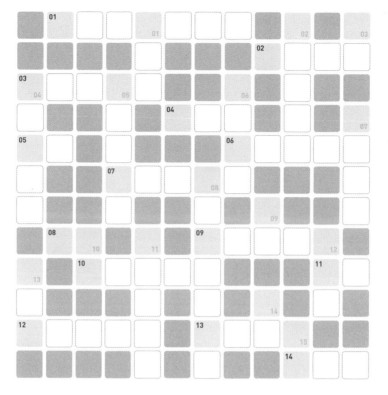

07 정부여당이 원내 과반수 의석을 차지하지 못한 상황을 일컫는 말. #4·13총선의결과

08 5개의 상임이사국과 10개의 비상임이사국으로 구성되는 UN의 핵심기관. "세계 최대의 무기 공급처는 미국, 영국, 프랑스, 러시아, 중국이다. 그리고 이들 나라는 UN ○○○○○○○ 상임이사국이기도 하다."

09 2003년 홍콩에서 처음 발생한 뒤 단 몇 주 만에 세계 각국으로 확산되었던 중증 급성 호흡기 증후군.

10 석탄이 매장된 광산을 이르는 말.

11 2018 남북정상회담이 열린 4월 27일 이곳 평화의 집 앞에서 문재인 대통령과 김정은 국무위원장이 '○○○ ○○'을 발표했다. 이를 통해 핵 없는 한반도 실현, 연내 종전 선언, 남북공동연락사무소 개성 설치, 이산가족 상봉 등을 천명했다. #JSA공동경비구역

12 지반이 내려앉아 커다란 구멍이 생기는 '땅 꺼짐 현상.' 2010년부터 서울시 석촌역, 용산역, 부산, 창원 등 곳곳에서 이 현상이 일어나 원인에 대한 분석이 이뤄지고 있으나 그 속도는 더디다.

13 "우리는 대한의 향토○○○ / 나오라 붉은 무리 침략자들아 / ○○○ 가는 길에 승리뿐이다!", <○○○의 노래> 中. #가기싫어

14 어떠한 것을 특정 이유로 매우 싫어하고 기피하는 감정. 최근 들어 '표현의 자유'를 이름으로 사회적 약자를 겨냥한 각종 '○○ 표현'들이 사용되거나, 심한 경우 '○○범죄'로 이어져 사회적 문제로 떠오르고 있다.

15 대학교에 들어가기 위해 치는 시험이 가장 대표적이지만, 중학교와 고등학교나 대학원 입학에도 해당되는 표현. '○○' 위주 교육은 여전히 우리 교육계의 문제로 남아 있고, 그러다보니 '○○'제도가 개편될 때마다 논란이 끊이지 않는다.

	젠	트	리	피	케	이	션		융		여
			케				종	합	편	성
가	스	라	이	팅		평		형		
이			슬		단	일	화		인		여
포	항		람				헌	법	재	판	소
크			국	가	보	안	법				야
스			가			전		사		대
	방	탄		판		보	이	스	피	싱
예		광	화	문	광	장			크	몽
비				점		이		혐		홀
군	사	분	계	선		사	사	오	입	
				언		회		시	월	드

가스라이팅

폭력이 중대한 범죄로 여겨지지 않던 때만 해도 '갑'은 힘으로 '을'을 지배할 수 있었다. 그러나 이젠 '폭력은 무조건 나쁘다'는 말에 많은 사람들이 동의한다. 더 이상 신체적 폭력이 허락되지 않는 사회에서 가스라이팅은 '을'의 자존감을 무너뜨려 지배하기 위한 '갑'의 무기다. 가족, 친구, 연인 등 모든 인간관계에서는 자연히 '갑'과 '을'이 생긴다. 상처가 겉으로 드러나지 않을 뿐, 많은 사람들이 가스라이팅으로 힘들어하고 있다.

가스라이팅은 고전영화 〈가스등〉(1944)에서 유래한 말이다. 영화에서 남편은 집 안의 등을 일부러 어둡게 한 후 부인이 어둡다고 하면 "그렇지 않다, 네가 잘못 본 거다"라고 부인하는 식으로, 결국 그녀가 스스로의 판단을 믿을 수 없게 만든다. 이처럼 가스라이팅은 피해자로 하여금 자기 자신의 감정, 본능, 사리분별 능력을 의심하게 하는 감정적 학대다.

갑과 을은 연인 사이다. 갑은 항상 을을 탓한다. 같은 과 친구 얘기만 해도 "좋은 학교 다닌다고 사람 무시하는 거냐"며 인상을 쓴다. 약속 시간에 한 시간이나 늦고서는 미안하다는 말 한마디 없이 "그 정도 일로 화난 거냐"고 되레 따지며 소리를 지른다. 가끔 을이 서운했던 마음을 털어놓기라도 하면 "무슨 소릴 하는 건지 모르겠다"고 말을 돌리거나, "내가 언제 그랬냐"며 거짓말쟁이 취급한다. 전형적인 '가스라이팅' 가해자의 모습이 갑 안에 다 들어 있다.

첫째, 피해자의 의도를 문제 삼는다.

둘째, 피해자의 감정을 하찮은 것으로 취급한다.

셋째, 피해자의 말을 이해하지 못 하는 척한다.

넷째, 피해자의 기억이 틀렸다고 부정한다.

그렇다고 가해자가 늘 거칠고 억압적인 모습만 보이는 것은 아니다. 피해자를 효과적으로 지배하기 위해 능숙하게 '헌신적이고 다정하고 매력적인 사람'을 연기한다. 그러나 결과는 결코 매력적이지 않다. 가해자들은 본인이 내킬 때 다정한 태도로 달콤한 말을 속삭이며 '특별한 관심'을 표현하다가도, 정작 피해자가 필요로 할 때엔 모른 척 외면하거나 짜증을 낸다. 이럴 경우 피해자는 "나는 이렇게 자상한 사람을 왜 화나게 하는 걸까?"라며 자책하고, 더 깊은 수렁으로 빠진다.

특히 연인 사이에서 가스라이팅이 자주 발생하는데, 피해자들이 쉽게 수렁에서 헤어 나올 수 없는 건 믿음 때문이다. 내가 아끼고 사랑하는 사람이 나를 마음대로 조종하고 괴롭힐 리 없다는 굳은 믿음. 연인이 아니라 가족, 직장이나 학교의 선·후배 사이도 마찬가지다. 이 믿음은 '사랑'이란 이름으로, 때론 '가족애'나 '존경심'이란 이름으로 피해자를 괴롭힌다.

안타깝지만 가스라이팅 피해자들은 주변 사람들의 지지를 얻지 못하는 경우가 많다. 누가 봐도 '똥차'인 남자친구를 쉽게 잘라내지 못하고 오히려 자신을 탓하는 모습이 답답해서, 되레 남자친구 욕하지 말라며 나를 욕하는 모습이 짜증 나서 친한 친구들도 피해자의 곁을 떠난다.

그러나 이건 피해자들의 잘못이 아니다. 공감능력이 뛰어나고, 타인을 잘 돌보고, 파트너의 긍정적인 면을 보려고 애쓰기 때문이다. 이것은 귀한 장점이다. 나를 괴롭히고 이용했던 사람 한 명 때문에 이런 면들을 바꿀 필요는 없다. 다른 좋은 사람을 만나 행복한 시간을 보내야 할 때 유용하게 쓰일 수 있는 부분들이니까.

그러려면 우선 선택해야 한다. 가스라이팅을 못 하도록 상대방을 변화시킬지, 가스라이팅으로 얼룩진 관계를 아예 잘라버릴지. 전자를 선택했다면 행운을 빈다. 상대방의 말과 행동을 철저히 분석하고, 늘 친절하면서도 단호한 태도를 유지할 수 있다면 조금씩 관계가 개선될 수도 있다. '사람 고쳐 쓰는 거 아니다, 골라 쓰는 거다'라는 말이 좀 걸리지만 파이팅.

후자를 선택했다면, 일단 현실을 직면하고 고통을 감당할 준비부터 해야 한다. 아무리 불행한 관계라도 끝내는 과정은 쉽지 않으니까. 그리고 이 모든 일은 혼자 하려고 하지 마라. 친구, 가족 등 사랑하는 사람들과 자주 만나고 상담사를 찾아가라. 힘들 때 주변으로부터 도움받는 것은 부끄러운 일이 아니다. 인간은 혼자 해내기 힘든 일을 함께 해결하면서 조금 더 강해진다.

몇 년 전까지 시위나 집회를 이야기하면 부정적으로 생각하는 사람들이 더 많았다. 뉴스나 신문에서 시위와 집회 소식을 전할 땐 파업 내용보다는 빨간 띠를 두르고 거친 언어를 뱉으며 교통체증을 유발하는 이미지가 우선적으로 강조되었기 때문이다. 그런데 2002년 미선이·효순이 사건을 시작으로 2004년 노무현 대통령 탄핵 사태, 2008년 한·미 쇠고기 협상 문제 등을 거치면서 집회에 대한 인식이 조금씩 바뀌었다. 유모차를 끌고 나온 부모나 학생들의 수가 많아졌고, 운동권 지도부의 목소리는 줄어들었다. 평화적으로 치러지는 '촛불집회'가 보편적인 집회 방식으로 자리 잡기 시작한 것이다.

2016년 10월에 터진 '박근혜·최순실 게이트'는 또 한 번의 대규모 촛불집회를 불러왔다. JTBC〈뉴스룸〉을 통해 밝혀진 사실은 정치 성향을 막론하고, 아니 정치에 큰 관심 없는 사람들에게도 너무 창피하고 화나는 일이었다. 그래서인지 최순실의 태블릿 PC가 보도된 이후, 그 주 주말 광화문광장에는 꽤 많은 사람들이 모여들었다. 이전까지 보수 정권 10년을 거치면서 정부는 국민들의 입을 막았다. 단순 평화 집회도 강하게 진압했고, 온라인에서 표출되는 의견도 검열하려 했다. 그동안 국민들의 분노는 속에서 응축되고 있었다. 세월호 참사 때나 백남기 농민 물대포 사건 때 충분히 표출하지 못했던 마음들이 광화문광장에 하나둘 모여들었고, "박근혜는 퇴진하라!", "이게 나라냐!"와 같은 구호로 터져 나왔다.

첫 주 1만여 명으로 시작한 집회는 12월 3일 200만 명을 훌쩍 넘긴 대규모 집회로 발전했다. 한 정치인의 '바람 불면 꺼질 것'이라는 바람 섞인 예상과 달리 촛불은 LED 양초의 인기와 더불어 활활 타올랐다. 토요일 밤마다 차 대신 사람들이 촛불을 들고 구호를 외치며 도로 위를 걸었다. 행사 페이를 아무리 쥐도 오지 않을 대중가수들이 광화문광장을 제 발로 찾아와 무료공연을 선보였다. 전인권의 〈걱정말아요 그대〉, 한영애의 〈조율〉, 양희은의 〈상록수〉가 촛불과 함께 겨울밤을 밝혔다. 서울에서 시작된 촛불집회는 부산, 광주, 대전, 제주 등 전국 대도시로 번졌다. 결국 3월 10일, 박근혜 지지 세력이 모인 시청 광장의 태극기 집회가 무색하게도 헌법재판소는 대통령 탄핵을 선고했다. 그 주 토요일 마지막 촛불집회를 끝으로 광화문광장의 벅찬 기억은 마무리되었다.

이전까지 촛불집회의 의제는 법안 하나를 통과시키느냐 마느냐, 공공기관의 조치를 철회하느냐 마느냐와 같은 문제들이었다. 그리고 집회를 한다고 해서 실제로 제도가 바뀌는 일도 많지 않았다. 그런데 2016년의 촛불집회는 여론의 힘으로 국회의원들을 움직여 탄핵을 이뤄내고, 차기 대통령 선출로까지 이어졌다는 점에서 특별하다. 전 세계 언론이 광화문 광장의 집회 열기를 집중적으로 보도하며 '직접 민주주의의 힘으로 나라를 지켜냈다'고 치켜세운 것도 그래서다. 그래서 당시 광화문에 모였던 '1,700만 촛불시민'은 UN인권상 후보로도 추천되기도 했다. 마틴 루터 킹 목사, 넬슨 만델라 남아공 대통령, 국제적십자사 등이 받았던 UN인권상은 인권 신장에 커다란 성취를 이룬 개인이나 단체에 주어지는 상이다. 못 받을 이유가 없다.

헌법재판소

"주문. 피청구인 대통령 박근혜를 파면한다." 2017년 3월 10일 오전 11시, 이정미 헌법재판소장 권한대행은 역사적인 탄핵 선고를 내렸다. 대한민국 헌정사 최초의 현직 대통령 파면. 박근혜 대통령이 탄핵되고, 이어 5월 9일 문재인 대통령이 제19대 대통령으로 선출되면서 2016년 10월부터 대한민국을 떠들썩하게 만들었던 '박근혜·최순실 게이트'는 마무리되었다. 이정미 권한대행의 '헤어롤'이 뉴스거리가 될 정도였으니, 헌법재판소가 그날처럼 국민들의 관심을 한 몸에 받았던 때가 또 있었을까.

헌법재판소는 1987년 6·10 항쟁의 결과로 직선제 대통령 선거를 쟁취했을 때, 함께 설립이 결정된 기관이다. 군사독재 정부가 집권해온 30여 년간 국회와 사법부는 철저히 정부의 영향력 아래 있었다. 교과서에서 우리가 배웠던 '삼권분립'의 내용과 달리 정부가 권력을 독점했으니, 국회와 사법부는 껍데기에 불과하던 시기였다. 그러한 문제를 개선하려는 목적에서 설립된 것이 바로 헌재다. 헌재는 모두 9명의 재판관으로 구성되는데, 삼권분립 원칙에 따라 3명은 대통령이 임명하고, 3명은 국회에서 선출하고, 3명은 대법원장이 지명한다. 하지만 처음 만들어질 때만 해도 법조계는 물론 국민들 역시 헌재의 영향력을 그리 높게 보지 않았다. 정부의 부당한 지시를 그대로 받는 사법부만 봐왔으니, 어쩌면 당연한 일이다. 그래서 그런지 설립 초반에는 제대로 된 독립청사도 없어서 다른 기관이 소유한 건물에 더부살이를 하기도 했다.

헌재가 존재감을 드러내기 시작한 건 군사독재 정권하의 반인권적 법률들을 바로잡으면서부터다. 헌법재판소의 주 업무는 특정 법률이 헌법에 합치하는지, 위배되는지 심판을 내리는 것이다. 기본적으로 위헌법률심판은 법원의 제청에 의해 이뤄지지만, '헌법소원' 제도가 신설된 후로는 피해 당사자가 직접 헌재에 위헌법률심판을 요청할 수 있게 되었다. 군사정권을 거치며, 국민들은 범죄자에게 필요 이상으로 가혹한 벌을 내리는 국가에 두려움을 느껴왔다. 심지어 위험한 행동을 할 우려가 있다는 명목으로 '삼청교육대'에 보내 사회에서 격리시켜버렸으니까. 이처럼 국가 차원의 폭력이 가능했던 이유는 '보안처분' 조항이 포함된 사회보호법 때문이었다. 헌재는 사회보호법 5조에 위헌을 선고함으로써 국가폭력이 다시 자행되지 못하도록 막았다. 그때부터 헌재의 위헌 선고가 이어지면서 군사정권 하에서 용인되던 반인권적 제도들이 하나, 둘 개선되어갔다. '변호사와 단둘이 접견할 수 있는 권리'가 보장되었고, '판사가 무죄를 선고해도 검사의 확신이 있다면 석방하지 않아도 된다'는 형사소송법 조항 역시 이때 폐기된다.

헌재는 우리 생활의 많은 부분들도 바꿔놓았다. 헌재의 위헌 선고가 있기 전까지, 바람을 피우면 '간통죄'라는 이름으로 처벌받았고, 동성동본은 법적으로 부부가 될 수 없었다. 헌재가 위헌 판결을 내리기 전까지, 영상물등급위원회는 '사전심의'라는 제도를 통해 영화와 음악 등 예술 콘텐츠를 검열했다. 이제는 마음대로 영화 장면을 자르거나 노랫말을 지울 수 없다. 박근혜 대통령 탄핵에 결정적인 역할을 했던 촛불집회 역시 2009년 '야간 옥외집회 금지 조항'에 위헌을 선고했던 헌재가 없었다면 불가능했을 것이다.

국가보안법

"조지 포먼하고 무하마드 알리가 권투시합 해가 내가 알리 응원하는데 김일성이도 알리 응원하모 내 국보법 어긴 깁니까?" 영화 〈변호인〉에서 송우석의 대사다. 공산주의 국가에서 많이 읽히는 책을 읽었다는 이유로 이적행위자, 소위 빨갱이 취급하는 공안 당국의 논리를 비꼰 것이다. 이처럼 국가보안법은 정권의 필요에 따라 자의적으로 해석되고, 죄 없는 국민들을 감옥에 보내고, 국민들이 알아서 사상을 검열하게 만들었다. 그러나 국가보안법은 여전히 법률의 한 귀퉁이를 차지하고 있다.

"① 이 법은 국가의 안전을 위태롭게 하는 반국가활동을 규제함으로써 국가의 안전과 국민의 생존 및 자유를 확보함을 목적으로 한다.

② 이 법을 해석 적용함에 있어서는 제1항의 목적달성을 위하여 필요한 최소한도에 그쳐야 하며, 이를 확대해석하거나 헌법상 보장된 국민의 기본적 인권을 부당하게 제한하는 일이 있어서는 아니 된다."

'반국가활동'이란 반국가단체, 즉 북한과 관련된 모든 활동을 뜻한다. 남북 분단 체제 하에서 '국가의 안전과 국민의 생존 및 자유를 확보'하기 위해서는 북한에 대한 경계가 특별히 필요했던 것이다. 1948년 12월, 국가보안법이 제정된 이유다. 그러나 그동안 국가보안법은 원래의 목적과 달리 정권의 필요에 따라 눈엣가시 같은 특정 세력을 탄압하는 데 악용되어왔다. 박정희 전 대통령이 대통령 자리에 있던 1969년에는 국가보안법 혐의로 구속된 사람이 무려 800명이 넘었다. '찬양', '고무'와 같은 추상적인 조항을 확대 해석해 '귀에 걸면 귀걸이, 코에 걸면 코걸이' 식으로 무고한 국민들을 잡아넣었다. 술 마시다 나라 욕하면 잡혀간다는 뜻의 '막걸리 보안법'이란 표현이 나온 것도 이즈음부터다. 국가보안법 조항을 비웃기라도 하듯 '헌법상 보장된 국민의 기본적 인권을 부당하게 제한'하는 일은 빈번하게 일어났다.

노무현 대통령은 취임 후 국가보안법 폐지를 추진했다. 대통령은 〈시사매거진 2580〉에 출연할 당시 국가보안법에 대해 이렇게 말했다. "이것은 한국의 부끄러운 역사의 일부분이고 지금은 쓸 수도 없는 독재시대의 낡은 유물이다. 낡은 유물은 폐기하고 칼집에 넣어 박물관으로 보내는 게 좋지 않겠느냐." 2004년 국가인권위원회도 정부에 폐지 권고 의견을 냈다. 그러나 야당이었던 한나라당의 강력한 반발로 폐지 추진은 무산되었고, 보수 정당으로 정권이 넘어갔다.

이명박 정권과 박근혜 정권에서는 국가보안법 혐의로 기소되는 사례가 다시 늘어났다. '박정근 사건'은 무리한 기소와 구속 수사로 논란이 되었던 사례다. 사진가 박정근이 북한의 선전용 웹사이트 '우리민족끼리'의 트윗을 리트윗하고 김정일 주석의 사진을 SNS에 올렸다는 것이 기소 이유였다. 결국 무죄확정판결을 받았지만, '이러다 나도 잡혀가는 거 아니냐'는 자기 검열을 국민들 머릿속에 심어놓기엔 효과적이었다. 이처럼 국가보안법은 오랜 시간 우리 국민들의 의식에 영향을 미치고 있다.

남북의 정상이 판문점에서 만나 손을 맞잡았다. 미국 대통령 도널드 트럼프는 김정은 국방위원장과 비핵화, 평화에 대해 이야기한다. 북한을 '반국가단체'로 규정하고, 물리쳐야 할 적으로 보는 국가보안법은 '평화통일을 지향한다'는 헌법 정신은 물론 2019년의 시대정신에도 한참 뒤떨어져 있다.

가이 포크스

튀어나온 광대와 붉은 볼. 길게 늘어뜨린 콧수염과 단정한 턱수염. 입이 귀에 걸릴 듯 웃고 있지만 '빨간 마스크'처럼 어딘가 기괴한 인상. 2018년 5월 일군의 사람들이 이런 모양의 가면을 쓰고 광화문 세종문화회관 앞에 모였다. 대한항공 조양호 회장을 비롯한 고위직 임원들의 갑질 중단을 촉구하는 촛불집회였다. 대한항공 임직원들은 나중에 불이익을 받지 않도록 마스크, 선글라스 그리고 '가이 포크스Guy Fawkes'라는 이름의 가면을 쓰고 거리로 나왔다. 어디서 많이 본 것 같은 이 가면은 어디서 유래한 것일까?

대중들에게 널리 알려진 건 영화 〈브이 포 벤데타〉에 등장하면서부터다. 때는 제 3차 세계대전 직후인 2040년. 전체주의로 무장한 영국 정부는 국민들을 완벽하게 통제하려 한다. 정부에 대한 불만이 조금씩 터져 나올 무렵, 런던의 가정에 바로 이 가이 포크스 가면이 배달된다. 체제 전복을 꿈꾸는 주인공 '브이'가 보낸 것이다. '나랑 같이 싸울 사람들은 11월 5일, 국회의사당 앞으로 모여라!' 영화에서 중요한 소재로 사용되면서 가이 포크스 가면은 '저항의 아이콘'으로 자리 잡았다. 대표적인 게 2011년 월스트리트 점령 시위 때다. 거리로 나온 청년들은 모두 이 가면을 쓰고 자유와 정의를 외쳤다.

가이 포크스는 영국에서 태어나 16세기 말을 살았던 실존인물이다. 개신교 집안에서 태어났으나 이후 가톨릭교로 개종한 그는 1605년 가톨릭교도들이 공모한 영국 왕 제임스 1세 암살 계획에 가담한다. 제임스

1세가 엘리자베스 1세에 이어 성공회 우대 정책을 편 것이 가톨릭교도들의 심기를 건드린 것이다. 계획은 무시무시했다. 왕이 웨스트민스터 궁전에서 의회 연설을 하기로 한 날, 지하에 쌓아둔 화약을 터뜨리려 한 것. 의회에 참석한 의원들과 왕이 사라지고 나면 가톨릭교도들이 다시 권력을 장악할 수 있을 거라 믿었다. 하지만 실행 직전, 계획이 발각되고 가이 포크스는 긴급체포되어 처형당한다. 그때부터 영국에서는 그가 죽은 11월 5일을 '가이 포크스 데이'로 지정해 매년 불꽃놀이 축제를 벌여왔다.

분명 처음에는 테러리스트를 향한 조롱과 테러를 면한 안도의 의미였다. 그러나 권력에 맞서는 투사로 해석될 여지도 있었기 때문에 〈브이 포벤데타〉에서 긍정적인 의미로 활용된 것이다. 이처럼 서 있는 위치에 따라 시각은 달라진다. 이토 히로부미를 암살한 안중근 의사 역시 우리에겐 영웅이지만 일본 입장에선 테러범으로 기억될 테니까.

그런 점에서 익명의 해커 집단 '어나니머스Anonymous'가 가이 포크스 가면을 본인들의 상징물로 사용하는 것도 앞뒤가 맞는다. 해킹은 시스템을 망가뜨리는 행위지만, 그 시스템이 선하냐 악하냐에 따라 완전히 다르게 평가될 수 있다. 실제로 어나니머스는 정보를 투명하게 공개하지 않는 정부를 반대하고, 성차별과 인종차별에 맞서 싸운다. 지난 2015년에는 파리 테러를 일으킨 테러단체 IS 조직원들의 트위터 계정을 5,000개 이상 폐쇄했다고 밝혀 응원을 받기도 했다.

가이 포크스는 지금 본인의 얼굴이 저항과 정의를 상징하는 걸 보며 어떤 표정을 짓고 있을까. 최소한 400여 년 전 그날의 행동을 헛수고였다고 생각하진 않을 것 같다.

젠트리피케이션

'젠트리피케이션gentrification'이라는 단어가 국내 신문이나 뉴스에 등장한 지 몇 년이 지났다. 홍대 앞을 비롯해 서촌, 경리단길, 가로수길, 망리단길, 샤로수길 등 '뜨는 동네'가 새롭게 등장할 때마다 그 이면에는 임대료 상승, 원주민 이주, 대형 프랜차이즈 업체 입점, 유동인구 감소와 같은 문제가 뒤따랐다. 그 문제들을 하나로 묶어주는 개념이 '젠트리피케이션'이다. 젠트리피케이션의 대표적인 곳으로 꼽히는 가로수길의 통계 수치를 보면 좀 더 피부에 와 닿는다. 2007년에 30개에 불과했던 프랜차이즈 업체 개수가 7년 사이 225개로 열 배 가까이 늘어났다. 늘어난 만큼, 원래 이 지역에 터를 잡고 있던 사람들은 다른 곳으로 떠나야 했다.

젠트리피케이션은 1960년대 영국의 사회학자 루스 글래스Ruth Glass 가 처음 사용한 말이다. 당시 런던 서부의 첼시, 햄스테드 등지에는 가난한 사람들이 주로 거주하고 있었다. 이곳에 중산층이 유입되면서 고급주택이 들어섰고, 집값과 임대료를 비롯해 전반적인 물가가 상승했다. 이를 감당하지 못한 원주민들은 살던 곳에서 밀려날 수밖에 없었다. 2010년 대 서울의 '핫플레이스'에서 벌어지고 있는 현상과 닮은꼴이다.

젠트리피케이션의 기본 원리는 돈 될 만한 곳으로 귀신처럼 모여드는 자본의 특성에 기인한다. 동네가 인기를 끌면 수요가 늘어나고, 수요가 늘어나면 임대료를 비롯한 물가는 자연히 오른다. '핫플레이스'를 만드는 데 기여한 원주민들이 이 임대료를 감당할 수 있으면 좋으련만. 홍대, 익신동, 경리단길 등 그 거리의 독특한 풍경을 만드는 건 돈보다는 아이디어로 승부하는 창작자 집단, 혹은 젊은 소규모 자영업자들이다. 이제 겨우 자리를 잡은 그들에게는 경제적 여력이 없다. 결국 빈자리에는 경제적 능력이 있는 대형 프랜차이즈 업체가 들어설 수밖에 없는 것이다. 하지만 프랜차이즈 업체가 늘어날수록 그 동네의 특색은 사라지고, 수요가 줄면서 자연히 임대료도 다시 떨어진다. 모두가 손해를 보는 결말이다.

그러나 개인의 이기적 선택에 의해 굴러가는 자본주의 사회에서 사유재산에 함부로 개입할 수는 없는 노릇이다. tvN 〈알아두면 쓸데없는 신비한 잡학사전〉에서 유시민 작가가 "젠트리피케이션은 사실상 막을 수 없다"고 말했던 것도 그래서다.

하지만 손 놓고 있을 수만은 없다. 이런 일이 반복되면 어떤 자영업자도 지역 발전을 위해 노력하지 않을 것이고, 소비자들이 즐거움을 누릴 수 있는 공간도 사라져버릴 것이기 때문이다. 다행히 성동구에서는 건물주와의 상생 협약, 프랜차이즈 입점 제한, 공공 안심상가 운영 등을 기본 방향으로 잡고 '젠트리피케이션 방지' 전담 부서를 신설했다. 그 덕분에 성동구가 지정한 '지속가능발전구역'에서는 계약을 갱신한 78개 점포 중 60곳에서 임대료가 동결되는 등 벌써 성과를 내고 있다. 또한 계약갱신 청구권 행사기간을 5년에서 10년으로 연장해 임차인의 권리를 더 길게 보장하는 상가건물 임대차보호법 개정안도 통과되었다. 밀려나는 건 어쩔 수 없더라도 변화 속도를 낮추고, 그들에게 충분한 보상을 할 수는 있다. 또 그래야 한다. 서울의 동네, 건물, 땅은 가격에 맞춰 교환되는 자산인 동시에 사람이 살아가는 터전이기 때문이다.

6장

안다고 달라지는 일은 많지 않겠지만,

경제

경제

절약정신이 곧 경제관념은 아니다. 경제관념은 '재화를 효율적으로 쓰려는 의지 혹은 생각'이다. 옆 사람은 만 원을 쓰고, 난 천 원을 썼다고 해서 좋아할 일이 아니다. 옆 사람은 만 원으로 십만 원의 효과를 보고, 난 천 원을 써서 500원의 효과밖에 못 얻었다면 옆 사람의 경제관념이 훨씬 더 뛰어난 것이다. 경제를 공부한다는 건 결국 주어진 돈을 얼마나 '잘' 쓸 것인가, 하는 질문에 답하기 위해서다.

만약 모든 사람이 지갑에서 돈을 꺼내지 않는다면? 경제는 멈춘다. 경제의 기본 원리는 '거래'다. 특정 재화나 서비스를 얻기 위해 나는 돈을 쓴다. 상대방은 내가 원하는 재화나 서비스를 제공하고 돈을 받는다. 이러한 거래가 더 많이 이뤄질수록 경기가 좋아지고, 거래가 갑자기 줄어들면 찾아오는 것이 불황이다.

거래를 하는 이유는 수요와 공급에 차이가 있기 때문이다. 이해하기 쉽게 가정해보자. 계산을 잘하는 사람 갑, 발이 빠른 사람 을, 목소리가 큰 사람 병. 갑에겐 빠른 발이 필요하고, 을에겐 큰 목소리가 필요하고, 병에겐 빠른 계산실력이 필요하다. 국가로 단위를 높여도 비슷하다. 석유 매장량이 많은 나라 갑, 인구수가 많아 값싼 노동력이 풍부한 나라 을, 첨단 IT산업이 발달해 반도체를 생산하는 나라 병. 각 나라는 자기가 가진 것과 타국이 가진 것을 교환함으로써 이익을 얻는다.

그러나 실제 경제활동은 훨씬 복잡해서 몇 줄의 설명만으로는 이해하기 힘들다. 재화의 종류도 화폐, 서비스, 에너지 등 다양하고 가격을 지불하는 방식도 수없이 많다. 경제학자들이 다양한 모델을 제시해 미래를 예측하지만, 번번이 빗나가는 이유다. 1997년 대한민국의 IMF 금융위기나 2008년 세계 금융위기가 터진 것도 경제가 지나치게 복잡해진 탓에 제대로 된 해답을 제시하지 못했기 때문이다.

그럼에도 경제는 중요하다. 빌 클린턴이 대선 후보 때 내걸었던 슬로건, "문제는 경제야, 바보야!"는 우리에게도 적용되는 말이다. '먹고 사는 문제'가 경제에 달려 있기 때문이다. 최소한 국가 경제와 세계경제가 어떤 상황인지 뉴스를 보며 읽어낼 수 있어야 다양한 선택의 순간에 현명한 판단을 할 수 있다. 다음 페이지의 퍼즐을 풀며 본인의 경제 상식을 점검해 보시길.

가로열쇠

01 영국의 식민 지배를 받던 당시, 인도에서는 ○○○가 사람을 물어 죽이는 사고가 빈번하게 일어났다. 그래서 정부는 ○○○ 머리에 현상금을 걸었다. 그런데 ○○○를 잡아오는 사람들이 많아졌음에도 사고는 줄지 않았다. 돈을 받기 위해 ○○○를 키우는 사람들이 생겨났기 때문이다. 정부는 '현상금 정책'을 포기했고, 키우던 ○○○를 내다버림으로써 ○○○의 수는 오히려 더 많아졌다. 이 일에서 유래한 표현으로, 문제를 해결하기 위한 정책이 오히려 사태를 더 악화시키는 현상을 뜻하는 말.

02 '은행'과 '보험'을 뜻하는 프랑스어가 합쳐진 말로, 은행 창구를 통해 보험 상품을 판매하는 것을 칭한다.

03 (1) 영국의 고전파 경제학자 애덤 스미스의 대표작. (2) 보이지 않는 손, 자유방임주의, 인간의 이기심. (3) 마르크스는 자본론, 마키아벨리는 군주론.

04 재정수입을 위해 국가가 거두는 세금을 통칭하는 말로, 지방자치단체가 거두는 '지방세'와 구분된다. 소득세, 법인세, 상속세, 증여세, 부가가치세 등이 다 여기에 속한다.

05 화폐가치를 금에 고정해 금 보유량만큼만 달러를 찍어낼 수 있도록 제한하는 통화정책. 이 제도는 19세기부터 20세기 초까지 전 세계적으로 쓰였으나, 1971년 리처드 닉슨 전 대통령이 달러를 더 이상 금으로 교환해주지 않겠다고 선언하면서 사실상 폐지됐다.

06 제1차 세계대전 직후인 1920년대 말, 미국의 주가 폭락이 시발점이 되어 전 세계에 불어닥친 대규모 경제 침체. 이것의 여파는 10년 넘게 지속되었고, 제2차 세계대전 역시 이것을 극복하는 과정에서 일어났다고 볼 수 있다.

07 경제적 위기에 처했을 때 두 나라가 자국 통화를 상대국 통화와 맞교환하는 것. 보통은 언제 찾아올지 모를 위기에 대비해 협정을 맺어놓는다.

08 1961년 창설된 국제기구. 이름과 달리 경제뿐 아니라 정치와 사회 등 다양한 분야에 대한 연구를 진행해 그 결과를 발표한다.

09 기업을 증권거래소에 매매 대상으로 등록하는 일. ○○하면 사회적 평가가 높아지기도 하지만, ○○ 후에도 일정 기준에 미달하면 ○○○이 폐지되기도 한다.

10 1961년 삼성그룹 이병철 회장이 대기업 회장들을 모아 창립한 단체. 그러나 최근 몇 년간 어버이연합 등 극우단체의 과격시위를 후원해왔다는 의혹이 제기되어 비판을 받고 있다. #전국경제인연합회

11 현재 우리나라에서 가장 유명한 아파트단지 중 하나. #한보○○아파트 #아파트공화국

12 일정 금액 이상의 부동산을 소유한 사람에게 거두는 세금. 문재인 정부는 부동산 종합대책의 일환으로 초고가·다주택자에 대한 '○○○'를 인상하는 방안을 발표했다.

13 인구분포와 소득분포와의 관계를 나타내는 경제지표로, 소득분배의 불평등 정도를 측정하는 데 주로 활용된다. ○○○○는 0과 1 사이에 있는데, 1에 가까울수록 그 사회의 소득분배는 더욱 불평등하다.

14 미국 증권거래소에 상장된 종목들 중에서 우량기업 30개의 종목으로 구성된 주가지수.

15 산업재산권과 저작권을 통칭하는 말로, 헌법 제22조 제2항이 보호하는 권리다. "저작자·발명가·과학기술자와 예술가의 권리는 법률로써 보호한다."

세로열쇠

01 1947년~1949년에 태어나 일본의 고도성장을 이끈 세대를 일컫는 말. 이들은 제2차 세계대전 후 격변하는 시대에서 급속한 경제성장을 경험한 한편, 은퇴 후 사회로부터 소외되는 문제에도 직면해 있다.

02 1996년 출범한 우리나라의 장외 주식거래시장.

03 재화나 서비스를 이용할 때마다 이용자가 느끼는 만족의 증가량은 점점 줄어드는 현상. 목이 심하게 마를 때 물을 마시면 첫 잔은 아주 시원하지만, 두 번째 잔, 세 번째 잔은 마실수록 갈증이 해소되는 정도가 줄어드는 것으로 이해하면 쉽다. #한계○○체감의법칙

04 1985년 창립된 미국의 천연가스 기업. 한때 미국의 7대 기업에 속할 만큼 승승장구했으나 2007년 수백억 달러의 빚을 안고 파산했다. ○○의 파산 이유는 회계장부를 조작해 ○○ 주식을 뻥튀기하는 식으로 기업을 운영해왔기 때문이다. #분식회계의아이콘

05 중국이 등장하기 전인 1980년대까지 미국과 함께 세계경제를 이끌어간다는 평가를 받을 정도로 경제대국으로 인정받았던 아시아 국가. 그러나 버블 붕괴 이후 오랜 침체기를 겪으며 '잃어버린 20년'이라는 불명예스러운 수식어가 붙었다.

06 1997년 이후 우리나라가 이 기관의 도움을 받게 되면서 국내에는 모르는 사람이 없을 정도로 유명해졌다. 파산 위기에 처한 회원국에게는 급한 불을 꺼주는 소방관이기도 하지만, 과도한 경제 개입으로 대량 실업 및 비정규직 양산 같은 또 다른 사회문제를 낳는다는 비판을 받는다.

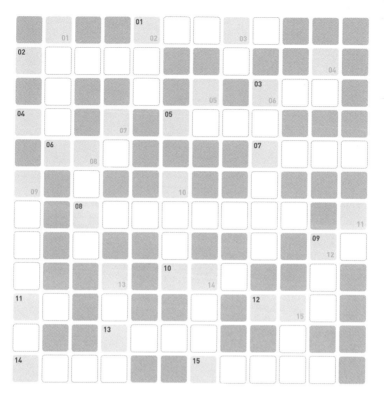

07 경제 침체를 일컫는 말로, '불경기'와 같은 뜻이다. #호황의반대

08 한 번 생산된 제품을 혼자서만 쓰는 것이 아니라 여럿이서 함께 쓰는 것을 기본으로 하는 경제 구조. 구매보다는 대여를 중심으로 굴러가고, 소유보다는 경험에 가치를 둔다. #우버 #에어비앤비 #쏘카

09 노벨경제학상 수상자 밀턴 프리드먼이 즐겨 쓰면서 널리 알려진 말로, '모든 선택에는 기회비용이 수반된다'는 경제학의 기본 원리를 함축하고 있다. #세상에 ○○○○○○○

10 바람을 이용해 전기에너지를 만들어내는 시스템. 재생 에너지 중 역사가 오래된 축에 속하고, 발전 단가도 저렴해 경쟁력이 있다. 바람이 많이 불고 영토가 넓은 중국, 미국, 캐나다 등에서 이 방식을 많이 활용한다.

11 빈대떡을 먹고 싶을 땐 광장○○, 기름 떡볶이가 당길 땐 통인○○, 옷 살 땐 동대문○○, 부산엔 자갈치○○, 일거리를 구할 땐 벼룩○○.

12 누군가가 사망했을 때 무상으로 이전되는 재산에 대해 부과되는 세금. 우리나라에서는 재산 액수에 따라 10%에서 50%까지 부과된다. #왠지먼나라얘기같은느낌

13 패스트푸드점 맥도날드의 대표적인 햄버거 가격을 기준으로 각국의 물가수준과 통화가치를 비교하는 지수. 1986년부터 영국의 경제지 <이코노미스트>가 1년에 두 번씩 발표하고 있다. 2018년 7월 기준으로 한국의 ○○○○는 4.03으로 세계 18위이고, 스위스, 스웨덴, 미국이 높은 순위를 기록했다.

14 국가 간 거래에서 수입과 지출의 차이를 분석한 지표. 수입이 지출보다 많을 경우 '○○○○ 적자', 반대의 경우에는 '○○○○ 흑자'라고 한다.

15 토지 및 토지에 귀속된 건물을 가리키는 말로, 우리나라의 대표적인 재테크 수단. 정권이 바뀔 때마다 각종 대책을 발표하며 '○○○ 시장'에 개입해왔지만 성공적이었던 경우는 많지 않다.

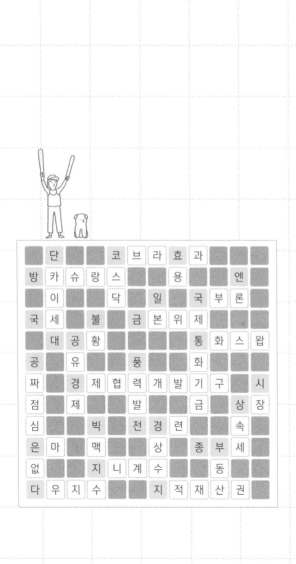

금본위제는 통화의 가치를 정해진 금의 양에 고정하는 제도다. 예를 들면 1944년 브레턴우즈 회의에서 금 1온스당 35달러라는 기준을 정했듯이. 그런데, 왜 하필 금이었을까? 하루아침에 금이 돈의 가치를 측정하는 척도로 떠오른 것은 아니다. 지금이야 돈이라고 하면 자연스럽게 만 원짜리 지폐나 신용카드, 혹은 비트코인 등을 떠올리지만 수천 년 인류 역사에서 금은 지폐보다 훨씬 더 오랫동안 경제활동의 중심에 있었다. 우리 부락이 수확한 곡식과 이웃 부락이 잡은 물고기를 교환함으로써 각자 원하는 것을 얻는 '물물교환'은 여러모로 번거롭고 불편한 방식이었다. 그래서 이게 일정 정도의 값어치가 '있다고 치자'는 합의하에 화폐가 등장했다. 돌덩어리는 무거운 데다 얻기가 너무 쉬웠고, 동물 가죽은 시간이 흐를수록 그 가치가 떨어졌으며, 중국 등지에서 오랫동안 화폐로 쓰였던 조개껍데기는 잘 깨져 운반하기가 힘들었다. 그래서 가볍고 쉽게 가공할 수 있는 금속 종류가 화폐로 많이 쓰였는데, 그중 하나가 금이었던 것이다. 금은 다른 금속들보다 좋은 화폐의 조건을 더 많이 갖고 있었다.

일단 그 가치가 안정적이다. 기원전부터 황금은 번쩍번쩍 빛나는 특징 덕분에 그 자체로 가치 있는 물건으로 여겨진 데다 채굴하는 데 많은 노력과 시간이 필요했기 때문에 갑자기 대량 유입되어 가치가 폭락하는 일도 거의 발생하지 않았다. 열이나 물리적 충격에도 녹슬거나 부식되지 않고 본래의 성질을 잃어버리지 않는다는 점 또한 '화폐'로 기능하기에 좋은 조건이었다. 금괴로 만들었다가, 다시 녹였다가, 장신구로 만들었다가,

다시 녹여도 금의 가치는 변하지 않으니까.

또한 다른 곳에 딱히 쓸모가 없다는 것도 역설적으로 화폐로서 금의 가치를 높였다. 청동, 구리, 철 등 다른 금속에 비해 금의 용도는 생각보다 많지 않다. 금은 살짝 깨물어도 치아 자국이 남을 정도로 무르다. 그래서 금으로는 선박과 자동차 등 기계를 만들 수도 없고, 하다못해 농기구나 그릇을 만들기도 어렵다. 사치품인 장신구를 만드는 데에만 소량 사용될 뿐이다. 만약 금 대신 쌀이 화폐였다고 생각해보자. 쌀을 독점하고 내놓지 않으면서 더 높은 가격을 받으려는 사람이 등장했을 것이고, 굶어 죽어가는 사람들이 생기는 등 사회적인 문제가 발생했을 것이다.

처음엔 금을 실제 화폐로 사용했다. 그러던 중 도둑질당할 것을 우려해 집이 아닌 금 보관소에 금을 맡기는 사람들이 생겼다. 금을 맡기고 교환권을 받는 식이었다. 그러다 금 대신 이 교환권으로 거래해도 별 문제가 없을 뿐더러, 이게 훨씬 더 편리하다는 사실을 알게 된다. 이 교환권이 곧 지폐고, 교환권과 금의 교환 비율을 고정시킨 것이 바로 금본위제의 기원이라 할 수 있겠다.

금본위제를 처음 채택하고 이끈 국가는 19세기의 영국이다. 산업혁명을 먼저 이룩한 덕에 경제적 성장을 이룩한 영국은 패권 국가로서 세계경제를 주도하길 원했고, 공급이 제한적인 금을 중심으로 한 금본위제는 그 목적에 걸맞은 제도였다. 그러나 1차 세계대전 이후 폐허가 된 나라를 재건하기 위해 통화량을 대규모로 늘려야 했던 영국 정부는 금본위제를 포기한다. 그다음으로 금본위제를 채택한 건 2차 세계대전 직후의 미국. 당시 미국은 전 세계 금의 70%를 보유한 패권 국가였고, 전쟁을 겪은 유럽 국가들에겐 돈이 필요했다. 금은 오직 달러로만 교환할 수 있었기에, 다른 나라들은 달러와 자국 통화를 교환한 뒤에야 금과 연결될 수 있었다. 그때부터 미국은 달러를 끊임없이 발행해 세계시장에 공급하며 국제 경제를 주도했다. 이후 국제수지 적자 등 여러 가지 문제로 1971년 금본위제는 폐지되고 변동환율제를 채택하고 있지만, 금본위제가 시행될 당시 커진 달러화의 영향력은 여전히 강력하다.

국부론

경제학에 크게 관심이 없는 사람이라도 애덤 스미스Adam Smith나, '보이지 않는 손'이란 말은 들어본 적 있을 것이다. 애덤 스미스는 '경제학의 창시자'라 불릴 정도로 그 영향력을 인정받는 사상가로, '보이지 않는 손'은 그의 대표 저서《국부론The Wealth of Nations》에 나오는 표현이다.《국부론》은 미국 독립선언문이나 성경과 견줄 만큼 인류 역사에 큰 영향을 미친 책으로 평가된다. 그가 이 책을 어떻게 쓸 수 있었는지 알아보기 위해서는 '타운젠드'라는 이름의 전직 재무장관 얘기부터 해야 할 것이다.

타운젠드는 아들의 견문을 넓히기 위해 유럽으로 여행을 보냈다. 지금으로 치면 일종의 '유학'이다. 혼자 보낼 수는 없었는지 수행 교사를 한 명 붙여줬는데, 그가 바로 애덤 스미스다. 이미《도덕감정론The Theory of Moral Sentiments》을 출간하며 철학자로서 어느 정도 명성이 있었던 스미스는 1764년 1월 런던을 떠나 약 3년간 프랑스의 여러 도시를 다니며 자유주의, 합리주의 사상의 대가라 불리던 유럽 지식인들을 만났다. 여행을 다녀온 지 10년이 지난 뒤, 스미스는 훗날 '성서 이래 가장 중요한 문헌'이라고 불리게 될《국부론》을 출간한다.

《국부론》의 원래 제목은 '국부의 성질과 원인에 관한 연구'였다. 이 재미없어 보이는 책은 출간 반년 만에 매진됐는데, 당시 출판계에서는 놀라운 판매고였다. 그만큼 내용이 파격적이었기 때문이다. 스미스는 영국 사회의 주류였던 '중상주의'를 비판한다. 불합리한 각종 규제가 오히려 산업의 발전을 저해하고 있다는 이유에서다. 그는 노예 소유자도, 봉건 영

주도, 중앙정부의 명령도 없는데 그 안에서 모든 사람들이 원하는 만큼의 재화와 서비스가 공급되고, 또 소비되고 있다는 사실에 주목했다. 이 놀라운 체계를 돌아가게 만드는 원동력은 자비심이 아니라 '인간의 이기적인 욕망'이고, 이 체계의 기본 원리는 규제가 아니라 '자유방임시장에서의 경쟁'이다. 물건을 사거나 팔 때 각자의 이기적인 욕망을 채우기 위해서는 '가격 조정'이 불가피하다. 원하는 것을 얻기 위해서는 경쟁 구매자보다 더 높은 가격을 제시해야 하고, 원하는 것을 팔기 위해서는 경쟁 판매자보다 더 낮은 가격을 제시해야 하니까. 개인의 이기주의가 벌이는 경쟁은 시장에서 부를 일궈내기에 더 효율적이고, 이 경쟁의 원리가 곧 '보이지 않는 손'이다.

물론 스미스가 살던 18세기 영국에서도 200만 빈민이 존재했듯, 보이지 않는 손이 늘 모두를 보살펴주지는 못한다. 재벌 기업의 문어발식 사업 확장으로 경쟁해볼 기회조차 얻지 못하는 영세 사업장이 존재한다. 또한 '보이는 손'이 필요한 순간도 있다. 경기가 안 좋을 때 노동력 감축이 기업 이득에 도움이 되지만, 대규모 실업 문제 발생을 우려하는 정부는 기업의 고용과 해고에 개입하기도 한다. 공공영역의 경우 정부의 개입이 일정 수준 이상으로 필요하다는 건 스미스 본인도 인정했던 바다. 그러나 오늘날 그의 사상은 거대 독점기업이 시장을 지배하고 가격을 제멋대로 조작하기 위한 '규제 철폐'의 명분으로 활용된다. 스미스의 주장 가운데 유리한 부분만 뽑아 아전인수 격으로 써먹기 때문이다. 스미스가 자유방임시장을 얘기했던 이유는 그것이 '모든 사람'에게 도움이 되는 시스템이라고 생각했기 때문이다. 지금의 시장은 그런가? 민간 기업들에게 보장된 자유가 상위 1%, 아니 0.1%의 배만 불리고 있는 것은 아닌가.

국제통화기금

1944년 프랭클린 루스벨트 대통령이 뉴햄프셔 주 브레턴우즈에서 44개 국 재무장관을 모아놓고 회담을 열었다. 전쟁으로 파괴된 세계경제를 어떻게 재건할지 그 방향을 논하기 위한 자리였다. 당시 이곳에서 관세와 교역에 관한 일반협정GATT, General Agreement on Tariffs and Trade, 세계무역기 구WTO, World Trade Organization와 함께 국제통화기금IMF, International Monetary Fund의 기본 틀이 정해졌다.

IMF는 그 이듬해 설립된다. IMF 가입국은 자국 통화를 최적의 조건으로 다른 나라 통화와 교환할 수 있고, 만약 화폐정책을 변경할 경우 다른 회원국들에 통보해야 한다. IMF는 가입국 사이에 분쟁이 생기지 않도록 중간에서 조정자 역할을 한다. 그리고 IMF의 또 다른 주요 기능 중 하나는 기금을 조성해 재정이 고갈되어 어려움을 겪고 있는 나라에 돈을 빌려주는 것이다. 1997년 이후로 우리나라 사람들 가운데 IMF를 모르는 사람이 없게 된 것도, 당시 IMF의 도움을 받았기 때문이다. 97년 1월 한보 그룹의 부도 이후, 도미노처럼 부실 대기업들이 연쇄적으로 무너지기 시작했다. 원화 가치는 폭락하고 국가신용등급도 하락했다. 사태는 점점 더 심각해져 IMF에 손을 빌리지 않고는 다른 방법이 없는 지경에 이르렀다. 결국 IMF 구제금융이 결정됐다. 그리고 그 후로 많은 것이 변했다.

IMF는 국가 부도를 막아준 대신, 강력한 경제개혁 프로그램을 내밀었다. 우리 사회가 신자유주의 속으로 빠져 들어가는 순간이었다. 그때부터 기업의 목표는 물론 정부의 목표, 심지어 가정의 목표까지 '효율성'이라는 단어가 지배하기 시작했다. 명예퇴직, 정리해고라는 이름의 전 국가적인 구조조정이 실행되었다. 직장인들이 집에는 차마 해고당했다는 사실을 알리지 못하고 평일 오후 길거리를 서성였다. 당시 활동하던 한스밴드의 노래 〈오락실〉 가사가 뉴스에 소개되기도 했다. 가족들에게 명예퇴직을 알릴 수 없어, 집으로 나와 오락실을 서성거리는 '아빠들'의 이야기다. 가사는 귀엽지만 현실은 귀엽지 않았다. 직장인뿐 아니라 많은 자영업자들도 당시 가게 문을 닫아야 했고, 스스로 목숨을 끊는 일도 많았다. 다사다난했던 20세기는 그 끝자락 역시 혼란스럽고 우울했다.

2001년 여름 우리나라는 IMF에 빌린 195억 달러를 모두 갚는다. 외신들로부터 그 어떤 국가보다 위기에서 빨리 벗어났다는 평가를 받았다. 국민들의 힘으로 위기를 극복해냈다는 가슴 벅찬 말이 여기저기서 들렸다. 금모으기 운동만 봐도 국민들의 응집력이 컸던 것은 분명하다.

그러나 IMF 이후 많은 것이 변해버렸다. 이제 가장 중요한 것은 '생존'이다. '망하지 않는' 직업을 갖고 싶다며 공무원 시험 응시자가 늘어났고 사범대 경쟁률이 높아졌다. 2018년 출간된 《IMF 키즈의 생애》는 IMF 당시 10대를 보낸 세대를 'IMF 키즈'라 칭하고, 그들의 이야기를 들려준다. 저마다 처한 상황이 달랐고, 살아온 궤적도 다르지만 97년 이후 한 문장이 그들은 물론 전 국민들의 마음에 새겨졌다. '원하는 것만 하고 어떻게 사냐?' IMF는 원하는 것만 하고 살 수 없다는 불행한 문장을 남겼고, 지금 그 문장의 농도는 더욱 진해졌다. 우린 언제쯤 스스로에게 물어 볼 수 있을까. '원하는 걸 하면서 사는 것보다 더 중요한 게 있긴 하나?'

지니 계수

공산주의, 사회주의 등 '평등'을 지향하는 경제 체제는 망했다. 얼마나 열심히, 얼마나 잘했느냐와 상관없이 똑같은 대가를 받았을 때, 아무도 노력하지 않게 되는 '도덕적 해이'를 피해가지 못했다. 그러고 보면 철저히 성과와 결과물로 평가받는 자본주의는 인간 본성을 가장 잘 이해한 체제라고 말할 수 있겠다. 그렇다. 지금 우리는 자유로운 경쟁을 거쳐 능력에 맞게 더 가지고 덜 가지는 것이 당연시되는 자본주의 체제에 살고 있다.

그러나 너무 심한 불평등도 경제에 악영향을 미친다. 상류층과 하류층의 간격이 벌어져 사회 통합이 어려워지면, 사회의 불안정성이 높아진다. 자본가들은 불확실한 미래에 투자하기를 주저하고, 성장률은 정체된다. 불평등이 고착화되어 계층 이동 가능성이 낮아지는 것도 문제다. 음악에 뛰어난 재능을 갖고 있어도 교육비를 감당하지 못해 재능을 포기한다면 그 사회는 낭비된 재능만큼 손해를 본다. 우리나라의 사례는 평등과 성장의 관계를 뒷받침한다. 점점 양극화가 심해진다는 보도가 끊이지 않는 우리나라이지만, 1980~90년대에는 경제 조건이 비슷한 아시아의 다른 나라들에 비해 훨씬 더 평등한 사회 구조를 구축하고 있었다. 다른 나라들보다 훨씬 급격한 성장을 이룰 수 있었던 데에는 다양한 이유가 있겠지만, 이러한 사회 구조도 한몫했을 거라는 추론이 가능하다.

그래서 지속적으로 국가의 소득 불평등을 측정하고 추이를 살피는 일은 중요하다. 20세기 이탈리아 통계학자 코라도 지니Corrado Gini의 이름에서 따온 '지니 계수Gini coefficient'는 그 나라의 불평등 정도를 알 수 있는 가장 대표적인 기준이다. 지니 계수 값이 0에 가까울수록 그 사회는 평등하고, 1에 가까울수록 불평등하다. 계산상 0과 1 사이라고 하지만 실제로는 0.2와 0.75 사이에서 형성된다. 0이 되려면 모든 사람이 한 치의 오차도 없이 완전히 평등해야 하고 반대로 1이 되려면 한 사람이 모든 것을 갖고 있어야 하는데, 그런 국가는 현실적으로 불가능하다.

평등한 사회라고 하면 보통 지니 계수가 0.2에서 0.3 사이에 위치한다. 노르웨이, 오스트리아, 프랑스, 독일, 덴마크, 핀란드, 벨기에 등 유럽국가가 주를 이룬다. 반대로 0.5 이상인 나라들은 매우 불평등한 편이다. 볼리비아, 브라질, 칠레, 콜롬비아 등 중남미 국가가 많고 아프리카의 코트디부아르, 아시아의 필리핀이나 태국 등이 여기에 속한다. 이탈리아, 폴란드, 미국, 중국 등 나머지 국가들은 대부분 0.3과 0.5 사이에 분포하는데, 사실 중국은 좀 특수한 경우다. 최근 눈부신 경제 발전을 이뤘음에도 지니계수 0.5 바로 밑일 정도로 소득 불평등이 해소되지 않았다. 가난한 가정은 여전히 생계를 이어나가기도 쉽지 않을 정도로 어려움을 겪고 있을 거라는 의미다. 좋은 일인지는 모르겠으나 "일부 사람이라도 먼저 부자가 되자"는 덩샤오핑의 구호가 먹혀든 모양이다.

한편 2016년 기준 우리나라의 지니계수는 0.357이다. IMF 이후, 특히 최근 10년간 점점 나빠지는 추세다. 다른 선진국의 사례를 봐도 각종 규제 완화, 법인세 인하 등 친기업 정책을 폈을 때 불평등은 더욱 심해졌다. 반면 유럽 국가들은 증세를 비롯한 복지 정책 시행 후 불평등 정도를 많이 낮췄다. 물론 사회적 기반이 약한 우리나라가 복지 국가로 전환하기위해서는 시간이 필요하겠지만, 점점 더 심해지는 양극화를 해소하기위해서는 결단을 내릴 필요가 있다.

경제협력개발기구

영어 약어 중 신문이나 뉴스에서 가장 많이 보이는 것 중 하나가 바로 경제협력개발기구OECD, Organization for Economic Cooperation and Development다. 회원국 중에서 자살률은 1위이고, 노동시간은 가장 긴 축에 속하고, 평균 기대수명은 몇 위이고…. OECD는 경제협력개발기구라는 이름처럼 기본적으로는 회원국의 경제 발전을 위해 만들어진 국제기구지만, 경제 원조가 필요한 비회원국을 돕는 등 전 세계의 경제 문제에 공동으로 대처한다는 목적을 갖고 있다. 요즘은 경제뿐 아니라 환경, 에너지, 과학, 노동, 교육 등 활동 분야를 넓히고 있다. 처음 설립될 때 이름은 유럽경제협력기구OEEC였으나 비유럽 국가들도 가입할 수 있게 되면서 OECD로 이름을 바꿨다.

OECD에 대한 비판 중 하나는 '선진국들만 모여 있는 그들만의 리그'라는 점이다. 그러나 정작 대외적으로 OECD가 내거는 가입 조건은 '경제'가 아니다. 대의제 민주주의 국가라야 하고, 인권을 존중하는 나라여야 한다. 급격한 경제 성장으로 미국과 함께 'G2'로 꼽히는 중국이 아직 OECD에 가입하지 못한 이유다. 러시아 역시 가입을 신청했으나 우크라이나 크림 반도 병합 문제가 터지면서 가입 절차가 중단된 상태다. 우리나라는 1996년, 스물아홉 번째로 가입국이 되었다.

OECD가 정기적으로 발표하는 것 중 하나가 국제학업성취도평가PISA와 국민행복지수Better Life Index다. 국제 학업 성취도 평가는 언어, 수학, 과학 등 만 15세 학생들의 성취 수준을 평가해 나라별로 비교 및 점검하기 위한 연구다. 부탄 정부가 '국민총행복GNH'을 국정 운영 철학으로 삼는다는 것이 알려진 후, 2011년부터 나라별로 국민행복지수를 측정해 발표하고 있다. 주거, 취업, 건강, 교육 등 다양한 분야에서 점수를 매긴다. 우리나라의 행복 지수는 늘 하위권을 맴돌아 보고서가 발표될 때마다 "역시 헬조선"이라는 자조 섞인 반응이 흘러나온다.

그런데 행복을 측정하는 것이 과연 가능할까? 물론 OECD 역시 행복이 주관적이라는 것을 인정한다. 그래서 소득 수준, 기대 수명 등 객관적인 지표를 포함해 순위를 매긴다. 하지만 오래 산다고 해서, 돈을 많이 번다고 해서 그 사회가 행복할 것이라는 추론 또한 허점이 존재하긴 마찬가지다. 소득과 생산량을 측정할 때부터 가치 판단이 들어가기 때문이다. 어디까지를 생산으로 규정하고, 무엇을 소득으로 간주할 것인가 하는 문제다. 예를 들어, 생산량 통계를 낼 때 가사노동으로 인한 성과를 포함할 것인가? 세금으로 낸 금액도 소득에 포함시킬 것인가?

미국의 경제학자 리처드 이스털린Richard Easterlin의 주장에 따르면, '소득이 일정 수준에 도달하고 기본적 욕구가 충족되면 소득이 증가해도 행복에는 큰 영향을 끼치지 않는다'. '이스털린의 역설'이라 불리는 이론이다. 소득이 일정 수준 이상이 되면, 그때부터 행복에 영향을 미치는 건 '내 소득이 얼마냐'가 아니라 '다른 사람과 비교해 많은가 적은가'일 것이다. '상대적 박탈감'을 고려하지 않고 행복 지수를 측정할 수 있을까?

모든 것을 수치화하고 계량화할 수 있다는 것은 과욕이다. 평생 실험하고 측정했을 과학자 아인슈타인마저 이렇게 말했다. "중요한 것을 모두 측정할 수는 없고, 측정할 수 있는 모든 것이 중요한 것도 아니다."

애덤 스미스가 《국부론》을 발표한 후로, 경제학은 줄곧 인간의 '이기주의'에 주목해왔다. 분명 이기적인 욕망은 산업화 시대의 생산성을 높였고, 더 많은 부를 축적하는 데 도움이 되었다. 산업혁명 이후 대량 생산이 가능해지면서 상품 공급이 대폭 확대됐다. 기업이 이윤을 남기기 위해서는 공장에서 만든 상품을 판매해야 했고, 구매욕을 자극해야 했다. 소비자 또한 구매한 물품을 소유하는 것으로 본인의 가치를 높이려 했다.

그런데 최근 몇 년간, 경제에 '이타주의'를 접목시킨 모델이 각광받고 있다. 내 것을 타인과 함께 사용함으로써 그 가치를 극대화하는 '공유경제'가 바로 그것이다. 지금은 저성장 시대. 생산량을 늘리는 것보다 중요한 건 생산한 물품을 얼마나 효율적으로 사용하느냐다. 사놓고 몇 번 쓰지도 않을 거, 방구석에서 썩히는 대신 다른 사람과 사용할 권리를 나누는 것, 이것의 '공유경제'의 본질이다.

공유경제가 본격적으로 수면 위로 떠오르기 시작한 것은 2008년 세계 금융 위기를 겪고 난 후다. 많은 사람들이 직업을 잃고, 돈을 잃고, 집을 잃었다. 살아남기 위해서는 허리띠를 졸라매야 했다. 그 과정에서 쓰지 않는 물건 판매, 주택 임대, 사무실 공유 등 비용 절감을 위한 아이디어가 실행됐다. 가진 것이 너무 적었다. 그래서 나눌 수밖에 없었다. 필요는 발명의 어머니라고 했던가. 막다른 길에서 공유경제라는 새 모델이 '발명'된 것이다. 공유경제의 대표 기업으로 손꼽히는 우버, 국내의 쏘카 등이 자동차 관련 서비스인 것도 '결핍'이 해소되는 자연스러운 흐름 속에 있다. 차 댈 공간도 없고, 차가 다닐 도로도 없고, 차 살 돈도 없고. 이런 상황에서 자동차를 효율적으로, 충분히 사용하는 최적의 수단이 바로 차량 공유 플랫폼인 것이다.

무선 인터넷과 스마트폰의 발전도 공유경제를 가능하게 했다. 공유경제 서비스는 검색, 예약, 결제까지 모두 온라인을 기반으로 한다. 스마트폰이 없었다고 상상해보자. 쏘카든 에어비앤비든, 지금보다 훨씬 더 불편하지 않았을까. 공유경제가 원활하게 돌아가기 위해서는 인터넷이 집과 집을 연결하는 것만으로는 부족하다. 스마트폰이 개인과 개인을 연결하면서 비로소 '공유'가 가능해진 것이다.

그러니 스마트폰 대중화와 공유경제 발전이 포문을 연 시기가 톱니바퀴처럼 맞물리는 것도 우연이 아니다. 2007년 애플이 아이폰을 내놓았고 2008년엔 구글이 안드로이드를 개발했다. 2008년 에어비앤비가, 2009년 우버가 서비스를 시작했다.

공유경제의 역할은 시간이 갈수록 점점 더 커질 전망이다. 점점 현실의 일로 다가오고 있는 기후변화 때문이다. 사실 지금의 환경위기는 최대한 많은 자원을 끌어들여 최대한 많은 제품을 생산했던 산업화 시대의 결과다. 이젠 최소한의 생산으로 최대한의 가치를 끌어내야 한다. 에너지 소모를 줄이고 기후변화에 대응하기 위한 힌트는 공유경제에 있다.

가로열쇠

01 콘텐츠 사업자가 인터넷 이용자에 대해, 특정 콘텐츠를 이용할 때 발생하는 데이터 이용료를 면제하거나 할인해주는 제도. 2017년 3월 SK텔레콤이 자사 고객들에 한해 일정 기간 동안 '포켓몬 GO'를 실행할 때 발생하는 데이터를 무료로 제공한 것이 하나의 예다.

02 화폐가 만들어지지 않았던 시기의 경제활동으로, 나에게 필요한 너의 물건과 너에게 필요한 나의 물건을 바꾸는 행위를 가리킨다.

03 연장, 야간, 휴일근로수당이나 연차휴가 미사용 수당 등 각종 수당을 계산할 때 기준이 되는 개념. 근로기준법에는 법정 근로시간을 초과한 노동의 경우 'OO 임금'의 1.5배를 지급해야 한다고 명시되어 있다.

04 일본 소프트뱅크 그룹을 창업한 한국계 일본인. '20대에 이름을 날린다, 30대에 최소한 1,000억 엔의 자금을 마련한다, 40대에 사업에 승부를 건다, 50대에 연 1조 엔 매출의 사업을 완성한다, 60대에 다음 세대에게 사업을 물려준다'는 인생 50년 계획을 오차 없이 지켜왔으나 은퇴를 철회하며 마지막 계획은 지키지 못했다.

05 선물 계약할 때 일정 비율을 정해놓고, 그 비율 이상으로 손실액이 발생할 경우 고객에게 추가 금액을 요구하는 것. 이 금액을 채우지 못하면 계좌는 바로 압류당한다. #OOO24시간조작된진실

06 세계 외환시장에서 자주 거래되는 통화의 가중치를 설정해 구성되는 통화 꾸러미. 예를 들어, IMF의 특별인출권SDR, Special Drawing Rights은 회원국이 경제적으로 어려움에 처했을 때 담보 없이 해외 통화와 교환할 수 있는 돈인데, SDR의 가치는 달러, 유로, 파운드, 엔 등 유력 통화들에 각각 다른 가중치를 부여해 정해진다. 이 묶음을 가리켜 '통화 OOO'이라 한다.

07 1993년 김영삼 대통령이 선포한 긴급명령에 의해 시행된 제도. 이 제도가 시행된 후로 주민등록증, 여권, 운전면허증 등 신분증이 없으면 통장을 만들 수 없게 되었다. 이 제도가 시행되면서 차명계좌를 이용한 탈세가 줄어들었다. #금융OOO

08 'OOO 스튜디오'의 애니메이션이 TV에 방영되면, 그날 일본 증시가 급락하는 등 금융 시장에 혼란이 생긴다는 괴담. #믿거나말거나 #OOO의저주

09 '개인주주'에 대립되는 개념으로, 은행이나 증권회사같이 법인 명의로 주식을 소유하는 경우.

10 특정국의 경제 지표가 세계경제 흐름과 동떨어져 상반된 흐름을 보이는 현상. 만약 세계 증시가 상승세인데 코스피 지수가 떨어진다면 'OOOO' 현상이 나났다고 말한다.

11 기업 외부에서 초빙되는 비상근이사. 교수, 정치인, 변호사 등 특정 분야의 지식을 가진 전문가들이 경영 전반에 걸쳐 조언을 하거나 기업 내부 임원들의 전횡을 경계하기 위한 제도.

12 해외 직구로 친숙한 인터넷 쇼핑몰 회사 겸 온라인 경매업체. 한 번은 김일성 이름이 새겨진 골동품 시계가 매물로 올라와 눈길을 끌었다.

13 '콜옵션'과 대비되는 개념으로, 계약할 때 미리 상품 가격을 정해놓고 만기일에 그 상품을 정해진 가격대로 팔 수 있는 권리.

14 치매나 정신질환처럼, 심신의 상실로 자기 행위에 대해 합리적인 판단을 할 수 없는 사람. 2013년부터는 이 제도가 폐지되고, 재산뿐 아니라 다양한 권리 보호에 중점을 맞춘 '성년후견인제도'가 신설되었다.

15 최초로 '복식부기법'을 정리해 회계학의 아버지라 불리는 15세기 이탈리아의 수학자.

세로열쇠

01 1906년 설립된 후 프린터를 비롯한 PC 주변기기를 제조하고 판매해온 미국 기업. 원래 이름은 '헬로이드'였으나 1961년 'OOO'로 이름을 바꾸면서부터 프린터와 복사기의 대명사로 불렸다.

02 '떠오르는 시장'이라는 뜻으로, 개발도상국 중에서 경제성장률이 급격히 높아진 국가의 시장을 일컫는 말이다. 이제 중국은 'OOOOO'이라기엔 너무 커버렸다. #브릭스도옛말

03 서민들이 가장 두려워하는 것. 이것이 지속되면 '인플레이션'이라 한다. 월급인상률보다 'OOOO률'이 더 높으면 살기가 더 힘들어진다.

04 환율이 변동함에 따라 발생하는 손해. 해외여행 전후에 환율이 급변하면 환전할 때 손해를 보거나 이득을 보는 일이 생긴다.

05 미국 경제학자 그레고리 OO의 경제학 개론서. 국내 여러 대학에서 경제학 수업 때 교재로 사용한다. #주류경제학

06 디지털 시대가 되어 인맥을 아무리 넓힌다 해도 개인이 맺을 수 있는 사회적 관계의 최대치는 150명 정도밖에 안 된다는 인류학 이론. #OO의법칙 #OO의수

07 식료품의 품질을 떨어뜨리지 않고 소비자에게 공급하기 위해, 상온보다 낮은 온도를 유지한 채로 유통하

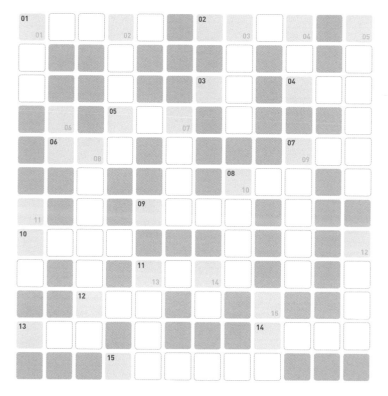

는 저온 유통 시스템. 최근 들어 온라인 쇼핑과 모바일 쇼핑이 활성화되면서 온라인 쇼핑 업계에도 이 시스템이 도입 및 강화되고 있다.

08 경기 침체와 물가 상승이 동시에 일어나는 경제 현상. 국내에서는 1997년 외환위기 당시 실업률과 물가가 동시에 높아져 서민들이 고통을 겪었다.

09 미국 샌프란시스코 남쪽에 위치한 첨단기술 연구 단지를 칭하는 말. 반도체에 쓰이는 '규소'와 단지 주변 산타클라라 계곡의 합성어다.

10 다른 회사의 주식을 일정 비율 이상, 혹은 전부 보유하여 그 회사의 경영권을 갖고 지휘하고 감독하는 회사. 이전까지 '순환출자'를 통해 총수 일가의 지배력을 행사해오던 재벌그룹들 중 상당수가 최근에는 'ㅇㅇㅇㅇ' 체제로 전환해 기업을 경영하고 있다.

11 이탈리아 르네상스 시기 피렌체에서 막대한 영향력을 행사했던 가문. 풍부한 재력과 안목을 바탕으로 레오나르도 다 빈치, 보티첼리, 미켈란젤로 등 수많은 예술가들을 후원해 이 시기 예술 발전에 크게 기여했

다는 평가를 받는다.

12 기업이 운영자금, 혹은 투자자금이 필요할 때, 주식을 신규로 더 발행해 그 주식을 팔아 자본금을 늘리는 행위.

13 코스닥150지수 선물 가격이 6% 이상 상승(하락)하고, 코스닥150지수 현물 가격이 3% 이상 상승(하락)한 상태가 1분 이상 지속될 때 발동되는 조치. 현물시장을 안정적으로 운영하기 위한 조치로 이것이 발동되면 매매가 5분간 중단된다. 2016년 6월 24일 '브렉시트' 국민투표 개표 결과의 윤곽이 드러나자 국내 주식시장이 폭락하며 이 조치가 발동된 바 있다.

14 돈을 빌릴 경우, 빌린 기간과 금액에 비례해 추가로 내는 돈.

15 금융기관에 급전이 필요할 때 금융기관끼리 남거나 모자라는 자금을 단기로 빌리고, 빌려줄 수 있는데, 이때 적용되는 금리.

던바

로빈 던바Robin Dunbar는 옥스퍼드대학교 실험심리학부에서 사회 및 진화 신경과학 연구팀을 이끌고 있는 진화심리학자다. 진화심리학이 요즘 아무리 각광받고 있다 해도 '던바의 수'라는 개념은 쉽게 납득이 가지 않는다. 페이스북을 해본 사람이라면 알 것이다. 단 몇 분 만에 수백 명의 친구가 생기고, 좀 유명해지면 그 수는 수천 명으로 늘어나고, 흔히 말하는 '인플루언서'들을 팔로하는 사람은 수백만, 수천만 명으로 늘어난다는 것을. 오프라인 공간으로 한정하더라도 납득하기 힘들긴 마찬가지. 지금 내가 사는 서울만 해도 거의 1,000만 명이 사는데? 그래서 인간이 맺을 수 있는 관계의 최대치가 150명에 불과하다고 단정하는 이 이론의 근거가 궁금하다.

엄밀히 말해 150이라는 숫자는 '최대치'가 아니라 '적정치'다. 그 이상으로 늘어나면 버거워져서 감당이 안 된다는 것. 그럼 조금 이해가 된다. 1,000만 시민이 모두 사적인 관계를 맺고 있지는 않으니까. 게다가 통근 지하철 속에서 너무 많은 사람 때문에 지쳤던 경험을 떠올려보면 '버겁다'라는 게 어떤 의미인지도 와 닿는다. 그럼 왜 하필 150인가.

던바는 '자연스럽게' 형성되어온 인간 집단의 구성원 수가 몇 명인지 그 평균치를 측정했다. 우선 산업혁명 이전, 수렵 채집으로 생계를 꾸려온 옛 조상들부터. 그들은 대부분 샘물이나 사냥 지역을 공동으로 소유하는 씨족 형태의 집단을 구성했다. 약 20여 개 부족사회의 씨족 집단을 대상으로 조사한 결과, 평균은 153명이었다. 물론 사냥을 하며 살던 그때랑 기술적으로 크게 발전한 지금을 단순 비교하기는 힘들다. 그래서 던바는 산업혁명 이후의 적정 집단 규모도 조사했다. 조사 방법은 크리스마스 카드. '당신은 연말에 몇 명에게 크리스마스카드를 보내십니까?' 연구 결과, 사람들은 1인당 평균 68가정에 카드를 보낸다고 답했다. 한 가정마다 2~3명 정도가 생활한다고 봤을 때, 구성원들을 합하면 대략 150명 정도다.

비즈니스 현장에서도 150은 절묘한 숫자다. 한 조직이 150명 이하일 때는 한 명 한 명 직접 대면하는 방식으로도 얼마든지 조직을 효율적으로 운영할 수 있다. 구성원들에 대한 책임감과 동료 집단의 압력이라는 '사적인 동기'만으로도 조직이 잘 굴러간다는 것. 하지만 조직이 커져서 150명이 넘어갈 경우, 많은 기업들이 여러 문제에 부딪친다. 지금껏 해온 것처럼 정에 기대고 감정에 호소하는 방식으로는 개인의 행동을 통제할 수 없기 때문이다. 그래서 큰 조직일수록 직책, 제도, 관리 시스템의 필요성은 커진다.

'나의 인간관계는 150을 훌쩍 넘었을까? 아님 턱없이 모자랄까?' 던바가 제안하는 계산법은 다음과 같다. 여행 중 비행기를 갈아타기 위해 경유지에 들렀다. 시간은 새벽 3시. 그때 아는 사람을 멀리서 보고 다가가 "헐! 여기서 다 만나네(요). 여행하고 있어(요)?"라고 말을 걸어도 전혀 어색하지 않은 사람의 수를 헤아려 보시라. 그 숫자가 바로 현재 당신이 맺고 있는 인간관계의 현주소다.

콜드체인

세상은 점점 더 빠르게 변하고 있다. 몇몇 당연했던 것들은 언제 그랬냐는 듯 하나둘 사라져가고, 상상 속에서만 가능한 줄 알았던 일들이 익숙해지면서 당연한 것이 되어간다. 지금은 당연하지만 예전엔 당연하지 않았던 것들. 차이를 만든 건 발상의 전환, 시스템의 발명이다. 어류, 육류, 과일 등 식재료의 신선도를 유지하기 위해 생산지에서 가정까지 저온 상태로 운반하는 시스템, '콜드체인'이 그렇다.

19세기 중반, 아르헨티나 정부는 골머리를 앓고 있었다. 소고기 수출을 늘리려면 먼 곳까지 이동시켜야 하는데, 무더운 날씨 탓에 소고기가 금방 상해버렸기 때문이다. 소고기를 실은 화물칸 옆에 얼음을 잔뜩 갖다놓는 방법을 써봤지만, 일단 너무 비싸고 돈 들인 만큼의 효과도 없었다. 냉장고, 냉동차가 당연한 지금 돌이켜보면 뭐 그런 걸로 고민을 하나 싶겠지만 당시엔 심각한 문제였다. 오죽하면 온도를 차갑게 유지하는 기술을 개발하는 사람에게 상금을 주겠다는 '이벤트'를 벌였을까.

하지만 힌트는 이미 한 세기 전부터 주어져 있었다. 액체 상태로 압축된 가스가 기화하면서 주변의 열을 흡수한다는 사실은 그 당시 과학자라면 모두 알고 있는 사실이었기 때문이다. 이 원리를 활용해야겠다는 생각을 못 했을 뿐. 1876년, 드디어 프랑스 공학자 샤를 텔리에 Charles Tellier 가 손수 개발한 냉동 시스템을 들고 나타났다. 그는 이 시스템의 효과를 입증하기 위해 배에 소고기를 가득 채운 채 프랑스 항구에서 부에노스아이레스로 떠났다. 105일간의 항해를 마쳤을 때, 고기는 여전히 신선했고 먹기에도 딱 좋은 상태였다. 아르헨티나 언론들은 이를 두고 '혁명'이라 추켜세웠고, 그때부터 아르헨티나 육류업체들은 본격적으로 소고기를 수출하기 시작했다.

콜드체인이 혁명이라고까지 불린 건 식품 유통의 패턴 자체를 바꿔버렸기 때문이다. 지금 우리가 30도를 가볍게 넘는 여름에도 고기뿐 아니라 생선, 과일 등을 싱싱하게 보존할 수 있는 것도 콜드체인 덕분이다. 몇 주, 몇 달, 길게는 몇 년간 음식을 두고 먹는다는 건 이전까지는 상상할 수 없었던 일이다. 그만큼 소비자들은 선택의 폭이 넓어졌다. 세계 어디서든 바나나 같은 열대 과일을 먹을 수 있게 된 것이다. 또한 이제는 영양소가 파괴되지 않은 음식을, 보다 맛있게 먹을 수 있다.

음식만 살리는 것이 아니다. 콜드체인은 사람을 살리는 데에도 활용되었다. 낮은 온도를 유지할 수 있게 됨으로써 약품이나 혈액도 더 오래 보관하고, 더 먼 곳까지 가져갈 수 있게 되었기 때문이다. 특히 제2차 세계대전 동안 치료가 필요했던 수많은 부상병들은 콜드체인 덕분에 목숨을 부지할 수 있었다. 간호사, 의사만큼이나 고마워해야 할 대상이 바로 콜드체인인 셈이다.

메디치

'돈 많은 집안'이라는 얘기를 들으면, 부러움과 함께 부정적인 생각이 함께 든다. 우리나라에서 가장 쉽게 접하는 '돈 많은 집안' 얘기가 대부분 눈살 찌푸리게 하는 뉴스들이기 때문이다. 자식이 경영하는 회사에 일감을 몰아주고, 상속세 안 내려고 갖은 꼼수를 다 쓰고, 재벌 후계자는 직원들에게 '갑질'을 일삼는 풍경. 그래서 그 집안의 '돈'이 부러울 수는 있어도 '그 집안사람들'을 존경하기는 힘들다. 그러나 서양의 역사에는 지금까지도 존경받는 가문이 있다. 이 가문은 돈이 많았을 뿐 아니라, 문학과 예술을 발전시키는 데 그 돈을 투자했다. 바로 메디치 가문이다.

메디치는 피렌체의 평범한 중산층 가문이었다. 메디치 가문의 선조들이 13세기 무렵부터 은행가나 상인, 혹은 공직에 몸담아왔지만, 메디치 가문이 명성을 얻을 수 있었던 건 단순히 재력이나 공직자라는 신분 때문이 아니었다. 시민들의 권리를 보호하기 위해 여러 번 귀족들에 맞서 투쟁했기 때문이다. 1400년 가문의 수장이 된 지오반니 데 메디치Giovanni de'Medici는 선조들이 쌓아놓은 명성과 탁월한 사업 수완 그리고 이를 통해 축적한 부를 기반으로, 피렌체를 넘어 유럽 전체에 메디치 가문의 이름을 알리기 시작했다. 1400년부터 1748년까지, 메디치 가문의 파란만장한 역사는 약 350년간 이어진다.

유럽 역사에서 15세기는 가장 중요하게 다뤄지는 시기 중 하나다. 중세에서 근대로 넘어가는 시기인 데다 이때 르네상스가 일어났기 때문에, 특히 회화, 조각, 건축 같은 예술 분야에서는 '황금기'라 불린다. 레오나르도 다 빈치, 라파엘로, 미켈란젤로 등 지금까지 예술계의 전설로 불리는 기라성 같은 인물들이 이때 등장했다. 이들의 창작 활동을 물심양면으로 후원한 것이 바로 메디치 가문이다. 다른 재력가들이 가진 돈을 군사력과 정쟁에 쏟아붓는 와중에 메디치 가문은 자신들의 부를 고결하게도 예술에 투자한 것이다.

또한 그들은 학문에도 투자를 아끼지 않았다. 메디치 가문은 '전문 책 사냥꾼'을 고용해 북유럽 수도원 구석에 처박혀 있는 그리스·로마 시대의 고전을 사 모았다. 수도사들이 책을 팔지 않으면 필경사를 파견해 베껴 쓰게 했다. 그 덕분에 묻혀 있던 인류의 고전들이 다시 세상에 알려지게 되었다. 플라톤, 타키투스, 소포클레스 등 역사와 철학 분야 대가들의 다양한 명저들이 이때 새 생명을 얻었다. 모으기만 하는 것에는 만족하지 못했던 걸까. 결국 1571년, 메디치 가문은 유럽 최초의 공공 도서관을 세운다. 시기가 시기인 만큼 그들의 투자는 성공적이었다. 예술이 인기를 끌고 학문이 부흥하면서 메디치 가문의 명성도 더더욱 높아졌다. 350년간 레오 10세, 클레멘스 7세, 레오 11세 등 모두 세 명의 교황이 메디치 가문 출신이고 카테리나 데 메디치Caterina de'Medici와 같은 프랑스 왕비를 두 명이나 배출했다는 사실이 당시 메디치 가문의 영향력을 말해준다.

메디치 가문 사람들은 죽고 난 후 피렌체에 지어진 산 로렌초 성당에 묻혔다. 해마다 수많은 관광객들이 이곳을 찾는다. 가문이 사라진 지 300년이 넘게 지났지만 그들의 영혼은 이 아름다운 건물 안에 오롯이 간직되어 있고, 사람들은 이곳에서 간접적으로나마 숭고함을 느낀다.

마진 콜

2013년에 개봉한 〈마진 콜〉과 2016년 개봉한 〈라스트 홈〉은 모두 2008년을 전후해 벌어진 미국발 금융위기를 배경으로 한 영화다. 그만큼 그때의 기억은 미국의 창작자들에게도 작지 않은 충격이었을 것이다. 〈라스트 홈〉은 서브프라임 모기지 사태에 직면한 평범한 중산층의 이야기다. 내 집 마련의 꿈을 안고 은행에서 대출을 받아 집을 샀다. 대출이자를 갚다 보면 집값이 오를 거라 기대했다. 그러나 금융위기가 터졌다. 기업이나 개인에게 돈을 빌려줬던 은행은 급하게 돈을 회수했다. 기업은 노동자를 해고하면서 버티다가 결국 파산했다. 은행에 돈을 갚지 못한 사람들은 집에서 쫓겨나 거리로 나앉아야 했다. 아들과 어머니와 함께 사는 가장 데니스 역시 마찬가지. 집을 되찾기 위해 데니스는 자기와 비슷한 처지의 다른 사람들을 쫓아내는 일을 하게 된다.

〈라스트 홈〉이 2008년 금융위기의 '결과' 편이라면, 〈마진 콜〉은 '원인' 편이라 할 수 있겠다. 배경은 금융위기 직전, 월스트리트에서 가장 잘나가는 투자은행 골드만삭스. 이곳에서 일하는 금융인들은 철저히 기업을 위해 복무한다. 사무실 직원의 절반이 해고되는 걸 보면서도 팀장 샘로저스는 "이런 방법으로 우리 회사는 107년 동안 성장해왔다"라며 남은 직원들을 독려한다.

고액 연봉을 좇아 골드만삭스에 입사한 피터 설리반은 그날 해고통보를 받은 상사로부터 놀라운 자료를 넘겨받는다. 회사가 보유한 모든 자산의 가치가 폭락해 사실상 휴짓조각이 되었고, 이 손실이 너무 커 회사 전체를 팔아도 다 메우지 못할 지경이라는 것. 이 자산은 MBS, 바로 주택담보증권이다. 이 큰 회사에서 어떻게 이 지경이 되도록 아무도 몰랐을까? 더 놀라운 건 보고를 받은 회장의 지시다. 아직 자산 가치가 폭락했다는 걸 시장에선 모를 테니 헐값으로라도 그날 안에 다 팔아치우라는 것. 그걸 산 매수자들이 사고, 폭락 사실을 안 뒤 다시 헐값에 팔고, 이런 식으로 '폭탄 돌리기'를 하다 보면 수많은 투자자들이 파산할 게 뻔하다. 하지만 회장은 태연하다. 양심의 가책 따위 키우지 않는다는 듯. "우리는 사겠다는 사람에게 공정한 시장가격에 팔려는 것뿐이다."

골드만삭스에서 일하는 임원들은 이미 굳게 믿고 있다. 자신들이 능력이 부족한 이들의 욕망을 대신 실현시켜 주고 있다고. "사람들은 자신들이 살 능력이 없는 차와 집을 원하는데 그때 우리가 필요하지. 우리가 손을 대면 그들이 왕처럼 살아갈 수 있으니까." 언제부턴가 대출은 옵션이 아니라 필수가 되었다. 이제는 당연하다는 듯 대출을 받아 집을 사고, 차를 산다. 거기까진 좋다. 그런데 거품이 꺼지면? 그 돈을 하루아침에 갚아야 하는 날이 온다면? 가진 것보다 더 넓은 집에서 살고 싶고, 가진 것보다 더 큰 차를 타고 싶고, 거기서 삶의 기쁨을 찾는 개인들이 있는 한 월스트리트는 무너지지 않을 것이다. 2008년에 그랬듯, 살던 집에서 쫓겨나는 건 월스트리트와 무관한 서민들이니까.

1939년 캘리포니아 주 팔로알토의 한 차고에서 역사가 시작됐다. 윌리엄 휴렛William Hewlett과 데이비드 팩커드David Packard가 음향 발진기 회사 '휴렛팩커드'를 차린 것이다. 79년이 지난 지금, 휴렛팩커드는 세계적인 IT 기업 'HP'가 됐다. 이 기업이 바로 우리에게 프린터 브랜드로 친숙한 그 'HP'다. 휴렛팩커드가 HP로 발전하는 동안, 캘리포니아주 일대는 '실리콘밸리'라는 이름을 얻었다. HP 외에도 미국 첨단산업을 이끄는 굵직굵직한 IT기업들이 이곳 실리콘밸리에서 첫 발을 디뎠다. 물론, 모든 기업이 HP나 애플처럼 성공한 것은 아니다. 훨씬 더 많은 수의 벤처기업들이 이곳에서 성공을 꿈꾸다 꿈처럼 사라져갔다.

벤처기업들이 이곳으로 모이는 가장 큰 이유는 '접근성'이다. 무엇에 대한 접근성? 사람에 대한 접근성. 바로 옆에 스탠퍼드 대학교가 위치해 있기 때문에 고급 인력을 확보하기가 쉽다. 자본 규모가 상대적으로 작은 벤처기업에게 뛰어난 인재 확보는 무엇보다 중요하다. 실제로 졸업생, 재학생을 가리지 않고 수많은 스탠퍼드 출신 인재들이 실리콘밸리에서 창업을 시작했다. 역시 회사든 학교든 가까운 게 최고다. 캘리포니아주 입장에서도 실리콘밸리 조성은 여러모로 반가운 일. 그래서 휴렛팩커드 이후 실리콘밸리가 막 조성될 즈음엔 이 지역에 들어서는 IT기업에게 세제 혜택을 제공하기도 했다.

물론 훌륭한 인재를 모아 놓는 것만으로 실리콘밸리의 성공 요인을 전부 설명할 수는 없다. 네바다주 블랙록 사막에서 8일 동안 열리는 문화 행사, '버닝맨Burning Man'이야말로 실리콘밸리를 지배하는 정서를 가감 없이 보여준다. 이 행사는 구글, 애플, 아마존 등 유수의 IT기업 대표들이 참석하는 'IT 축제'다. 이곳에 모인 사람들은 8일 동안 자유롭게 새로운 것을 상상하고, 만들고, 먹고, 마신다. 창의적인 행위라면 그 무엇이든 OK. 그러다 마지막 날이 되면 '버닝맨'이라는 조형물과 함께 다 부수고 태워버린다. 8일이 지나면 사막은 이전과 똑같은 상태로 감쪽같이 복원된다. 버닝맨이 끝난 후에도, 이곳에서 만난 사람들은 계속 관계를 이어간다. '새로운 세상'을 함께 만들어본 경험을 토대로 '자기만의 세상'을 넓혀가는 것이다. 버닝맨 기간에는 실리콘밸리 지역의 인구수가 줄어든 게 눈에 확 띌 정도라고 하니, 실리콘밸리 사람들이 이 행사를 얼마나 사랑하는지 알 수 있다.

상황에 순응하지 않고 저항함으로써 '삶의 진보'를 추구하는 태도는 실리콘밸리 전체를 지배하는 정서다. 페이팔의 공동창립자 피터 틸Peter Thiel의 말처럼. "죽음을 대하는 방식은 크게 세 가지다. 부정하거나, 받아들이거나, 맞서 싸우거나. 대부분은 부정하거나 받아들이는 쪽을 택한다. 하지만 나는 맞서 싸우는 쪽이 좋고, 그 쪽을 선택했다."

그들이 믿는 건 돈이나 안락한 생활이 아니라 자기 자신의 가능성이다. 꿈을 꿈인 그대로 두지 않고, 현실로 만들겠다는 목표를 위해 치열하게 싸운다. 그리고 그러한 노력이 사회에 공헌한다고 믿는다. 틸은 세상 사람들이 정말로 중요한 문제에는 관심을 기울이지 않는 것 같다고 말한다. 그 문제는 스스로에게 끊임없이 던지는 질문이기도 하다. '세상이 더 나아지려면 무엇을 성취해야 하는가?'

스태그플레이션

서민들에게 가장 무서운 경제 뉴스는 버스비 인상, 담뱃값 인상 등 '물가 상승'이다. 500원, 1,000원만 올라도 한 푼이 아쉬운 서민들의 지갑 사정에 치명타를 입힐 수 있기 때문이다. 그러나 이 정도 물가 상승은, 임금 또한 비슷한 비율로 상승하면서 구매력이 유지되기 때문에 생활에 큰 문제가 없다. '인플레이션'이 사회 문제가 되는 건, 1970년대 초반처럼 급격하고 지속적으로 물가가 오를 때다. 당시엔 독일을 제외하고 모든 선진국들의 인플레이션 변화율이 10퍼센트를 넘었다. 그중에서도 이탈리아는 25퍼센트, 스페인은 28퍼센트에 달했다. 심지어 국내에서도 원유 가격이 급등해 난방용 연료, 조리용 연료를 사기 위해 줄을 길게 서야 했다.

그런데 거시적으로 봤을 때 인플레이션보다 더 무서운 건 낮은 물가가 지속되는 디플레이션이다. 보통 물가가 오른다는 건 경제가 성장하고 있음을 드러내는 지표이고, 물가가 오르지 않는다는 건 경제 침체를 뜻하는 거니까. 그럼 스태그플레이션은 뭘까. 경기 침체를 뜻하는 스태그네이션stagnation과 물가 상승을 뜻하는 '인플레이션inflation'의 합성어다. 경기 침체와 물가 상승, 두 가지 재앙이 동시에 몰려오는 것이다. 1980년대 초, 미국과 영국은 혹독한 스태그플레이션을 겪어야 했다. 그리고 그 배경에는 정책 결정자들의 오판이 있었다.

1960년대까지 선진국들은 안정적인 성장률을 기록하며 '영광의 30년'을 보내고 있었다. 하지만 그 내부를 들여다보면 언제 인플레이션이 터져도 이상하지 않을 만큼 경제 구조의 불균형이 심해진 상태였다.

당시 경제성장을 떠받치고 있는 건 기업대출과 가계대출이었고, 정부는 적자를 메우기 위해 공채를 마구 발행했다. 이미 늘어난 통화량으로 세계경제가 기름범벅이 된 상태에서, '오일 쇼크'라는 불씨가 던져진 것이다. 이스라엘과 아랍 국가들 사이에 전쟁이 일어나면서, OPEC 회원국들이 서방 국가에 석유 수출을 중단했다. 석유 공급이 끊기자 원유 1배럴당 3달러였던 석유 가격은 38달러로 치솟았다. 원료 값이 오르자 물가가 오르는 것은 당연했다. 급격한 인플레이션이 시작되었고, 불길을 잡아야 할 정책 결정자들은 상황 인식에 실패해 사태를 더욱 악화시켰다.

이런 일을 겪어본 적 없던 경제 관료들이 믿을 거라곤 당시 허점 없는 경제학 이론으로 알려져 있던 '필립스 곡선'뿐이었다. "인플레이션은 언제나 실업과 상관관계가 있기 때문에, 더 높은 인플레이션을 감내하면 실업을 막을 수 있다." 당시 정부는 인플레이션을 잡기보다 오히려 경기부양 정책으로 인플레이션을 계속 일으켜 실업 문제를 해결하려 했다. 그래서 실업자들을 구제할 대책은 마련하지 않고 물가 상승 정책만 계속 고집했다. 국민들은 죽을 맛이었다. 일자리는 없는데, 물가는 계속 오르고⋯. 결국 필립스 곡선은 폐기되었지만, 때는 이미 늦었다. 1980년대 스태그플레이션으로 침체된 유럽 경제가 회복하기까지는 적지 않은 시간이 걸렸고, 그 피해는 고스란히 물가에 더 예민할 수밖에 없는 노동자들에게 돌아갔다.

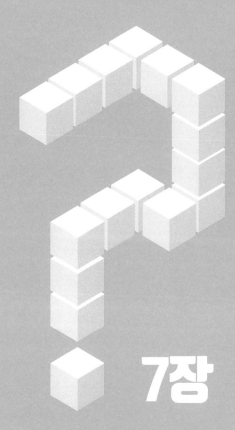

7장

뭘 좋아할지 몰라서 준비했어,

역사·철학

역사 철학

학교에서 배운 '역사'와 '철학'은 암기과목이었다. 역사 공부를 할 때는 반달돌칼이 어느 시기에 사용되었는지, 임진왜란과 병자호란 중 어느 것이 먼저 일어났는지 외워야 했고, 철학 시험에서는 철학자들의 이름과 소속 학파를 짝짓는 것이 그들이 주창한 이론의 내용보다 중요했다. 그래서 지금도 머릿속에는 수학 공식처럼 발해와 대조영, 조선 시대와 대동법, 벤담과 공리주의 같은 단어들이 저장되어 있지만 그 이유를 물으면 꿀 먹은 벙어리가 된다. 정작 역사가 무엇인지, 철학이 무엇인지는 배우지 못했기 때문이다.

많은 사람들이 역사를 '올드'한 학문으로 여긴다. 하지만 역사는 과거가 아닌 현재와 미래를 위한 학문이다. 과거를 통해 현재를 인식하고 미래를 예측하는 것이 역사 연구의 목적이기 때문이다. 또한 현재를 사는 사람들이 어떤 관점으로 바라보느냐에 따라 같은 역사의 해석이 달라지기도 한다. E. H. 카 E. H. Carr가 저서 《역사란 무엇인가 What Is History?》에서 말했듯, 역사는 "현재와 과거 사이의 끊임없는 대화"인 것이다. 그러나 우리는 그 사실을 모른 채 뗀석기와 간석기, 수렵채집과 빗살무늬 토기를 배웠다. 아니 외웠다.

철학에는 '먹고사는 데 전혀 도움 안 되는 학문'이라는 편견이 존재한다. 생활이 점점 더 팍팍해질수록 철학은 뜬구름 잡는 소리 취급을 받는다. 그러나 늘 '왜?'를 고민하는 철학은 복잡한 현대 사회에서 인간다움을 지킬 수 있는 유일무이한 학문이다. 철학이 등장하기 전까지 세상은 '신화의 시대'였다. 고대인들은 자기가 사는 세계의 법칙을 설명하기 위해 '신화'를 활용했다. 그들은 조상으로부터 전해져 내려오는 신화를 의심 없이 받아들였고, 그 신화에 대한 맹목적인 신뢰가 질서를 유지시켰다. 신화를 의심하기 시작한 건, '이성 logos'을 발휘하면서부터다. '왜?'를 묻기 시작한 것이다. '왜 저 돌멩이를 신으로 모셔야 하지?' '왜 내 자식을 제물로 바쳐야 하지?' '왜 이렇게 살아야 하지?' 이 이성이야말로 인간이 동물과 구분되는 가장 큰 차이점이다. 그리고 이성적 세계관이 인간 사회를 지배하면서 등장한 학문이 바로 '철학'이다.

　'역사'와 '철학'은 여러모로 겹치는 부분이 많다. 역사를 공부하다 보면 그 시대의 철학을 엿볼 수 있고, 철학이 변화해온 흐름은 역사적 사건들과 깊은 관련이 있다. 다음 페이지의 퍼즐들이 그 연결고리를 맞추는 데 조금이나마 도움이 되었으면 한다.

가로열쇠

01 [가로열쇠5]가 만든 국가 통치체제의 하나로, 육조의 업무를 의정부를 거쳐 국왕에게 올라가게 한 제도. 이 제도로 왕권과 신권이 조화를 이루게 된다.

02 10월마다 하늘에 제사를 올리는 고구려의 대표적인 국가 행사. 왕이 주관하는 제사지만 많은 사람들이 모여 왁자지껄 떠들면서 먹고 마시는 축제다.

03 조선 최초의 여성 비행사 박경원의 삶을 그린 영화. 지금은 세상을 떠난 배우 장진영과 김주혁이 주연을 맡아 열연했다.

04 1차, 증기기관 발명. 2차, 대량생산 시스템. 3차, 정보 통신 기술. 4차, 인공지능.

05 조선왕조에서 가장 칭송받는 군주 중 한 명으로, 백성을 사랑한 것은 물론 위대한 한글을 창제하고 장영실과 같은 뛰어난 신하에게 물시계, 앙부일구, 혼천의 등 여러 과학기구를 발명토록 하는 큰 업적을 남겼다.

06 유학이라는 학문을 체계화한 인물. 사회적 구성원이 각자의 맡은 바 역할을 충실히 해야 한다는 정명론, 지도자의 도덕성으로 백성을 통치해야 한다는 덕치주의, 재화가 공평하게 분배되는 도덕적 이상사회인 대동사회론 등을 주장했다.

07 런던에서 약 130km 떨어진 솔즈베리 평원에 위치한 고대 유적. 여러 개의 돌기둥이 늘어서 있는 모양으로, 이집트의 피라미드, 중국의 만리장성, 이탈리아의 피사의 사탑 등과 함께 '세계 7대 불가사의'로 꼽힌다.

08 하는 일마다 성공하는 사람을 가리켜 'OOO의 손'이라 부른다. OOO는 손에 닿는 모든 것을 황금으로 바꾸어버리는 능력을 가진 그리스·로마 신화 속 왕. 얼핏 들으면 이 능력이 좋을 것 같지만, 정작 그는 잡는 것마다 다 금으로 변해버려 음식도 못 먹었고, 심지어 자기 딸까지 황금으로 변해 이 능력을 도로 없애달라고 애원했다.

09 미래에 일어날 일을 예고 혹은 암시. 고구려, 백제, 신라 모두 안팎으로 뒤숭숭할 때면 나라의 멸망을 예언하는 '이것'이 떠돌았다.

10 이것을 빼놓고 플라톤 철학에 대해 논할 수 없다. '보다, 알다'라는 뜻의 그리스어에서 파생된 말로, 실제 눈이 아니라 마음의 눈으로만 볼 수 있는 사물의 순수하고 완전한 형태를 의미한다. 플라톤은 이것이 시공간을 초월해 실제로 존재한다고 주장했다.

11 인간이나 동물을 대량으로 죽이는 행위를 총칭하지만, 보통 제2차 세계대전 중 나치 독일의 유대인 학살을 뜻한다.

12 긴 자루 끝에 폭이 넓은 도끼를 매달아 만든 무기. 《삼국지연의》에서 관우가 사용한 것으로 유명하다. 설원에서 수많은 전투를 치르다 보니 붉은 피가 얼어 톱날 같은 막이 생겼다고 해서 '냉염거冷艶鋸'라는 별명으로도 불린다. #장비는장팔사모 #여포는방천화극

13 태조부터 철종에 이르기까지, 25명의 왕이 통치한 472년간의 역사를 기록한 자료. 국보 제 151호이자, 유네스코 세계기록유산으로 등재되어 있다.

14 전쟁 중에 민간인 살해에 가담했거나 국제법을 위반하고 침략전쟁을 일으킨 사람들을 부르는 말. 아돌프 히틀러, 도조 히데키, 베니토 무솔리니, 사담 후세인 등이 여기에 속한다. 일본의 야스쿠니 신사는 1급 OO까지 신으로 모시고 있는데 일본 고위직들이 꾸준히 신사를 참배해 과거를 반성하지 않고 있다는 비판을 받는다.

15 나폴레옹 전쟁 당시 스페인 전역의 게릴라에게 허를 찔린 이후 '게릴라'와 비슷한 의미로 사용된 말이다. 우리나라에서는 주로 한국전쟁 당시의 '공산 게릴라'를 가리키는 경우가 많은데, 이것이 흔히 얘기하는 '빨치산'이다.

세로열쇠

01 작자 미상의 조선 시대 고전소설에 등장하는 주인공. 태어나자마자 어머니를 여의고 눈먼 아버지를 극진히 모시며 살던 중, 아버지의 눈을 뜨게 하려면 공양미 300석을 바쳐야 한다는 말에 인당수에 몸을 던졌다. 그 효심에 하늘이 감동해 OO은 황후가 되고, 맹인 잔치에서 딸을 만난 아버지도 눈을 뜬다.

02 칸트 철학의 핵심 개념으로, '행위의 결과에 상관없이 행위 그 자체가 선이기 때문에 무조건 따라야 하는 도덕적 명령'을 뜻한다.

03 친아버지 영조의 명령으로 27세 때 뒤주에 갇혀 죽음을 맞이한 비운의 세자.

04 알에서 태어난 박혁거세가 신라를 세웠고, 비류의 동생은 백제를 세워 온조왕으로 불렸고, 주몽은 고구려를 세워 'OOO'으로 불렸다.

05 폭군의 아이콘. "내가 두려워하는 것은 역사뿐이다."

06 조선 후기 김정호가 그려낸 한반도. 지금의 지도와 윤곽을 비교해도 큰 차이가 발견되지 않을 정도로 정교하다. 도로를 뜻하는 선상에 10리마다 점을 찍어 실제 거리를 계산할 수 있게 한 것이 특징이다.

07 죽음을 관장하는 지옥의 신.

08 한반도에서 여성으로서 최초로 문집을 간행한 시인.

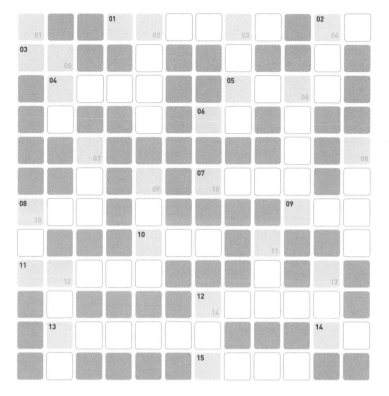

허균의 누나로도 잘 알려져 있다. 집에 들어오지 않는 남편을 원망하는 내용의 <규원가>가 대표작이다. "엊그제만 해도 젊었는데 어찌 벌써 이렇게 다 늙어 버렸는가?"

09 오스트리아 출신의 심리학자이자 철학자. '정신분석학의 창시자'로 불리는 그는 인간의 '무의식'이라는 개념을 최초로 정립시켜 20세기 사상사에 큰 족적을 남겼다. #지그문트○○○○ #꿈의해석

10 백제 초기 비류가 자리 잡은 도읍지. 《삼국사기》에 따르면 이곳의 땅이 습해 물이 짜서 살 수가 없었다고 한다. 이 지역은 지금의 인천이다. 인천의 한가운데 위치한 '남구'는 방문자들에게 혼란을 줄 수 있기 때문에 2018년부터 '○○○구'로 변경되었다.

11 유럽인이 처음 아메리카 대륙을 발견했을 때, 인도로 착각해 그곳에 살던 원주민들을 불렀던 말. 따라서 이것은 사실 틀린 표현으로, '아메리카 원주민'이라고 부르는 것이 맞다.

12 1957년 프랑스, 룩셈부르크, 이탈리아, 서독, 벨기에에, 네덜란드 6개국이 모여 유럽경제공동체 EEC 설립을 합의한 조약. 유럽연합의 기틀을 마련한 이 조약은 올해 50주년을 맞았다.

13 조선의 정치가이자, 학자이자, 킹메이커. 조선 건국의 이념적 기반을 다졌고 이성계가 역성혁명을 일으키는 데 크게 기여했다. 2014년 KBS에서 이 인물을 주인공으로 한 드라마가 제작되어 호평을 받았다.

14 일제강점기 조선 문단에 나타난 세 명의 걸출한 시인을 묶어 부르는 말. 이들이 함께 발간한 시집 제목에서 딴 이름이다.

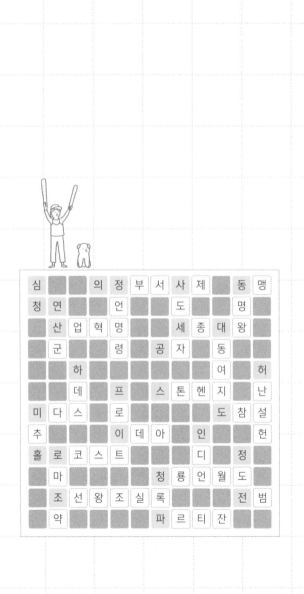

학창시절, 이름이 똑같은 동급생들이 있었다. 혼동을 방지하기 위해 걔네 둘은 꼭 다른 반에 배정되곤 했는데, 역사 속 동명이인은 갈라놓을 수도 없으니 헷갈릴 일이 많다. 심지어 왕이다. 부여를 세운 사람도, 고구려를 세운 사람도 모두 동명왕이다. 말하자면 '동명이왕同名二王'인 셈이다. 저어기 북쪽에 자리 잡은 위치도 비슷하고, 건국 시기도 비슷한데 이름까지 같으니 헷갈릴 수밖에. 이뿐만이 아니다. 건국 설화도 어딘가 많이 닮았다.

일단 부여의 동명왕을 살펴보자. 왕의 시중을 들던 여자가 임신을 했다. 아들을 낳자 돼지우리에 던져두었는데 죽지 않았다. 마구간에 두었는데도 죽지 않았다. 돼지와 말이 숨을 불어넣은 덕분이었다. 왕은 하늘의 뜻으로 여겨, 어미가 기르도록 했다. 이름은 동명東明이라 불렀다. 활솜씨가 뛰어난 동명을 보고 왕은 다시 두려움을 느껴 죽이려 했다. 도망치던 동명은 물고기와 자라가 만든 다리를 건너 추격하던 왕의 병사들을 따돌렸다. 그는 부여를 세우고 왕이 됐다.

고구려의 동명왕은 어떨까. 천제天帝의 아들 해모수가 강의 신 하백河伯의 딸 유화를 꾀어내 하룻밤을 지낸 뒤 승천해버렸다. 남자와 잤다는 이유로 집에서 쫓겨난 유화. 동부여의 왕이 그녀의 사연을 딱하게 여겨 궁으로 들였다. 어느 날 유화는 강한 햇빛을 받은 뒤 임신을 했는데, 아이가 아니라 알을 낳았다. 내다버리니 짐승들이 알을 보호하고, 껍질이 단단해 깨지지도 않았다. 어쩔 수 없이 유화에게 돌려주자 곧 알을 깨고 아기가 태어났는데, 그가 바로 주몽이다. 주몽을 시기해 죽이려 한 왕자들에게서

도망치던 그는 물고기와 자라가 만든 다리를 건너 이들을 따돌린다. 졸본 땅에 도움을 정하고 고구려를 세우니, 그가 동명왕이다.

거의 표절 수준인데…. 학계 정설은 부여 동명왕의 건국 설화가 먼저 존재했고, 그 후 고구려의 시조인 주몽을 신격화하기 위해 부여의 것을 차용했다는 것이다. 고구려인들의 부여 계승 의식을 엿볼 수 있는 대목이다. 부여를 본받고 싶었던 건 고구려만이 아니다. 백제, 가야, 발해까지도 자신들을 부여 동명왕의 후예라고 생각했다고 하니, 당시 부여의 영향력이 꽤 컸음을 짐작해볼 수 있다. 그렇다면, 표절이라기보다는 오마주에 조금 더 가깝겠다.

공자

동명왕이 고구려를 세웠다면, 공자는 유학이라는 학문의 체계를 세웠다. 중국의 중심이었던 주나라의 질서가 완전히 붕괴되고, 도道라고는 찾아볼 수 없을 정도로 온 천하가 난장판이 되어가던 춘추전국시대. 공자는 세상이 혼란해진 이유를 인仁, 즉 '사람다움'의 부재에서 찾았다.

공자의 유일한 목표이자 이상이었던 군자君子는 곧 '사람다운 사람'이다. 사람이 사람다운 것이야 당연한 얘기일 텐데, 요즘은 뉴스만 슬쩍 봐도 사람답지 않은 사람들 얘기가 넘쳐난다. 주변만 봐도, 이루지 못할 꿈 얘기하듯 "사람답게 살고 싶다"고 한탄하는 이들이 적지 않다. 분명 쉬운 일은 아니다. 하지만 포기할 필요는 없다. 이미 인격을 완성한 사람도 군자라 할 수 있지만, 인격 완성을 위해 노력하고 있는 사람 또한 군자다. 누구나 군자가 될 수 있는 것이다. 군자에 대한 '공자님 말씀'을 더 들어보자.

"군자는 의에 바탕하고, 예로써 행하고, 겸손으로 나아가며, 믿음으로 이루어낸다." 넷 중 하나만 하기도 힘든데 저걸 다 하라고? "다른 사람이 나를 알아주지 않아도 성내지 않는다면 군자가 아니겠는가!" SNS '좋아요'에 목매게 만든 마크 저커버그 때문에 군자 되기는 글렀다. "군자는 두루 사귀되 편을 가르지 않고, 소인은 편을 갈라 어울리되 두루 사귀지 않는다." 나이 들수록 편한 친구만 곁에 두고 싶은 걸 보니 어쩔 수 없는 소인인 걸까. "군자는 도를 걱정할지언정 가난을 걱정하지 않는다." 2019년 대한민국에 가난을 걱정하지 않을 사람 있나요? "군자는 근심도 없고 두려움도 없다." 벌써 군자가 되지 못할까 봐 두려워하고 있는데….

　힘든 것만 시킨다고 공자님을 꽉 막힌 '꼰대'라고 생각하면 오산이다. 공자는 인간의 감정에 솔직하라고 말했다. 좋든 나쁘든, 슬프든 기쁘든 감정은 마땅히 표출해야 하는 것이라고. 사람은 감정이 없을 수 없으며 그 감정을 적절하게 표현하는 것이 중요하다고. 다만, 딱 두 가지 지녀서는 안 될 감정도 있는데, 바로 근심과 두려움이다. 근심과 두려움은 외부로부터 오지 않는다. 나 자신에 대한 감정이다. 스스로에게 떳떳하다면, 근심과 두려움이 생길 여지가 없단다. 꼰대… 맞나?

이데아

플라톤은 아테네의 '엄친아'였다. 최고의 정치 명문가에서 태어났고, 똑똑했고, 레슬링 대회에서 여러 번 우승할 만큼 운동도 잘했다. 플라톤이라는 이름의 뜻이 '넓은 어깨'이니 듬직한 체구를 지녔으리라 짐작된다. 젊은 정치 지망생이던 플라톤은 갓 스무 살 되던 해 운명적인 만남에 직면한다. 그리스의 또 다른 철학자 소크라테스다.

플라톤은 소크라테스를 만나자마자 그에게 빠져들었다. 사실 소크라테스의 외모는 보잘것없었다. 당시 '소크라테스 같다'는 말이 못생겼다는 뜻으로 통할 정도였다고 하니, 아테네의 사람들도 거 참 잔인하다. 그럼에도 플라톤은 항상 소크라테스를 따라다녔다. 모두가 점점 타락하고 있는 듯한 아테네에서 끊임없이 정의와 진리를 좇는 소크라테스의 모습은 플라톤이 멘토로 삼기에 충분했다. 패기 넘치는 청년이 지성적인 선배 철학자에게 품은 동경. '정신적인 사랑'을 뜻하는 플라토닉 러브Platonic love가 플라톤과 소크라테스의 우정에서 유래한 것 아닐까 하는 상상을 해본다. 그렇게 둘은 친밀한 사제 관계가 되어 함께 진리를 탐구한다.

그러나 몇 년 후, 소크라테스의 죽음을 경험하면서 플라톤은 인생의 큰 전환점을 맞게 된다. 플라톤의 눈엔 누구보다도 정의롭고, 정의롭기 위해 노력하던 소크라테스였다. 그러나 그를 못마땅하게 여긴 이가 신을 모욕했다는 죄명으로 고발했다. 500명의 배심원으로 구성된 법정의 투표 결과는 사형. 민주정치에 환멸을 느낄 수밖에.

사실 소크라테스는 죽기 전부터 민주정치의 허점을 알고 있었다. 지혜를 가진 사람은 소수에 불과하므로, 지혜를 가진 사람이 정치를 해야 한다고 생각했다. 각자 자기가 잘하는 것에 집중하라는 얘기다. 그래서 소크라테스가 다수결에 따르는 민주정이 아닌 소수가 다수를 다스리는 귀족정을 옹호했던 것이다.

이러한 소크라테스의 생각과 불행한 죽음은 플라톤에게도 영향을 미쳤다. '철인 통치론'은 그 결과물이다. 그에 따르면, 민주주의라는 이름은 허울일 뿐 다수라고 해도 각자 자신의 이익밖에 보지 못한다면 그 사회는 정의롭지 않고 결국은 타락한다. 따라서 '선의 이데아'를 가장 잘 아는 철학자가 권력을 쥐고 통치해야 이상적인 국가를 이룰 수 있다.

힘들게 민주주의를 쟁취한 현대 사회의 국민들이 바라보기엔 과격한 생각일 수 있다. 그러나 '민주주의의 꽃'이라 불리는 선거를 통해 뽑힌 지도자들이 연이어 불행한 결말에 맞닥뜨리는 것을 보면서 민주주의의 허와 실에 대해 생각하게 된다.

세종대왕

한반도의 모든 권력자가 불행한 결말을 맞은 것은 아니다. 600년이 지난 지금까지 여전히 '성군'으로 칭송받는 지도자도 있다. 사립 대학교의 이름, 남극에 세워진 과학 기지, 서울 중심부에 위치한 문화회관, 그 주변의 거리 등 곳곳에 왕의 이름이 들어간 것도 모자라 심지어 가장 자주 쓰이는 지폐에 용안을 그려 넣었으니, 바로 세종대왕이다.

한반도의 역사에서 '대왕'으로 불리는 임금은 딱 둘 있다. 광개토대왕과 세종대왕. 광개토대왕이 말을 타고 정복전쟁을 벌여 영토를 밖으로 확장시켰다면, 세종대왕은 궁궐과 집현전을 오가며 국가의 내실을 다졌다. 그는 세자로 책봉되기 전부터 태종에게 '천성이 총명하고 학문에 부지런하다'는 평가를 들었다. 아버지의 평가에 부응이라도 하듯, 세종은 국정을 처리하는 데 있어 유학자 집단을 적극 활용했다. '현명한 사람들을 큰 집에 모아 놓다'는 뜻의 집현전集賢殿이 활성화된 것도 이 시기부터다. 집현전 유학자들은 당파 싸움을 벌이기보다 세종의 정책을 돕는 데 매진했다. 밤늦게까지 집현전에서 공부를 하다 잠든 신숙주를 보고 자신의 곤룡포를 덮어줬다는 일화처럼, 세종 역시 학자들을 특별히 믿고 아꼈다.

또한 세종은 젊고 유능한 학자들이 다른 데 힘 빼지 말고 공부에만 집중할 수 있도록 한 달에서 석 달 정도 휴가를 주기도 했는데, 이것이 바로 '사가독서'다. 그러나 휴가라고 해서 마냥 좋아할 일만은 아니었다. 읽은 책들의 목록을 보고해야 했기 때문이다. '휴가'라기보다는 '재택근무'다. 뿐만 아니라 사가독서 후에는 별도의 시험도 치러야 했으니 몇몇 학자들에게는 이 제도가 달갑지 않았을 수도 있겠다. 휴가가 있어도 못 쓰는 직장인들이 대신 추가 수당을 받듯, 당시에도 '휴가 대신 녹봉'을 원하는 목소리도 나오지 않았을까.

이처럼 학자들을 공부하게 한 것은 결국 백성을 위해서였다. 세종은 나라의 근본이 백성이라 여겼다. 또한 "내가 꿈꾸는 태평성대는 백성이 하려는 일을 원만하게 하는 세상"이라고 말하기도 했다. 그 세상을 만들기 위한 노력이 학자 집단의 '열공'과 더해져 나온 결과물이 '훈민정음', 한글이다. 한글은 발음기관을 본 따 만들어 과학적인 동시에, 백성 친화적이다. 《한글의 탄생ハングルの誕生》을 쓴 일본의 언어학자 노마 히데키는 훈민정음에 대해 이렇게 말했다. "어리석은 백성이 모래 위에 나뭇가지로 낙서하듯 그리기에 어려움이 없는 모습을 하고 있다." 처음 만들어졌을 때만 해도 훈민정음에는 삐침이 없었다. 말하자면 궁서체나 명조체가 아니라 굴림체나 돋움체였다. 백성들이 사용하려면 비싼 붓 없이도 쉽게 쓸 수 있어야 했기 때문이다. 물론 당시엔 신분제가 워낙 공고하다 보니 '언문'이라 폄하되긴 했지만, 백성들은 '글'을 얻게 되었다. 세종이 꿈꾸던 '백성이 하려는 일을 원만하게 하는 세상'은 그렇게 한 발짝 다가왔다.

심청

훈민정음이 창제된 덕분에 조선 후기에는 한글 소설이 대거 등장했다. 《심청전》역시 그중 하나다. 국립국어원이 100대 한글 문화유산으로 선정했고, 현대에 와서 최인훈의 희곡인 〈달아 달아 밝은 달아〉나 황석영의 소설인 《심청》으로 각색되기도 했다. 영화 〈서편제〉의 하이라이트를 장식하는 송화의 '심청가'는 관객의 심금을 울린다.

그러나 현대에 다시 읽는 《심청전》은 뭔가 꺼림칙하다. 왜곡된 효 사상이 집약되어 있기 때문이다. (죽을병도 아닌데) 아버지의 눈을 뜨게 하려고 (요즘 돈으로 1억도 안 되는) 공양미 300석을 받고 (그냥 찬물일 뿐인) 인당수에 몸을 던진다. 이 무모한 행동 덕분에 심청은 지금까지도 효녀의 아이콘으로 인식된다. 이후 심청은 용왕에 의해 목숨을 구하고, 왕후의 자리에까지 올라 결국엔 아버지의 눈까지 뜨게 한다. 효도를 해야 한다는 주장의 근거로서 완벽한 결말이다. 그러나 만약 요즘 신문 사회면에 이런 사연이 소개됐다면 심청의 행동은 결코 효로 받아들여지지 않을 것이다. '뭔가 꿍꿍이가 있겠지' 하는 의심과 함께, 딸을 팔아먹은 심 봉사는 가루가 되도록 까였을 터. 명작 고전소설이라는 후광을 가리고 심 봉사와 심청을 다시 보자. 내가 낳은 자식이라는 이유로 딸을 죽음의 문턱으로 내몬 심 봉사의 행동은 엄연히 폭력이다. 뻔한 속임수에 넘어가 자기 목숨을 내던진 심청은 '효녀'라는 말로 포장되기엔 지나치게 어리석다.

'현대판 심청'은 우리 주변에도 많다. 내 아이에 대한 과잉보호는 심해지고, 아이는 점점 더 부모에 의존한다. 더 큰 문제는 성인이 된 후다. 부모의 뜻에 맞춰 행동하는 희생자 역할에 익숙하다 보니, 자신의 의견을 주장하는 데 서툴 수밖에 없다. 비판에 대한 과도한 공포 때문에 정당한 요구를 할 때도 머뭇거리고, 중요한 일은 자꾸만 뒤로 미루게 된다. 상대방 앞에서 솔직하게 의견을 피력하지 못하는 자기 모습을 발견할수록, 대인 기피증은 심해진다. 결국은 사람과 쉽게 섞이지 못하는 자신을 비하하기에 이른다. 심신 장애, 우울증 등 심한 경우를 이야기하지 않더라도 '현대판 심청'의 앞날은 순탄하지 않다.

"의식하건 의식하지 못하건 자신이 되지 못하는 것보다 더 부끄러운 일은 없다. 진정한 자아를 생각하고 느끼고 말하는 것보다 더 자랑스럽고 행복한 일은 없다." 이 말을 한 철학자 에리히 프롬Erich Fromm은 독일인이지만 그 어떤 한국인보다 심청을 안타깝게 여길 것이다. 그의 말이 들리는 듯하다. 아버지를 위한다는 이유로 자신을 버리지 말라고. 희생자로서 인당수에 몸을 던지는 순간 당신은 가장 부끄러운 사람이 되는 거라고. 자신에게 부끄러운 사람은 결국 불효자가 될 수밖에 없다. 엄마, 아빠가 화내거나 상처받을까 봐 못 했던 말이 있다면 조금이라도 빨리 하는 것이 좋다. (심 봉사가 눈을 뜨는 것만도 못한) 부모의 자랑거리가 되기 위해, (공양미 300석보다도 못한) 연봉 몇 푼에 팔려, 하기 싫은 일에 억지로 몸을 내던지는 심청이 되고 싶지는 않다고.

철학자 임마누엘 칸트Immanuel Kant는 꽉 막힌 사람처럼 느껴진다. 아무런 조건이나 이유 없이, '해야 한다'는 정언명령을 따르는 것이 철학자 임마누엘 칸트가 말한 도덕법칙이니까. 조건 달지 마! 이유는 없어! 만약 칸트에게 "도덕적으로 사는 게 왜 중요한데?" 같은 질문을 던지면 "그냥" 혹은 "도덕적으로 사는 게 중요하니까"라고 답할 것만 같다. 그러나 아마 칸트의 대답은 이랬을 것이다. "왜 중요할지 먼저 한 번 생각해봐." 칸트가 중요하게 여긴 것은 스스로 생각하는 것이었으니까.

칸트는 학생 때부터 그랬다. 그의 졸업논문 앞머리엔 이런 다짐이 적혀 있다. "아무리 저명한 학자의 의견이라 하더라도 스스로 생각해 봤을 때 이해가 가지 않는 것에 대해서는 비판하겠다." 실수는 누구나 할 수 있기 때문에, 다른 학자의 명성보다는 스스로 생각한 바를 더 믿었다.

그렇다고 칸트가 늘 자신만만한 사람이었던 것도 아니다. 자기 또한 실수할 수 있다는 사실을 인정했다. 다만, 스스로 능력을 신뢰하지 않고서는 이미 만들어진 선입견에서 벗어날 수 없고, 그러면 학문도 제자리걸음을 반복할 거라 생각했다. 그래서 그는 누구보다 자신을 믿었다. "나는 내가 나아가야 할 길이 어디인지 이미 알고 있다. 따라서 나는 어떠한 것에도 방해받지 않고 계속해서 나아갈 것이다."

방해받지 않기 위해 칸트는 자신의 삶을 철저히 단순화했다. 요즘으로 치면 극단적 미니멀리스트다. 새벽 5시에 일어나 홍차를 마시고, 7시에는 강의, 9시에는 집필, 오후 1시엔 친구들과 식사, 3시엔 산책. 정해진 계획을 칼같이 지키는 그는 인간 시계였다. 독일의 오래된 도시 쾨니히스베르크의 이웃들은 그가 집 밖으로 나와 보리수 길을 지나면 '이제 3시 반이 되었구나' 생각했다고 한다. 듣기만 해도 답답하지만, 칸트는 사교적인 사람이기도 했다. 친구들을 만날 때, 유머와 지성을 겸비한 그는 대화를 주도했다. 평생 독신으로 살았지만, 연애도 즐기고 청혼까지 했다. 단, 조금 우유부단했을 뿐.

칸트는 결혼을 이렇게 정의했다. '두 사람이 평등한 권리를 호소하고 자신의 전 인격을 온전히 상대방에게 양도한다는 조건을 받아들이겠다는 둘 사이의 계약.' 당연히 결혼 상대 앞에서도 계약서 쓸 때처럼 신중했고 치열하게 고민했다. 그 결과 상대들은 칸트를 참지 못하고 떠나버렸다. 칸트가 본인과 똑같은 상대를 만났다면, 위의 저 텁텁하기 그지없는 결혼관대로 한 치의 오차도 없이 살 수 있었을 텐데. 어쩌면 좀 더 행복할 수도 있었을 텐데. 물론 칸트 같은 사람이 흔하진 않겠지만.

해외여행 한 번 가지 않았던 칸트는 자기답게 생을 마감한다. 한밤중에 갈증을 느낀 칸트. 옆에 있던 제자가 포도주에 물을 섞어 건네자, 달게 마신 후 그는 이렇게 말한다. "이것으로 족하다 Es ist gut." 그것이 칸트가 세상에 남긴 마지막 말이다.

가로열쇠

01 세종 27년에 편찬된 노래로, 조선왕조의 위대함을 찬양하는 내용을 담고 있다. 세종이 창제한 훈민정음을 사용한 최초의 책으로, 정인지, 성삼문, 박팽년 등이 참여했다.

02 충성으로 임금을 섬길 것, 효로 부모를 섬길 것, 믿음으로 벗을 사귈 것, 싸움에 나가서 물러서지 않을 것, 살아 있는 것을 죽일 때에는 가려서 죽일 것. #세속오계

03 고대 로마 제국에서 주변의 이민족들을 칭하던 말로, '야만인, 미개인, 혹은 이방인'이라는 뜻으로 지금까지도 쓰이고 있다. <디아블로>나 <던전 앤 드래곤> 등 게임에도 자주 등장한다.

04 고려 말기 태어나 조선 건국 후에도 여러 전쟁에서 활약한 무신. "무단정치 정중부 / 화포 최무선 / 죽림칠현 김부식 / 지눌국사 조계종 / 의천 천태종 / 대마도 정벌 ○○○" #한국을빛낸100명의위인들중1명

05 '좋은 곳'인 동시에 '이 세상에 없는 곳'이라는 뜻을 가진 이상 사회. 토머스 모어가 구상한 이곳에서는 하루에 6시간 정도만 일하고 나머지 시간에는 여가를 즐긴다.

06 후한 말, 어린 황제를 조종해 정치를 엉망으로 만든 10명의 내시들. #옛날얘기만은아냐

07 고대 중국과 서양을 잇던 무역로로, 이 경로를 통해 중국의 종이, 비단, 도자기, 화약 등이 서양에 전해졌고, 서양의 진기한 동물과 기술도 중국으로 전파되었다. 총 길이 6,400km에 달하는 이 길은 중앙아시아의 초원과 사막을 두루 지난다. #비단길

08 조선후기인 1811년(순조 11년)에 평안도 지역에서 일어난 민란으로, 함경도에 대한 지역적 차별을 규탄하고자 하는 이들의 투지가 만든 대규모의 난이었다. #○○○의난

09 (1) 로마 제국의 대표적인 폭군. (2) 그대는 귀여운 나의 검은 고양이 새빨간 리본이 멋지게 어울려 그러나 어쩌다가 토라져 버리면 얄밉게 할퀴어서 마음 상해요. (3) 동화 <플란다스의 개> 주인공(파트라슈 말고).

10 죽은 뒤에 큰 죄가 드러난 사람에게 내리던 벌. 무덤을 파고 관을 꺼내어 시체의 목을 잘라 거리에 내걸었다. 연산군 때 특히 성행하여 김종직, 한명회 등이 극형을 당했다. 박근혜 전 대통령 구속영장 청구 당시 자유한국당 윤상현 의원은 "이미 치욕적인 파면을 당한 대통령을 포승줄과 수갑을 채워 교도소에 넣겠다는 것은 ○○○○와 다를 게 없다"고 주장한 바 있다.

11 신라의 왕자로 태어났으나 괴팍한 성격으로 말썽을 피웠고, 미륵을 자처하며 '관심법'으로 사람의 마음을 꿰뚫어볼 수 있다고 주장하는 등, 독특한 캐릭터를 가졌던 인물. 훗날 후고구려를 세웠으나 왕건이 쿠데타를 일으켜 비참한 최후를 맞는다. #마군이로구나 #옴마니반메훔

12 (1) 8월. (2) 소설가 존 윌리엄스의 마지막 작품. (3) 로마 제국의 첫 번째 황제.

13 중국 전한시대의 역사가로, 동양 역사학을 정립했다는 평가를 받는다. '궁형'의 치욕을 당하면서도 끝내 역사서 《사기》를 완성했다.

14 기원전 5세기, 아테네, 스파르타 등 고대 그리스 도시국가와 ○○○○ 사이에 벌어진 전쟁. 이 전쟁을 배경으로 영화 <300>이 만들어지기도 했다.

15 충무공 이순신이 전쟁 중에 쓴 일기로, 2013년 6월 유네스코 세계기록유산으로 등재되었다. #국보제76호

16 신라 시대의 전설에 나오는 신비한 피리. '세상의 파란을 없애고 평안하게 한다'는 뜻으로, 모든 불안이 진정되고 평화가 오길 바라는 소망이 담겨 있다.

세로열쇠

01 임금의 밥상은 '수라', 임금의 변은 '매화', 임금의 얼굴은?

02 그리스 신화에 등장하는 대지의 여신. 영국의 과학자 제임스 러브록은 "지구는 그 자체가 하나의 거대한 생명체로, 생존하기 위한 최적조건을 유지하기 위해 언제나 스스로 상태를 조정한다"는 자신의 이론에 이 여신의 이름을 붙였다.

03 "아무리 아름다운 꽃도 열흘을 넘기지 못한다." #권불십년 #역사의교훈

04 16세기 말부터 17세기까지 유럽 건축의 경향을 일컫는 말. 최소한의 질서 위에서 자유분방한 표현방식을 강조하는 예술 양식이다. #포르투갈어로 #일그러진진주

05 조선의 학자 이지함이 쓴 것으로 알려진 책. 생년월일, 육십갑자 등을 이용해 한 해 동안의 길흉화복을 예측하는 원리에 대해 다루고 있다. 시대가 바뀌었지만 여전히 해가 바뀔 때마다 많은 사람들이 ○○비결을 통해 운을 점친다. #타로카드나 #용한도사누구야

06 조선 후기 등장했던 새로운 학문. 옛 성현의 말씀을 그대로 따르기보다는 현실 사회의 문제를 해결하는 데 목적을 두었다. #실사구시 #경세치용 #이용후생

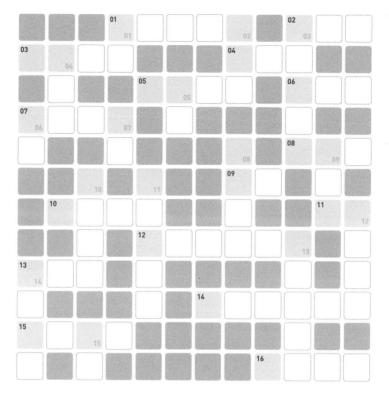

07 프랑스의 군인이자 정치가. 1차, 2차 세계대전에 참전했고, 이후엔 프랑스 제5공화국의 대통령으로 취임한 뒤 알제리전쟁을 평화적으로 해결했다. 파리의 국제공항 이름 역시 이 인물에게서 따온 것이다. "프랑스는 전투에서 졌습니다. 하지만 전쟁에서 지지는 않았습니다." #샤를앙드레조제프마리○○

08 14~16세기 서유럽을 중심으로 나타난 문예 부흥 운동. '재생', '부활'이라는 단어 자체의 의미처럼 고대 그리스·로마 문화를 다시 꽃피우겠다는 이상을 갖고, 건축, 미술, 사상, 문학 등 다양한 분야에서 전개되었다.

09 조선의 5대 궁궐 중 가장 먼저 지어진 궁궐. '충무로, 을지로3가, 종로3가, 안국, ○○○, 독립문, 무악재, 홍제'.

10 일본인 자객에 의해 명성황후가 시해된 을미사변 이후 신변의 위협을 느낀 고종이 러시아 공사관으로 피신한 사태를 일컫는 말.

11 20세기 초반 소련에서 노동자를 중심으로 일어난 두 번의 변혁운동이자 세계 최초의 사회주의 혁명. 소련뿐 아니라 전 세계 정치 체제에 막대한 영향을 미친 사건으로 평가된다. #레닌 #볼셰비키

12 조선 시대 붕당 간의 다툼이 얼마나 심했는지 단적으로 보여주는 대표적인 정치적 분쟁. 서인과 남인으로 나뉘어 왕족이 상복을 몇 년 입느냐로 목숨을 걸고 싸웠다.

13 그리스 로마 철학을 대표하는 주요 학파로, 금욕적인 삶과 보편적 이성을 중시한다. 제논, 세네카, 마르쿠스 아우렐리우스 등이 대표적이다.

14 조선 시대에 유교의 이념을 어지럽혔다는 이유로 반대 세력을 비판할 때 쓰인 표현. 16세기 서양의 '마녀', 우리나라 근현대사에서의 '빨갱이'와 비슷하게 쓰였다고 보면 쉽다. 그만큼 조선 시대까지 유교의 영향력은 컸다. #ㅅㅁㄴㅈ

15 역사서 《삼국유사》를 편찬한 고려시대의 승려. 《삼국사기》를 쓴 김부식과 헷갈리면 곤란하다.

《나의 문화유산 답사기》를 집필한 유홍준 전 문화재청장은 서울을 '궁궐의 도시'로 부를 것을 제안한다. 실제로 세계 어느 도시를 가도 5개의 궁궐이 서울처럼 사대문 안에 다닥다닥 붙어 있는 경우는 흔치 않다. 지어진 순서대로 나열하자면 경복궁, 창덕궁, 창경궁, 덕수궁, 경희궁. 창덕궁은 종묘와 함께 유네스코 세계 문화유산에 등재되기도 했다.

조선 개국과 함께 지어진 궁궐은 '경복궁'이다. 갑작스럽게 결정된 한양 천도로, 태조 이성계를 비롯한 왕족과 관료들은 임시 궁궐에 머물러야 했다. 그렇다고 해서 새 나라의 첫 궁궐을 대충 지을 수는 없는 노릇. 경복궁 공사는 정도전의 지휘 아래 10개월 동안 진행됐다. '큰 복'을 상징하는 궁 이름 또한 태조의 명에 따라 정도전이 지은 것. 이름뿐 아니라 경복궁 구조에도 그의 정치관이 녹아 있다. 궁궐을 '궁(왕과 그 일족의 사생활 공간)'과 '궐(왕과 신하들이 업무를 보는 공적 공간)'로 나눴을 때, '궁'만큼이나 '궐'의 비중이 크다. 왕의 권력이 절대적이었던 조선 시대 분위기를 생각하면 꽤나 이례적인 구성이다. 이는 왕권과 신권이 조화를 이뤄야 한다고 믿었던 정도전의 신념이 설계에 반영된 것으로 보인다.

이후 두 번의 왕자의 난을 겪으며 수도가 두 번 바뀌었다. 개성으로 갔다가 다시 한양으로 옮겨올 때 태종 이방원은 경복궁으로 들어가지 않는다. 친족끼리 피를 봤는데, 그 기억이 그대로 남아 있는 것은 물론 본인이 죽인 정도전의 손길도 여기저기 깃들어 있는 경복궁으로 들어가기는 아무래도 꺼림칙했을 것이다. 그래서 새로 지은 궁궐이 '창덕궁'이다. 왕이

묵는 곳도, 신하들과 함께 정무를 보는 곳도 이제는 창덕궁이었다. 경복궁은 타국의 외교 사절단을 맞을 때나 국가 의례를 행할 때만 쓰였다. 이어 즉위한 세종은 상왕 태종을 모시기 위해 창덕궁 바로 옆에 수강궁을 지었다. 훗날 성종이 수강궁을 중건하면서 지금의 이름인 '창경궁'으로 바꿔 부르기 시작했다.

임진왜란을 겪는 동안 경복궁, 창덕궁, 창경궁 모두 폐허가 된다. 궁궐을 복원하는 동안 선조가 묵을 곳이 필요했다. 그때 지내던 궁궐이 경운궁, 바로 지금의 '덕수궁'이다. 광해군 때 창덕궁 복원이 완료되었으나 광해군은 창덕궁에서 과거에 있었던 일들이 마음에 걸렸다. 연산군이 중종반정 때 쫓겨난 곳도, 단종이 세조에게 쫓겨난 곳도 모두 창덕궁이었으니까. 그래서 광해군은 궁궐을 하나 더 지어 그곳에 기거했다. 그곳이 바로 조선의 다섯 번째 궁궐, '경희궁'이다.

가뜩이나 곡절이 많았던 궁궐의 역사는 일제강점기를 거치며 또 한 번 치욕을 겪어야 했다. 경복궁엔 조선총독부가, 경희궁엔 일본인 중학교인 경성중학교가 들어섰다. 창경궁은 아예 동물원으로 개조됐다. 다행히 해방 이후, 복원 작업이 원활하게 이뤄지면서 지금은 궁궐의 품위를 거의 되찾았다. 경복궁이 처음 지어진 뒤로 조선의 다섯 궁궐은 600년 세월 동안 무너지고, 다시 세워지는 과정을 되풀이했다. 그 역사가 담겨 있다는 것만으로 궁궐은 의미가 깊다.

예송 논쟁

몇 년 전, '탕수육으로 본 조선 붕당의 이해'라는 제목의 게시물이 온라인 커뮤니티에서 화제가 됐다. '소스를 찍어먹는다 vs. 소스를 부어먹는다'로 갈리고, 소스를 붓는 사람은 '허락받고 붓는다 vs. 그냥 붓는다'로 또 갈리고, 그냥 붓는 사람은 '붓고 나서 아무 말 안 한다 vs. 붓고 나서 사과한다'로 또 갈린다. 소스를 찍어먹는 사람은 '한 번 찍는다 vs. 여러 번 찍는다'로 또 갈리고, '난 소스 없이 먹는 걸 좋아한다'는 사람도 갑자기 등장한다. 탕평론을 펴는 사람도 있다. '사이좋게 반은 찍어먹고 반은 부어먹자.'

이 게시물은 조선 시대 예송 논쟁을 패러디한 것이다. 예송 논쟁이란 단어는 '예禮를 주제로 떼 지어 소송訴訟을 건다'는 뜻에서 붙여진 이름이다. 역사 교과서에는 '서인과 남인의 정치적 대결'로 포장되어 있지만 그 내용을 좀 더 자세히 살펴보면, 논리를 기반으로 한 정치 토론이라기보다는 '말싸움'에 가깝다.

16대 왕인 인조의 첫 번째 아들 소현세자는 왕위를 물려받기도 전에 일찍 사망했다. 거기서부터 싸움의 씨앗이 움트고 있었다. 적장자 승계 원칙에 따르면, 인조의 손자인 소현 세자의 아들이 세자 자리를 이어받았어야 하지만, 인조가 둘째 아들을 세자로 책봉한 것. 이 둘째 아들이 바로 인조의 뒤를 이어 왕이 된 효종이다. 효종이 왕이 된 후에도 형 소현세자와 형수를 계속 비난했던 것을 보면, 세자 책봉 때부터 본인의 정통성에 대한 콤플렉스가 있었던 것 같다. 이 콤플렉스는 효종에게 왕위를 물려받은 아들 현종에게도 이어지고, 훗날 예송 논쟁으로 이어진다.

1차 예송 논쟁은 효종이 세상을 떠나면서 시작된다. 처음엔 효종의 할머니이자 인조의 계비였던 장렬왕후가 상복을 몇 년간 입느냐를 놓고 벌어진 학자들끼리의 가벼운 논쟁이었다. 송시열과 송준길 같은 서인 세력은 1년복을 주장했고, 허목이나 윤선도 같은 남인 세력은 3년복을 주장했다. 당시 조정을 장악하고 있던 건 서인들이었으므로 큰 무리 없이 1년복을 입는 것으로 결론이 내려졌다. 별 문제 없이 현종도 이를 받아들이면서 1차 논쟁은 일단락됐다.

하지만 2차 예송 논쟁은 좀 더 심각했다. 신하들이 아닌 현종이 몸소 논쟁을 시작했기 때문이다. 현종의 어머니인 인선왕후가 죽고, 또다시 상복을 입어야 할 때가 왔다. 장렬왕후는 이때도 살아 있었다. 인선왕후가 첫째 며느리라면 1년 동안 입어야 하고, 둘째 이하 며느리라면 9개월 동안 입어야 하는 상황. 1년이냐, 9개월이냐는 다른 누구보다 현종에게 중요했다. 어머니 인선왕후가 인조의 첫째 며느리여야지만 어머니의 남편이자 자신의 아버지인 효종이 정당하게 왕위를 물려받은 셈이 되기 때문이다. 또 그래야 현종 본인의 정당성도 확보된다. 예송 논쟁의 배경에는 결국 현종의 콤플렉스가 있었던 것이다.

그러나 예를 담당하던 예조는 현종의 생각과 달리 9개월 동안 입을 것을 주장한다. 예법을 꼼꼼히 따져봤을 때 인조의 첫째 아들은 효종이 아니라 죽은 소현세자였기 때문이다. 좋게 보면 권력 앞에서 당당했다고 볼 수 있지만, 지금 시각에서 보면 고지식하기 그지없다. 이미 효종뿐 아니라, 그 아들 현종까지 왕위에 오른 마당에 그 상복 3달 더 입는 게 뭐 그리 문제가 된다고. 현종은 1년 동안 입는 게 옳다는 말, 즉 효종과 현종이 적장자라는 말을 듣기 위해 이틀 동안 신하들을 들들 볶지만 영의정 김수흥을 비롯한 신하들은 끝내 그 말을 해주지 않는다. 그렇다고 신하들의 뜻이 관철되었느냐? 아니다. 결국 현종은 본인의 고집대로 1년간 상복을 입을 것을 명한다. 이 허무한 논쟁의 승자는 아무도 없다. 이후 현종은 영의정 김수흥을 비롯한 9개월파들을 유배 보내고, 본인도 몇 달 만에 병사했으니. 역사는 반복된다고 했던가. 조선 시대의 허무한 예송 논쟁은 지금도 여의도에서 되풀이되고 있다. 감정싸움만 하다 임기 마치지 말고, 산더미처럼 쌓인 법안부터 처리해 주시길….

실학

방에 틀어박혀 성현의 말씀이 적힌 책을 읽으면서 진리를 좇는 것이 학문의 이유였던 조선 후기. '실사구시'나 '이용후생' 같은 슬로건을 내걸고 현실적인 문제들을 해결해보자는 학풍이 새롭게 등장했다. 현대의 사람들은 보통 이 학풍을 가리켜 '실학'이라 부르지만, 사실 이 용어는 그 전부터 있었다. 불교가 나라의 기틀이던 고려 때는 새롭게 등장한 유학을 가리켜 실학이라 했고, 유교가 주류 학문이던 조선 전기에는 새롭게 등장한 성리학을 마찬가지로 실학이라 불렀다. 당시 '실학實學'은 새롭고 진보적인 학문을 가리키는 보통명사로 쓰였던 것이다. 지금부터 얘기할 실학은 17세기부터 19세기 초반까지 유행했던 '현실 타개' 학풍을 뜻한다.

실학이 등장하게 된 배경에는 성리학에 대한 회의가 있었다. 당시 조선의 모든 학자들은 명나라만 바라봤다. 유학에 따르면, '중화가 곧 진리'였기 때문이다. 그러나 17세기 중반 오랑캐로 인식되던 청나라가 명나라를 누르고 강대국으로 올라서면서 견고했던 믿음에 금이 가기 생각했다. "충실한 예의 질서를 이루면 어느 나라나 중화가 될 수 있다"는 이익의 말은 당시 지식인들 사이의 인식이 조금씩 바뀌고 있음을 보여준다. 중화가 꼭 답이 아니라면, 답은 청나라든 조선이든 어디에서나 찾을 수 있는 것이었다. 가장 중요한 건 그게 어디서 왔느냐가 아니라 조선 사회에 누적된 현실적이고 구체적인 문제들을 해결할 수 있는가 하는 것이었다. 마침 서양 문물이 조금씩 들어오고, 조선 지식인들 사이에서 '새로운 것들'이 유행하던 때였다.

실학은 무엇을 중시하느냐에 따라 크게 '중농학파'와 '중상학파'로 나뉜다. '중농학파'는 토지 제도를 비롯한 조선 사회 내부의 제도를 뜯어고치자는 세력이었다. 보통 '실학의 선구자'로 불리는 유형원과 이익이 대표적이다. 농촌에서 생활했기에 도시의 양반들보다 농민의 고통을 더 가까이서 지켜본 그들은 사회 제도야말로 문제 해결의 본질이라고 믿었다. 그래서 그들은 주로 토지, 조세, 관리 임용, 행정 체계 등을 연구했다.

반면 '중상학파'는 상공업을 진흥시키고 선진 기술을 외부로부터 받아들이는 것을 중시했다. 연암 박지원을 비롯해 박제가, 홍대용 등이 여기에 속한다. 그들은 다른 나라, 특히 당시에 강대국이던 청나라의 문화를 적극적으로 배워 와야 한다고 주장했기 때문에 '북학파北學派'로도 불린다. 그리고 단순한 호기심 해결에 그치지 않고 백성의 삶을 더 낫게 만드는 데 도움이 될 수 있을지 끊임없이 고민했다.

물론 실학자들이 썩을 대로 썩어버린 조선의 환부를 모두 도려내지는 못했다. 당시 조선의 시스템은 '실학'을 받아들이기엔 너무 경직되어 있었다. 신분 차별 때문에 학문적으로 아무리 뛰어나더라도 중앙 정치에 진출하지 못했고, 상공업을 천시하는 '사농공상'에 따라 중상학파는 철저히 무시당했다. 그럼에도 그들이 주장한 제도 개선은 분명 백성들의 삶을 나아지게 했다. 100년간의 노력 끝에 18세기부터 드디어 시행된 대동법과 균역법은 '삼정의 문란'에 시달리던 백성들의 고통을 조금이나마 덜어줬다. 또한 지긋지긋한 '소중화주의'에서 벗어나 '내 나라 조선'에 대한 연구가 본격적으로 시작된 것도 이때부터다. 그때서야 우린 비로소 조선의 역사, 지리, 언어, 문화 등 다양한 분야에 대해 탐구함으로써 조선을 독립된 나라로 인식하게 되었다.

차르에게 권력이 독점되어 있던 러시아의 정치체제는 독재에 가까웠다. '두마'라는 의회가 운영되고는 있었지만, 그것이 가능했던 것도 니콜라스 2세의 허가 덕분이었다. 두마 의원들에게 차르를 견제하거나 다른 의견을 제시할 정도의 권한은 없었다. 그래서 러시아 정부가 정책 방향을 한번 잡으면 그것이 잘못되었더라도 브레이크 없이 실행됐다. 20세기 초반 러시아는 서유럽을 따라잡기 위해 대도시에 중공업을 집중시켰으나 결과는 실패. 이런 식의 문제들은 차르 정권에 대한 농민과 노동자들의 불만을 키워갔다.

1914년, 열강들의 전쟁에 끼어든 건 더욱 치명적인 결과를 낳았다. 전쟁을 하기 위해서는 대규모 인력과 막대한 자원이 필요했다. 러시아는 다수인 연합군 편에 섰음에도, 경제가 뒷받침해주지 못하다 보니 연합군 중 가장 먼저 어려움을 겪었다. 당장 먹을 식량도 없는데 군대에까지 끌려가야 하는 상황이 되자 러시아 국민들은 더 이상 참지 않았다. 모스크바, 상트페테르부르크 등지에 위치한 공장에서 파업이 일어났고 군대에 끌려간 병사들은 폭동을 일으켰다. 결국 차르는 물러났고, 노동자와 군인이 결성한 소비에트를 중심으로 한 임시정부가 세워졌다. 이것이 2월 혁명이다.

2월 혁명 소식에 많은 사람들이 놀랐지만, 특히 더 놀란 사람이 있었다. 블라디미르 일리치 레닌Vladimir Il'ich Lenin이다. 그는 지난 17년 동안 러시아 밖에서 생활했지만, 좌익이나 우익 사상가들과 격렬한 정치 토론을 벌이며 항상 조국의 혁명을 꿈꿔왔다. 레닌의 눈에 전쟁은 '역겨운 짓'이었다. 각국의 부자들이 자기 이익을 위해 가난한 사람들을 전쟁터로 내보내 싸우게 한다고 생각했기 때문이다. 노동자들의 반란이 2월 혁명으로 이어지는 것을 보며, 레닌은 이것이야말로 '진정한 전쟁'이라 생각했다. 그러나 임시정부는 빈틈이 많았다. 온건한 사회주의자들과 자유주의 개혁가들이 섞여 있어 의견이 모이지 않았고, 지도부의 카리스마도 부족했다. 임시정부가 버벅거리는 동안 전쟁은 계속 이어졌고, 임시정부에 대한 국민들의 불신도 커져갔다. 레닌은 그 틈을 놓치지 않았다.

레닌은 러시아가 전쟁으로부터 벗어나기 위해서는 철저한 준비와 결속력 강한 조직이 필요하다고 봤다. 그것이 '볼셰비키'다. 레닌이 발표한 '4월 테제'의 핵심은 세 가지다. 임시정부에 협조하지 않겠다, 볼셰비키 중심의 소비에트가 권력을 장악하겠다, 독일에게 평화조약을 요구해 전쟁을 끝내겠다. 지긋지긋한 전쟁을 끝내겠다는 목표가 명확했기에, 독일은 물론 국민들도 환호했다. '빵과 평화'를 함께 주겠다는 슬로건도 먹혀들었다. 독일과의 평화조약이 맺어졌고, 레닌은 손쉽게 임시정부를 무너뜨리고 권력에 무혈 입성했다. 이것이 10월 혁명이다.

유혈 사태는 혁명 이후에 일어났다. 볼셰비키는 의회를 폐쇄하고 아무런 보상 없이 사업체와 재산을 몰수했다. 고문과 학살을 일삼는 비밀경찰을 통해 공포정치를 강화했다. 레닌을 지나 스탈린이 권력을 잡은 동안에도 공포정치는 계속되었다.

러시아에서 처음으로 시도된 공산주의는 폴란드, 체코슬로바키아, 헝가리 등 러시아 군대가 독일 나치로부터 해방시킨 지역들로 퍼져갔다. 공산주의는 희망적으로 보였으나, 윈스턴 처칠이 '동유럽에 퍼진 세균'이라 표현할 만큼 그 결과는 참담했다. 인권침해와 가난이 동시에 국민들을 괴롭혔고 굶어죽는 사람들이 늘어만 갔다. 결국 1980년대 말, 소비에트 연방은 자체 개혁을 시작했고, 공산주의 체제는 붕괴되었다. '노동자들의 독재'가 국민들에게 행복을 줄 거라는 신화가 완전히 깨진 순간이다.

르네상스

중세의 유럽은 흔히 '암흑시대'라 불린다. 위세를 떨치던 로마 제국은 오히려 끊이지 않는 외부의 침입으로 붕괴 위기를 맞고 있었다. 계속되는 전쟁과 전염병에 시달리는 사람들이 늘어났지만, 교회 권력은 교파 간 세력 다툼에 몰두하느라 다른 곳을 돌볼 여력이 없었다. 그럼에도 기독교의 지위는 굳건했다. 당시 종교는 곧 정치이자 법이었기 때문이다. 기독교는 정치뿐 아니라 철학, 과학, 예술 등 모든 영역에서 막대한 영향력을 행사했다. 성경 교리에 조금 어긋나거나 종교인들의 심기를 거스르는 부분이 눈에 띌 경우, 결과물이 수거되는 것은 물론 목숨을 잃을 수도 있었다. 사회 분위기가 침체되는 건 어찌 보면 당연했다.

그리스·로마의 고대 지식 또한 오로지 성경 교리를 뒷받침하는 데에만 이용되었다. 그러나 교회 밖에서 고대 지식을 연구하다 점점 그 자체에 매력을 느끼는 학자들이 늘어났다. 고대 지식인들은 종교 논리에 얽매이지 않고, 세상의 모든 문제에 관심을 갖고 자유롭게 토론했다. 구속과 억압 속에 살던 중세의 젊은이들 중, '자유로운 영혼'을 그대로 드러내는 '고대인'들을 롤모델로 삼는 이들이 점점 늘어났다. 고대 문물을 연구할수록 새롭게 태어나는 듯한 기분을 느꼈다. 고대 그리스·로마인들을 재발견하는 과정, 이것이 바로 '르네상스'의 본질이었다.

종교가 부흥하기 전, 고대인들은 다른 무엇보다 자기 자신, 즉 인간을 가장 중요하게 여겼다. 죽음 이후에 어떻게 되느냐보다는 지금 당장 어떻게 사느냐, 사는 동안 어떤 인간이 될 것인가가 인생의 최대 고민이었다.

지금이야 당연해 보이지만, 신을 모든 일의 중심으로 놓고 생각하던 중세인들 입장에서는 지극히 새로운 시각이었다. 물론 여전히 종교의 영향력이 컸던 만큼 르네상스 운동을 벌이는 사람들이 종교를 아예 무시할 수는 없었지만, 인간 중심의 세계관은 점점 더 퍼져갔다. 종교의 엄숙함은 결국 '지금, 당장!' 앞에 무너진 것이다.

자유로운 토론의 장이 여기저기서 펼쳐졌다. 거리에서 누군가 재미있는 얘깃거리를 시작하면 상대가 누구든 그 앞에 자리를 깔고 앉아 듣고 의견을 제시했으며, 이러한 과정이 학문의 발전으로 이어졌다. 중세시대에 '인간'이란 개념이 '신의 보호가 필요한 세계의 일부'였던 데 비해, 이제 '인간'에게 요구되는 것은 '자신의 의지대로 행동하는 것'으로 바뀌었다. 르네상스인들이 생각하는 '완전한 인간'은 호기심을 갖고, 직접 관찰하고, 원리를 이해하며, 자기가 좋아하는 것이라면 인생 전부를 바쳐서라도 알아내고야 말겠다는 열정을 가진 인간이었다. 그리고 이러한 이상향에 가장 가까운 인물이 바로 레오나르도 다 빈치다.

보통 다 빈치를 화가로만 알고 있지만 그는 동시에 수학자, 과학자, 식물학자, 동물학자였고 신체 구조와 원리를 정확히 이해하기 위해 해부학까지 마스터했다. 사실 그 당시만 해도 학문의 구별이 지금처럼 뚜렷하지 않았다. 그림을 잘 그리려면 원근법, 재료를 혼합해 색을 표현하는 법 등 다른 학문의 지식까지 기본으로 갖추고 있어야 했다. 자동적으로 '융합형 인재'가 양산되는 시기였던 셈이다. 요즘 '덕후'들이 많다지만, 꽂히는 게 있으면 바로 파헤쳐버리는 다 빈치 앞에서 '덕후' 명함을 내밀 수 있을까. 만약 그에게 '인터넷'이라는 수단이 주어졌다면, 그는 과연 어떤 사람이 되었을까?

사마천

'중국 역사의 아버지'이자 '아시아의 플루타르코스'라 불리는 사마천은 기원전 145년경 태어났다. 역사 편찬을 담당하는 관리 '태사령'이었던 아버지의 영향을 받아 그 자신도 한 무제 때부터 태사령으로 일했다. 아버지 사마담이 정리하던 중국의 옛 역사 문헌 목록을 물려받은 사마천은, 아버지의 뜻을 받들어 후세에 길이 남을 역사서를 쓰겠다고 다짐한다. 당시 그는《춘추春秋》를 남겼던 공자를 롤모델 삼은 것으로 알려져 있다. 사마천은 공자의 전기 격인《공자세가孔子世家》를 집필하기도 했으니까. 그러나 공자가 본인이 말하려는 주제를 드러내기 위해 역사를 '활용'했다면, 사마천은 역사적 사실을 충실히 기록하는 것 자체에 목적을 두었다. 실제로 후세 사람들은 당대 기준에 비춰 봤을 때, 그의 역사 서술이 매우 객관적이라고 평한다. 그도 그럴 것이, 사마천은 아버지가 남긴 문헌 외에도 모을 수 있는 건 다 끌어 모았다. 옛 사관들이 남긴 기록을 비롯해 왕실 문서, 제자백가의 책, 민간 서적, 문학서 등을 참고했다. 또한 금속과 비석에 새겨진 글과 그림도 꼼꼼히 살폈고, 사람들 사이에 전해 내려오는 전설이나 민담까지 수집했다.

　사마천의 역사 서술이 높게 평가받는 또 다른 이유는 '기전체'를 창안했기 때문이다. 기전체는 사마천 이후 정통으로 굳어져 대대로 계승되지만, 그 당시만 해도 시간의 흐름에 따라 일어난 사건을 기술하는 '편년체'가 일반적이었다. 공자가 쓴《춘추》역시 마찬가지였다. 하지만 사마천이 택한 '기전체'는 다섯 가지 분야를 나눠 역사를 서술함으로써, 좀 더 입체적으로 당시 상황을 바라볼 수 있게 한다. 이에 따라《사기史記》는 '본기', '표', '서', '세가', '열전' 등 총 다섯 가지 부분으로 구성된다.

12권짜리 '본기'는 제왕을 중심으로 최고 권력자의 변화를 다룬다. 3,000년 중국 왕조의 역사가 고스란히 담겨 있어《사기》의 중심을 잡는다. 10권짜리 '표'는 시대 순으로 기술한 연표인데, 중국 왕조는 물론 주변 제후국들의 흥망성쇠와 각 국가끼리의 관계 등을 한눈에 알아볼 수 있다. 8권짜리 '서'는 행정 제도와 사회, 경제, 문화를 다뤘다. 예법, 음악, 군사, 역법, 천문, 치수, 화폐 등 중국 사회의 면면을 자세히 살펴볼 수 있다. 30권짜리 '세가'에서는 제후국들의 역사를 보다 상세히 다뤘다. 마지막으로, 70권짜리 '열전'은 당대 뛰어난 인물들의 행적을 빠짐없이 담아냈다. '본기'와 함께《사기》의 두 축을 이루며, 지금까지도 가장 많이 읽히고 있다. 이 다섯 분야를 합치면 총 130권에 글자 수는 50만 자가 넘는다. 사마천이 이 방대한 분량의 역사서를 쓰는 데에는 모두 15년의 세월이 걸렸다.

15년 동안 역사서 집필에 온전히 집중할 수 있었던 것도 아니다. 그 사이 사마천은 억울한 누명을 쓰고 치욕적인 형벌인 '궁형'을 당하는 일도 있었다. 그러나 사마천은 좌절하지 않고 그 울분을 역사서 집필에 쏟았다. 결코 권력자의 눈치를 보지 않았던 그는 과거의 통치자들을 비판함으로써 현재의 통치자를 우회적으로 비판했다. 불로장생을 위해 국고를 쏟아붓고, 36년간 70만 명을 동원해 무덤을 건설하게 하는 등 진시황의 잔혹한 기행을 후세에 알린 것 또한 사마천이다. 심지어 당대 황제였던 무제가 귀신과 무당에 빠져 국정을 팽개친 사실까지 '본기'에 그대로 담았다.

이를 통해 사마천이 원한 것은 딱 하나였다. 그가 남긴 기록이 나중에 라도 전해져 사람들에게 읽히는 것. 후세 사람들은 사마천이라는 이름과 동시에 《사기》를 떠올린다. 이 정도면 그의 비극적인 삶도 어느 정도는 보상받았다고 말할 수 있을 것이다.

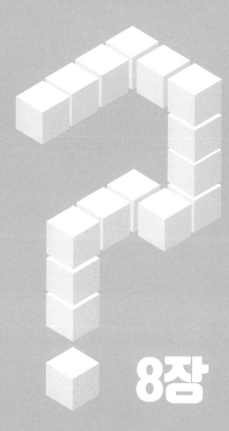

8장

읽고 싶지 않지만 읽었다고 말하고 싶은,

베스트셀러

베스트셀러

'베스트셀러 best seller'라는 용어는 1889년 미국에서 처음 사용되었지만, 유독 독자들에게 사랑받는 책은 16세기 초 인쇄술이 발달한 이후 줄곧 존재했다. 오랜 세월 동안 소설, 에세이, 시집, 사회과학서, 자기계발서 구분할 것 없이 다양한 장르의 책이 베스트셀러의 위치를 놓고 다퉈왔다.

베스트셀러가 되기 위한 가장 큰 조건은 시대의 요구에 부합하는가 하는 것이다. 독일 평론가 힐 게르트너는 베스트셀러를 다음과 같이 정의했다. "독자와 영합하여 시사적 화젯거리를 교묘히 몽타주하는 통속 문학." 아무리 내용이 훌륭한 책이라도 시대와 동떨어져 있다면 베스트셀러가 되기 힘들다. 1990년대 초반 김진명 작가의 소설 《무궁화꽃이 피었습니다》가 400만 부 이상 팔릴 수 있었던 데에는 북한과 대치하고 있는 안보 상황이 영향을 미쳤을 것이고, 2015년 신드롬을 일으킨 기시미 이치로의 《미움받을 용기 嫌われる勇氣》는 인간관계를 힘들어하는 현대인의 고충을 정확히 건드렸다.

따라서 트렌드에 민감한 기업 마케터나 잡지 편집자들이 즐겨 찾는 곳 또한 대형서점이다. 베스트셀러 순위나 서점에 진열된 책만 봐도 요즘 사람들이 어떤 것을 원하는지 대강의 흐름이 보이기 때문이다. 《대한민국 20대, 재테크에 미쳐라》, 《시크릿*The Secret*》과 같은 자기계발서 열풍이 불던 때가 있었고, 최근 몇 년간은 '자존감'이란 단어가 신간 진열장을 뒤덮고 있다. 아무 생각 없이 뭔가에 몰두하고 싶은 사람들은 《비밀의 정원*Secret Garden*》과 같은 '컬러링북'을 샀고, <지대넓얕>과 <알쓸신잡>의 인기는 교양과 지식이란 키워드의 인기로 이어졌다. 출간 당시 큰 관심을 받지 못했다가 이후 저자가 유명세를 얻으면서 판매량이 급증하는 경우도 적지 않다. 사람들의 독서량이 적고 출판계가 힘들다고는 하지만, 이런 영향력 때문에 출판시장은 여전히 주목받는다.

물론 많이 팔리는 책이라고 해서 꼭 좋은 책이라고 할 수는 없다. 그러나 판매부수가 높다는 건 그만큼 독자들이 원하는 바를 충족시켰다는 방증일 것이다. 시대를 초월한 베스트셀러의 목록을 꼽아보는 이번 작업이 개인적으로도 의미 있는 시간이었다. 세기를 뛰어넘어 사랑받는 책부터 최근 국내 서점가를 점령한 책까지 골고루 다루기 위해 노력했다.

가로열쇠

01 2017년 노벨문학상을 수상한 일본계 영국인 소설가. 그는 《남아 있는 나날》로 1989년 부커상을 받았다. 또한 《나를 보내지 마》는 미국 시사주간지 〈타임〉이 그해 최고의 소설로 선정한 작품으로, 〈네버 렛 미 고〉라는 제목의 영화로 만들어지기도 했다.

02 그리스 문학을 대표하는 작가 니코스 카잔차키스가 1946년 출간한 소설, 그리스인 ○○○. "인생이란 가파른 오르막과 내리막이 있는 법이지요. 분별 있는 사람이라면 브레이크를 써요. 그러나 나는 브레이크를 버린 지 오랩니다. 나는 꽈당 부딪치는 걸 두려워하지 않거든요."

03 "○○○를 세 번 이상 읽지 않은 사람과는 이야기하지 말며, 열 번 이상 읽지 않은 자와는 인생을 논하지 말라." 이 말에 혹해 ○○○를 몇 번이나 읽었는데, 제 인생이 그리 달라지진 않았습니다. 다만 제가 아는 이야기 중에 가장 재미있다는 것만은 확실해요.

04 영국 음악계에 비틀스가 있고, 할리우드에 스티븐 스필버그가 있다면, 한국 수필계에는 피천득이 있다. 그가 남긴 수필집 제목. "어리석은 사람은 ○○을 만나도 몰라보고, 보통 사람은 ○○인 줄 알면서도 놓치고, 현명한 사람은 옷깃만 스쳐도 ○○을 살려낸다."

05 (1) 기형도의 시집 《입 속의 ○○ 잎》. (2) 멕시코 농장을 배경으로 한 김영하의 장편소설 제목 《○○ 꽃》. (3) 기시 유스케의 호러 소설 《○○ 집》.

06 조선 전기의 문인 김시습이 쓴 우리나라 최초의 소설. 때론 우화 같고, 때론 신화 같은 이야기 속에 조선의 풍속과 정서를 담아냈다.

07 허먼 멜빌의 3대 걸작 중 하나로 꼽히는 중단편소설. 함께 일하는 변호사가 뭔가를 시킬 때마다, 심지어 해고를 통보받았을 때조차 주인공 바틀비는 "그렇게 안 하고 싶습니다"라고 말한다. #○○○바틀비

08 2016년 2월 19일 타계한 작가 움베르토 에코가 쓴 추리소설. 세계적인 기호학자로서 명성을 누리던 그는 여자 친구의 권유로 이 소설을 집필하게 됐다고 한다. 이후 장 자크 아노 감독에 의해 영화로 만들어지기도 했다.

09 2012년 출간된 후 우리 사회에 신드롬을 일으킨 재독 철학자 한병철의 대표작. "○○○○에서 현대인은 피해자인 동시에 가해자이다."

10 2007년 역대 최고령으로 노벨문학상을 수상한 영국의 소설가. 《다섯째 아이》, 《황금 노트북》 등이 대표작이고, 특히 《황금 노트북》은 페미니즘 소설의 고전으로 손꼽힌다.

11 《이기적 유전자》의 저자 리처드 도킨스가 무신론자로서, 다양한 사례를 통해 미국 사회의 광적인 신앙과 창조론을 조목조목 비판한 책. 전 세계에 걸쳐 약 100만 부의 판매량을 기록했다.

12 《거의 모든 것의 역사》, 《거의 모든 사생활의 역사》, 《나를 부르는 숲》, 《○○○○○의 발칙한 유럽·영국 산책》 등을 쓴 미국인 작가.

13 서구 중심의 편협한 시각에서 벗어나 균형 잡힌 시각으로 세계를 바라볼 수 있도록 돕는 세계사 입문서로서, '아버지가 딸에게 들려주는 세계사 이야기'라는 부제가 달린 《세계사 편력》을 쓴 사람. #자와할랄○○

14 오스트리아에서 태어난 20세기 최고의 천재 물리학자. 양자역학의 불완전함을 증명하기 위해 '○○○○의 고양이' 실험을 고안한 것으로 유명한데, 역설적으로 그 덕분에 양자역학의 기본 체계를 세우는 데 크게 공헌했다. #에르빈○○○○

15 독자로 하여금 '나에게 다른 인생이 주어진다면?'이라는 질문을 던지게 하는 《빅 픽처》가 베스트셀러에 오른 후로 꾸준히 국내 독자들에게 사랑받고 있는 미국 태생의 소설가.

세로열쇠

01 《농담》, 《불멸》, 《무의미의 축제》 등과 함께 밀란 쿤데라의 대표작으로 손꼽히는 소설. "그들은 서로 사랑했는데도 상대방에게 하나의 지옥을 선사했다." #참을수없는존재의○○○

02 프랑스 작가 알베르 카뮈의 대표작. "오늘 엄마가 죽었다. 아니 어쩌면 어제. 모르겠다."

03 '의식의 흐름' 하면 떠오르는 그 사람. "일찍이 그는 고독을 사랑한 일이 있었다. 그러나 고독을 사랑한다는 것은 그의 심경의 바른 표현이 못 될 게다. 그는 결코 고독을 사랑하지 않았는지도 모른다. 아니 도리어 그는 그것을 그지없이 무서워하였는지도 모른다. 그러나 그는 고독과 힘을 겨루어, 결코 그것을 이겨내지 못하였다." #소설가○○씨의일일 #박태원

04 (1) 저서 《코끼리는 생각하지 마》를 통해 프레임 이론과 정치학을 연계한 언어학자 ○○ 레이코프. (2) 소설 《1984》, 《동물농장》 등을 남긴 작가 ○○ 오웰.

05 《달려라, 아비》, 《두근두근 내 인생》의 김애란 작가가 펴낸 단편집. 〈노찬성과 에반〉, 〈침묵의 미래〉 등 모두 7편의 단편이 실렸다.

06 '11분' 만에 '흐르는 강물처럼' '죽기로 결심한' '○○○

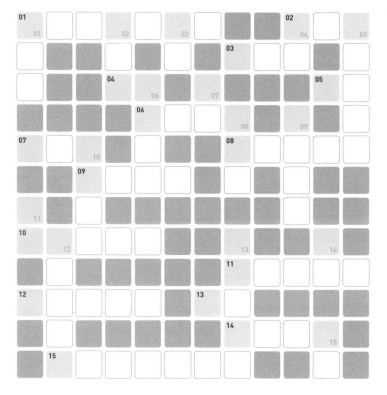

○'. #파울로코엘료

07 어느 날 아침, 눈 뜨자마자 벌레로 변해버린 자신을 발견한 한 남자, 그레고르 잠자의 이야기. #프란츠카프카

08 일본에서 태어난 벨기에 국적의 소설가의 대표작: 《살인자의 건강법》과 《적의 ○○○》.

09 찰스 로버트 다윈이 1859년 출판한 책으로, '창조론'이 지배적이던 당시 생물학계에 '진화론'을 제시해 큰 파장을 일으켰다. #정유정의소설제목

10 "우리는 시간을 절약한다고 생각했지만, 실은 인생이 돌아가는 속도를 과거보다 열 배 빠르게 만들었다. 그래서 우리의 일상에는 불안과 걱정이 넘쳐난다." #유발하라리

11 2017년 상반기 종합 도서 판매량 1위를 기록한 에세이집. 지난해 8월 출간 당시에는 큰 주목을 받지 못했으나 SNS를 통해 입소문이 나면서 꾸준히 독자들에게 읽혔다. "'그냥'이란 말은 대개 별다른 이유가 없다는 걸 의미하지만, 굳이 이유를 대지 않아도 될 만큼

충분히 소중하다는 것을 의미하기도 한다." #이기주 #언어의○○

12 캐나다 출신 작가 코리 닥터로우가 쓴 소설로, SNS를 조작해 국민을 감시하고 선거에도 개입하려는 미국 정보기관에 맞서는 한 소년의 싸움을 그려낸다. 국내에서는 테러방지법 처리를 막기 위한 필리버스터 당시 언급되어 화제가 된 바 있다. #빅브라더

13 《한밤의 아이들》로 부커상을 수상한 인도 출신 작가. 이 밖에도 《악마의 시》, 《이스트, 웨스트》 등의 소설과 자서전 《조지프 앤턴》을 펴냈다.

14 "안개는 마치 이승에 한이 있어서 매일 밤 찾아오는 여귀가 뿜어내놓은 입김과 같았다. 해가 떠오르고, 바람이 바다 쪽에서 방향을 바꾸어 불어오기 전에는 사람들의 힘으로써는 그것을 헤쳐 버릴 수가 없었다." #김승옥 #○○기행

15 (1) 요네자와 호노부의 고전부 시리즈 《두 사람의 ○○ 추정》. (2) 파트릭 모디아노의 대표작 《어두운 상점들의 ○○》.

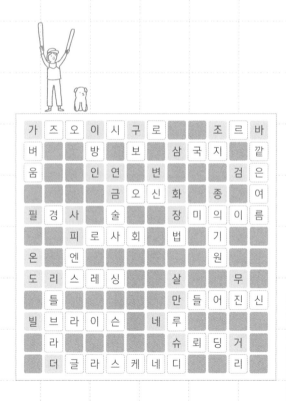

가	즈	오	이	시	구	로			조	르	바
벼			방		보		삼	국	지		깥
움			인	연		변				검	은
				금	오	신	화		종		여
필	경	사		술			장	미	의	이	름
		피	로	사	회		법		기		
온		엔							원		
도	리	스	레	싱		살			무		
	틀					만	들	어	진	신	
빌	브	라	이	슨		네	루				
	라					슈	뢰	딩	거		
	더	글	라	스	케	네	디			리	

좋은 수필의 조건은, '글을 읽는 것만으로 글쓴이가 어떤 사람인지 알 수 있다는 것'이라 한다. 피천득의 수필집 《인연》을 두고 많은 사람들이 높게 평가하는 이유는 글만 읽어도 피천득이 어떤 사람인지 너무 잘 알 것 같아서가 아닐까.

그는 낙관한다. 그렇다고 세상의 비관적인 풍경들을 외면하는 것은 아니다. 현상에 매몰되어 본질을 잊지 않을 뿐이다. 그는 '신춘'이라는 글에서 이렇게 말한다. "나는 신문에 무서운 사건이 실린다 해서 상심하지 않는다. 우리 대부분이 건전해서 그런 것들이 기사 거리가 되고 소설감이 되는 것이다. 세상엔 나쁜 사람도 많다. 그러나 좋은 사람이 더 많다." 비관하기는 쉽다. 낙관은 어렵다. 글 한 편을 읽어도 꼬투리 잡기가 칭찬하기보다 훨씬 쉽다. 하지만 그는 낙관한다. 그래서 그의 글을 읽고 나면 마음이 따뜻해진다. 《운다고 달라지는 일은 아무것도 없겠지만》을 쓴 박준 시인은 열세 살 때부터 꾸준히 읽은 《인연》에 대해 이렇게 말한다. "시작은 분명 외로움이나 슬픔인데 아무도 외롭지 않게 그리고 아무도 슬프지 않게 하는 것으로 끝이 납니다. 선생님 특유의 천진과 소박은 그 여정에서 줄곧 가장 큰 빛을 내고 있고요."

삶을 낙관하기 힘든 순간에도, 그는 자유롭다. 21세기에 현대인의 자유를 가장 구속하는 건 돈일 것이다. 돈 때문에 하고 싶은 것을 못 하고, 하기 싫은 것을 해야 한다. 결코 부유하다고 말할 수 없는 그 역시 어쩔 수 없이 돈에 얽매이는 순간이 있다. 그래서인지 그 역시 "맘대로 쓸 수 있는 돈이 있다는 건 참 유쾌한 일"이라 말한다. 삶의 많은 부분이 '소비'로 구성되는 이곳에서, 소박한 동시에 구질구질하게 살지 않는 건 참 어려운 일이다. 하지만 그의 수필 '용돈'을 읽으면 돈의 가치와 돈의 부작용을 동시에 생각해보게 된다. "마음의 자유를 천만금에 팔지는 않을 것이다. 그러나 생활비와 얼마의 책값과 용돈을 벌기 위해 마음의 자유를 잃을까 봐 불안할 때가 있다."

자유롭기 힘든 순간에도, 그는 늘 꿈꾼다. 똑같이 현실이 비루하더라도, 꿈을 꿀 수 있느냐 없느냐에 따라 그 사람의 인생은 많이 달라질 것이다. 그는 수필 '종달새'에서 앵무새와 종달새의 차이를 '꿈'으로 비교한다. "종달새는 갇혀 있어도 갇혀 있지 않다. 푸른 숲과 하늘, 여름 보리를 기억한다. 그가 꾸는 꿈의 배경은 새장이 아니라, 넓은 들판이다."

꿈에서 깨어나 현실로 돌아와서도, 그는 많은 것을 사랑한다. 많은 사람들이 사랑하는 것보다는 증오하는 것에 대해 말하기를 좋아한다. 노인이 되어서도 '사랑해', '좋아해'란 말을 아끼지 않는 그를 보면 '오그라든다'고 주저했던 스스로를 반성하게 된다. 현실이 힘들 때, '나의 사랑하는 생활'이 무엇인지 생각하다 보면 찌푸려진 인상도 잠시나마 펴진다. "나의 생활을 이루는 모든 작고 아름다운 것들을 사랑한다. 욕망 없이 고운 얼굴을 바라다보며, 부러움 없이 남의 공적을 찬양하는 순간을 좋아한다. 여럿을 좋아하고 아무도 미워하지 않으며, 몇몇을 끔찍이 사랑하며 살고 싶다. 그리고 점잖게 늙어가고 싶다. 서영이가 크면 눈 내리는 서울 거리를 같이 걷고 싶다."

살만 루슈디

인도 출생의 작가 살만 루슈디Salman Rushdie의 명성은 크게 두 가지 사건으로부터 비롯되었다. 첫째, 한 작품으로 부커 상을 세 번이나 받은 유일무이한 작가라는 사실. 그가 1981년 발표한 《한밤의 아이들Midnight's Children》은 그해 부커상을 받았고, 1993년엔 25년간 부커 상을 받은 작품 중 최우수작으로 뽑히며 '최고의 부커상'을 받았으며, 2008년 부커 상 40주년을 기념할 때도 역대 최우수작으로 뽑혔다. '한밤의 아이들'이라는 제목은 1947년 인도가 독립한 날 밤에 태어난 1,001명의 아이들을 가리키는데, 신생 민주주의 체제에서 같은 날 태어난 아이들의 운명이 이후 어떻게 얽히는지 흥미진진하게 그려내고 있다. 재미있는 건 루슈디 역시 1947년생이라는 점. 소설 속 아이들처럼 그 역시 살면서 수많은 일을 겪어야 했다.

그를 유명하게 만든 두 번째 사건은 이란의 종교 지도자 아야톨라 호메이니가 이슬람 율법에 기초한 판결인 '파트와'에서 그에게 사형선고를 내린 일이다. 1988년에 발표된 소설 《악마의 시The Satanic Verses》가 코란을 '악마의 시'로 언급하고 이슬람교의 창시자인 무함마드를 부정적으로 묘사했다는 이유에서다. 스스로 말했듯 파트와 선고는 그에게 "폭탄 같은 사건"이었다. 파키스탄을 비롯한 이슬람의 여러 나라들은 소설의 판매 금지를 요구하며 서점에 화염병을 던지고 루슈디의 허수아비 인형을 공개적으로 불태웠다. 또한 루슈디를 지지하는 사설을 실었던 뉴욕의 신문사에 폭탄 테러를 시도했고, 그의 소설을 번역한 일본인 번역가가 칼에 찔려 살해당하는 비극이 벌어지기도 했다.

호메이니는 루슈디 암살에 100만 달러의 현상금을 걸었다. 그리고 루슈디는 그 금액보다 훨씬 비싼 대가를 치러야 했다. 오랜 세월 동안 암살 위협에 시달려야 했던 그는 거의 10년 동안 공식행사에 참석할 수 없었고 지금도 여전히 바깥을 다닐 땐 수행원과 동행한다고 한다. 그럼에도 그는 여유를 잃지 않으려 노력한다. 폭력적인 압박에 위축되지 않기 위해서다. 1995년 〈데이비드 레터맨 쇼〉에 출연한 그는 "이 프로그램의 시청률이 너무 낮아서 숨어 있기 딱 좋겠다고 생각했다"는 웃지 못 할 개그를 했다.

파트와 선고 이후 원치 않는 인지도와 영향력을 얻게 된 루슈디. 그러나 그는 결코 한쪽에 치우치지 않는다. 호전적인 이슬람을 비판하는 동시에, 미국의 중동 개입에 대한 부정적인 의견을 드러낸다. 돌아보면 그의 인생도, 그의 작품도 늘 그랬다. 뭄바이에서 태어나 영국에서 학교를 졸업하고 현재 뉴욕에 살고 있는 그는 동양과 서양, 좌파와 우파, 식민국과 식민 지배국 등 이분법에 갇히지 않고 그 사이를 자유롭게 오간다. 소설가로서 그가 가진 무기이자 그가 쓴 소설의 매력이다.

소설은 물론 자서전《조지프 앤턴*Joseph Anton*》까지, 결코 유쾌하지 않은 일들이 벌어지는 외중에도 그의 글은 일단 재미있다. 무슨 일이 일어나더라도 그에게 가장 중요한 건 여전히 이야기이기 때문이다. "작가들은 기본적으로 글 쓸 때만큼은 이타적일 거라고 믿어요. 돈과 명성에 대해서는 생각하지도 않아요. 그들은 오로지 최고의 작가가 되기 위해 해야 할 것, 가능한 가장 훌륭한 이야기를 쓰기 위해 필요한 것, 가장 멋진 문장을 쓰기 위해 배워야 할 것만 생각합니다. 다른 건 다 제쳐두고 오직 딱 하나, 제대로 된 이야기를 만드는 일에만 관심이 있거든요."

2012년 시집만 한 판형의 작고 얇은 보라색 책이 출간됐다. 재독 철학자 한병철이 쓴 이 책은 철학서이자 사회과학서로 분류되었다. 철학서인 만큼 단어는 딱딱하고, 현대사회의 문제점을 지적하는 책인 만큼 희망적이 지도 않다. 그런데 놀랍게도 이 책은 그해 가장 많이 팔린 책 중 하나가 됐다. 심지어 '제 18대 대통령 당선자에게 선물하고 싶은 첫 책'으로 꼽히 기도 했다. 이 정도면 단순 베스트셀러가 아니라 신드롬 수준이다. 그만 큼《피로사회 *Mudigkeitsgesellschaft*》는 현대인들이 매일 느끼면서도 인지하 지 못했던 '피로'의 이유를 설득력 있게 보여줬다.

초등학교, 중학교, 고등학교를 다니면서 우리는 그 사회의 법칙에 적 응한다. 학교는 철저히 규율사회다. "시험기간에는 공부해!" "수업시간에 는 떠들지 마!" 무엇을 '해야 한다'는 의무와 무엇을 '하면 안 된다'는 금지 만 잘 따르면 살아남을 수 있다. 규율사회에 적응하지 못하면 '문제아'로 찍히고, 심한 경우 '낙오자'가 되어 쫓겨나지만, 대부분은 찍히고 쫓겨나는 대신 규율에 적응한다. 그렇게 성인이 된다.

고등학교를 졸업하고, 취업을 준비하면서 마주하는 사회의 법칙은 전혀 다르다. 학교 밖의 대한민국은 철저히 성과주의 사회다. 규율은 사라지고 정체불명의 격려가 휘감는다. "무엇이든 될 수 있고, 무엇이든 할 수 있어! 너만 열심히, 잘 한다면." 더 이상 사지선다처럼 보기를 제시하지 않는다. 심지어 시험지를 나눠 주지도 않는다. 규율은 없지만, 성과 측정의 시간은 어김없이 찾아온다. 성과가 보잘것없을 때, 이제 나를 혼내는 사람은 부모님도, 선생님도 아니다. 바로 나 자신이다. "난 왜 이것밖에 못했지?"

취직에 성공하면 이제 완전히 '피로사회'의 일원이 된다. 스스로에게 끊임없이 "잘하자" 혹은 "나만 잘하면 돼"라는 말을 한다. 학교 다닐 때 문제가 생기면 체벌하는 선생님, 학생을 착취하는 교육제도 등을 탓하면 되었다. 하지만 이젠 탓할 사람이 없다. 다 '내가 문제'다. 회사로부터 월급을 받는 대가로 '자기 착취'의 세계에 발을 들인 것이다.

뉴스에 자주 등장하는 '나쁜 상사', '갑질 상사'도 문제지만, 그것보다 더 무서운 게 자기 착취다. '믿는다', '기대하고 있다'는 격려를 듣는 순간부터, 혹은 월급이 통장에 찍히는 순간부터 자기 착취가 시작된다. '나에 대한 기대를 충족시키기 위해서는, 밥값을 하기 위해서는 다른 사람이 아니라 나 자신이 해내야 한다. 성과를 내지 못하면? 오로지 다 내 탓이다.' 인터넷 속 네티즌이나 주변 사람들은 실체가 없는 사례와 비교하며 '자기 착취'를 합리화한다. "어떤 회사는 이것보다 훨씬 심하대." "다른 데 가 봐야 여기만큼 좋은 데는 없을 거야." 이런 식으로 21세기의 기업들은 손 안 대고 코를 푼다.

빡빡한 규율사회보다 성과사회는 훨씬 더 자유롭다는 느낌을 준다. 하지만 직원들 스스로 규율을 내면화한 것일 뿐, 규율사회와 크게 다르지 않다. 오히려 '시켜서 하는 일'이 아니라 '원해서 하는 일'이라는 생각이 주입되면서 성과는 더 커진다.

그러는 동안 병드는 건 개인이다. 번아웃 증후군에 시달리는 우울증 환자가 점점 늘어난다. 원인은 타인의 규율이 아니라 '이것밖에 하지 못했다'는 자책이다. 《피로사회》 신드롬 이후 최근 몇 년간 무엇을 해도 괜찮다고 말하는 에세이가 쏟아져 나오는 것도 내 지금 상태에 만족 못 하는 개인이 너무 많아졌기 때문이다. '힐링'이라는 단어는 식상해질지언정, 힐링에 대한 수요는 점점 더 커진다. '내가 나를 착취하고 있을 때, 누가 나를 위로해주지?'

찰스 다윈은 10대, 20대 때 여느 평범한 사람들처럼 갈피를 못 잡았다. 초등학교 때에는 암기식 수업에 적응하지 못해 교사에게 꾸지람을 들었다. 의사였던 아버지의 영향으로 의과대학에 진학했지만, 마취제도 맞지 못해 고통에 몸부림치는 환자를 지켜보는 건 고역이었다. 결국 대학을 중퇴했다. 이후 신학대학을 마치긴 했지만 생물학에 꽂혀서 성경 공부에는 소홀했다. 내가 진짜 좋아하는 게 뭔지, 뭘 할 때 다른 모든 것을 잊어버릴 만큼 집중하는지 이 나이 때 알기란 쉽지 않다. 학교는 답답하고, 선생님은 무섭고, 부모님은 야속하다. 그것들로부터 벗어나 자유를 얻는 방법 중 하나가 여행이다. 다윈도 그랬다. 대학 졸업 후, 우연찮게 떠난 세계 여행이 그의 인생을 바꿔놓았다. 아니, 세상을 바꿔놓았다.

다윈은 영국 군함을 타고 브라질, 우루과이, 아르헨티나, 칠레, 에콰도르, 호주, 뉴질랜드, 아프리카 등지를 거쳐 다시 영국으로 돌아왔다. 5년이 넘는 긴 여행이었다. 다윈은 이 여행을 통해 진화론에 대한 힌트를 얻었다. 박물학자 자격으로 '비글호'라는 군함에 올라 항해하는 동안 그는 남아메리카 대륙의 생물 분포를 발견했다. 또한 이전 세대에 서식했던 생물들과 현재 서식하는 생물 사이의 관계를 알게 되면서 《종의 기원 On the Origin of Species》에 대한 힌트를 얻었다. 다윈이 《종의 기원》을 통해 주장한 진화론의 핵심은 '적자생존', '자연선택'이다. 말하자면 다음과 같다.

자연에는 다양한 종이 있고, 각각의 종은 개체를 만들어낸다. 개체의 수는 모두 생존하기에는 너무 많아서, 살아남으려면 다른 개체와 경쟁해서 이겨야 한다. 또 개체들 사이에는 변이가 있는데, 살아남는 데 유리한 변이는 보존되고 불리한 변이는 사라진다. 적자생존과 자연선택을 거치며 생물은 진화한다. 모든 종은 따로 창조되지 않았다. 처음 시작은 공통의 조상이었는데, 진화를 거치며 다양한 종으로 나뉜 것이다.

생물학자 T. H. 헉슬리는 이 책을 읽자마자 이렇게 감탄했다고 한다. "지금까지 전혀 그런 생각을 못 하고 살아온 우리는 얼마나 어리석은가!" 그러나 당시 모두가 다윈의 이론에 감탄했던 건 아니다. 본인의 어리석음을 인정하지 않으려는 사람들이 더 많았기 때문이다. 진화론은 '각각의 종은 개별적으로 창조되었으며 한 번 창조된 종은 그 성격이 바뀌지 않는다'는 당시의 지배적인 견해와 정면충돌했고, 그들은 다윈을 공격했다. 다윈은 괴로워했다. 무엇보다도 자신의 이론이 '창조론'을 믿는 신앙심 깊은 아내에게 큰 고통이 된다는 사실을 알았기 때문이다.

하지만 그는 물러서지 않았다. 또한 근거 없는 주장만 되풀이하며 우기지도 않았다. 대신 꾸준히 실험하고 자료를 조사하며 자신의 주장을 입증하려 했다. 다윈의 노력은 헛되지 않았다. 시간이 흐르면서 점점 더 많은 사람들이 그의 생각을 지지했다. 책 출간으로부터 150여 년이 지난 지금, 자연선택에 의한 진화는 이론의 여지가 없는, 생물을 이해하는 근본 원리로 받아들여지고 있다.

빌 브라이슨

해외여행에 대한 수요가 늘어나면서 여행 관련 책이 쏟아지고 있다. 서점에 여행 챕터가 한 구역을 통째로 차지할 정도다. 특히 휴가철이 다가오면 며칠 앞으로 다가온 여행을 준비하기 위해 책을 뒤적이는 사람들로 여행 코너가 꽉 찬다. 그러다 보니 여행 책 중 가장 많이 팔리는 건 아무래도 당장 필요한 실용적인 정보들을 얻을 수 있는 가이드북이다. 그런데 가끔 여행 책 베스트셀러 순위에 여행 에세이가 오를 때가 있다. 보통은 눈길을 확 끌어당길 만큼 독특한 기획의 여행기가 그 자리를 차지한다. 하지만 별다른 콘셉트 없이도 저자의 이름만으로 출간되는 책마다 베스트셀러가 되는 작가가 있다. 바로 빌 브라이슨William Bryson이다.

1951년 미국에서 태어난 빌 브라이슨은 성인이 된 후 영국으로 이주해 신문사 기자로 일했다. 그래서인지 그의 여행기에는 그 지방의 역사, 인물, 문화, 에피소드 등 정보가 가득하다. 하지만 딱딱한 느낌은 전혀 들지 않는다. 오히려 입담 좋은 친구가 여행 다녀와서 풀어놓는 '썰'에 가깝다. 신문사에서 스트레이트 기사를 쓸 때 어떻게 억눌렀을지 걱정될 정도로 위트가 넘친다. 공공장소에서 브라이슨의 책을 읽다가 자기도 모르게 웃음이 터져서 민망했다는 후기가 적지 않은 이유다.

대표작 중 하나인 《나를 부르는 숲A Walk in the Woods》은 어릴 때부터 친구였던 동갑내기 '카츠'와 둘이서 3,360km에 달하는 애팔래치아 트레일을 종주하는 이야기다. 반짝이는 호수와 울창한 원시림을 걷는 두 남자는 수시로 다툰다. 읽다 보면 의문이 든다. '왜 저 친구랑 같이 떠난 거지?'

《빌 브라이슨 발칙한 유럽산책Neither Here nor There》에는 북유럽에서 시작해 프랑스, 벨기에, 네덜란드, 독일, 이탈리아 등을 거쳐 터키 이스탄불에서 마무리된 브라이슨의 여행 이야기가 담겨 있다. 이 책 역시 읽다 보면 의아해진다. '저렇게 투덜거릴 거면, 대체 왜 여행을 떠났을까?'

그러나 책을 다 읽고 나면 그가 여행을 보는 관점을 알 수 있다. 그에게 여행이란, '어차피 집으로 향하는 길'이다. 편안한 일상을 벗어나 끝없는 산길을 걸을 때만이 군것질거리 하나에 감격하는 스스로를 발견할 수 있다. 다른 나라로 떠났을 때만이 내 집, 내 일상의 소중함을 깨달을 수 있다. 이와 같은 성찰이 특별한 것은 아니지만 빌 브라이슨의 '글발'과 '말발' 덕분에 독자는 지루함 없이 낄낄대며 그의 여정을 따라가게 된다.

사실 빌 브라이슨은 여행기 외에도 또 한 권의 초대형 베스트셀러를 보유하고 있으니, 바로 '과학의 역사'를 대중적으로 풀어낸《거의 모든 것의 역사A Short History of Nearly Everything》다. 이 책은 국내 대형서점 과학 판매순위에서 지금까지도 상위권을 지키고 있는 스테디셀러로, 10만 부 넘는 판매량을 기록했다. 책을 펴낸 출판사는 '스티븐 호킹의《시간의 역사A Brief History of Time》이후 과학 분야 최고의 베스트셀러'라고 홍보했지만 대중들에게는《시간의 역사》보다 오히려 훨씬 더 친근하게 느껴지는 책이다. 딱딱하지 않게 정보를 전달하는 빌 브라이슨 특유의 능력이 발휘되었다고 볼 수도 있겠지만, 그 이면에는 엄청난 노력이 있다. 그는 3년 동안 전 세계의 과학자를 찾아가 묻고, 11페이지에 달하는 참고문헌을 읽은 뒤에야 이 책을 쓰기 시작했다고 한다. 글 좀 재미있게 쓰는 사람이라면 누구나 '한국의 빌 브라이슨'을 자처한다. 하지만 그의 책을 읽기는 쉬워도 그처럼 책을 쓰기란 결코 쉽지 않을 것이다.

"역사와 현대 세계에 가장 중요한 질문을 던지는 책, 이 책을 사랑하지 않을 수 없다." "수렵채집인이던 인류가 어떻게 오늘날의 사회와 경제를 이루게 됐는지 알려주는 인류 문명에 관한 건대한 서사!" "눈부시다. 인류 역사에 관한 최고의 책이다. 수많은 책을 읽었지만, 나는 이보다 더 나은 책을 읽은 적이 없다."

추천사를 쓴 세 명의 면면이 흥미롭다. 인류 문명 발전의 원인을 탐색하는 《총, 균, 쇠Guns, Germs, and Steel》로 '빅 히스토리Big History'의 방향을 제시한 진화생물학자 재레드 다이아몬드Jared Diamond. 소셜 네트워크 서비스 페이스북으로 전 세계에 살고 있는 인간들을 한 방에 연결시켜버린 IT기업 CEO이자 억만장자 마크 저커버그. 잔혹한 범죄를 통해 인간 심리 깊숙한 곳을 파헤치는 북유럽 최고의 추리소설가 헨닝 망켈Henning Mankell. 각기 다른 분야에서 다른 방식으로 일하고 있는 그들이 입을 모아 한 책에 대한 찬사를 보낸다. 결과물은 다를지라도 근본적으로는 그들 역시 인간, 즉 '호모 사피엔스'라는 키워드를 중심에 놓고 고민하는 이들이기 때문일 것이다.

《사피엔스Sapiens》의 저자 유발 하라리Yuval Noah Harari는 이스라엘에서 태어났다. 대학에서 세계사를 가르치던 그가 히브리어로 쓴 책은 세계 각국의 30개 언어로 번역 출간되어 초대형 베스트셀러가 되었다. 그는 인류학과 사회학은 물론 생물학, 경제학, 심리학까지 동원해 학문의 경계를 넘나들며 빅뱅 이후 '사피엔스'가 걸어온 길을 짚는다. 책을 관통하는 질문은 하나다. '역사 속에서 호모 사피엔스는 어떻게 살아남을 수 있었는가?' 역사에 대한 질문을 던지고 다양한 학문의 연구 결과를 토대로 그 질문에 답한다는 점에서《총, 균, 쇠》와 비슷한 점이 있다. 하라리 본인 역시《총, 균, 쇠》에서 가장 큰 영감을 받아《사피엔스》를 집필하게 됐다고 밝혔다.

위 질문에 대해 하라리가 내놓는 대답은 세 번의 '거대한 전환'이다. 7만 년 전의 인지혁명, 1만 2천 년 전의 농업혁명 그리고 5백 년 전의 과학혁명. 인지혁명은 사피엔스만이 갖고 있는 독특한 능력이 있었기에 가능했다. 눈에 보이지 않고 상상 속에서만 존재하는 추상적인 개념들을 믿고 따를 수 있는 능력. 다른 동물들과 달리 종교, 국가, 돈, 정치 체제, 법 등 대규모의 협동 시스템이 굴러갈 수 있는 것도 이 능력 덕분이다. 풍부한 식량을 생산할 수 있게 만든 농업 혁명은 인류의 생존에 큰 역할을 했다. 그로 인해 인구가 급격히 늘어났고, 잉여생산물이 생기면서 자연스레 '경제'가 인간 생활에 들어오게 되었고 농사 일지를 기록하기 위해 '문자'가 고안되었다. 과학혁명 이후에는 인류 발전 속도의 차원이 달라졌다. 기술 개발 여부가 문명과 야만을 나누는 기준이 되었고, '문명'이 '야만'을 지배하고 탄압하는 제국주의가 등장했다.

그리고 과학혁명은 아직 진행 중이다. 인류의 다음 단계로 이어질지, 여기서 인류의 역사가 끝날지는 과학혁명의 성패에 달려 있다. 사피엔스의 미래에 대한 하라리의 시각은 결코 낙관적이지 않다. 핵전쟁, 기후 변화, 기술발전의 부작용 등이 인류의 생존을 위협할 것으로 전망한다. 사피엔스를 가리켜 '생태학적 연쇄살인범', '생물학 역사상 가장 치명적인 종'이라 규정했던 하라리는 출간 후 인터뷰에서 이렇게 말했다. "인간의 어리석음을 과소평가하면 안 된다."

가로열쇠

01 아서 코난 도일이 창조한 탐정의 대명사. 조수 존 왓슨과 늘 붙어 다니며, 성격은 좀 괴팍하지만 신기에 가까운 추리력으로 미궁에 빠진 사건을 해결한다. 2010년부터 제작되고 있는 BBC 드라마에서 배우 베네딕트 컴버배치가 연기한 인물이다.

02 《달려라 아비》 → 《○○ ○○○》 → 《두근두근 내 인생》 → 《비행운》.

03 (1) 버지니아 울프의 대표작 《○○만의 방》 "한 여자가 소설을 쓰고자 한다면, 약간의 돈과 ○○만의 방을 소유하는 것은 필수적이다." (2) 프랑스 소설가 로맹 가리가 '에밀 아자르'라는 필명으로 발표한 소설 《○○ 앞의 생》 "사람은 사랑할 사람 없이는 살 수 없다. 사랑해야 한다."

04 프랑스의 철학자 롤랑 바르트가 사랑과 욕망에 대해 저술한 책. "이별이 트라우마를 남기는 이유는 상대가 내 삶의 대부분을 지배하는 일상을 기록하고 있었고, 이 습관이 통째로 떨어져 나가기 때문이다."

05 이안 감독이 훗날 영화 <라이프 오브 파이>로 리메이크한 얀 마텔의 소설. "삶이 너무나 아름다워서 죽음이 삶과 사랑에 빠졌다." #리처드파커

06 츠지 히토나리와 함께 릴레이 러브 스토리 《냉정과 열정 사이》를 집필한 일본인 소설가. 청아한 감성과 세련된 감성으로 '여자 무라카미 하루키'라고 불리기도 한다. #에쿠니 ○○○ #반짝반짝빛나는 #도쿄타워 #울준비는되어있다

07 작가, 학자, 음악가, 과학자 등 창작자들이 하루를 어떻게 보내는지, 그들의 일상적인 습관을 소개하는 책. #세상의방해로부터나를지키는혼자만의의식 #메이슨커리

08 "시작도 하기 전에 패배한 것을 깨닫고 있으면서도 어쨌든 시작하고, 그것이 무엇이든 끝까지 해내는 것이 바로 용기 있는 모습이란다." #○○○죽이기 #하퍼리

09 매년 10월쯤, 김난도 교수의 주도하에 우리 시대를 관통하는 주요 흐름을 예측하려는 목적으로 출간되는 저서.

10 시집 《슬픔이 없는 십오 초》, 《눈 앞에 없는 사람》, 《오늘은 잘 모르겠어》 등을 펴낸 시인.

11 2015년 8월 30일 세상을 떠난 미국의 신경학자 올리버 색스의 대표작. 그는 자신이 만났던 환자들의 이야기를 따뜻한 시선으로 들려주어 '의학계의 시인'이라 불렸다. #아내를○○로착각한남자

12 고대 그리스의 시인. 그가 남긴 《[세로열쇠7]》, 《오디세이아》는 수천 년 세월이 흘렀음에도 불구하고 여전히 세계 최고의 서사시로 꼽힌다.

13 원래 팔꿈치로 쿡쿡 찌르는 것을 의미하는 단어지만, 리처드 탈러와 캐스 선스타인의 책에서는 '타인의 선택을 유도하는 부드러운 개입'이라는 뜻으로 쓰인다. 선택의 기로에 놓일 때, 현명한 선택을 이끌어내는 방법에 대해 알기 쉽게 설명한 자기계발서. #똑똑한선택을이끄는힘

14 2012년 출간되어 시집으로서는 이례적으로 종합베스트셀러 순위에 오르는 등 뜨거운 호응을 얻은 작품. #○○의이름을지어다가며칠은먹었다

15 '인간 혐오'라는 제목의 프롤로그로 시작하는 책. "인간이 행복하고자 하는 것은 타인의 행복을 침해하지 않는 이상 비난받을 일이 아니다." #○○○○○선언 #문유석

세로열쇠

01 2014년 《나쁜 페미니스트》를 발표해 미국 사회에 페미니즘 열풍을 일으킨 소설가 겸 문화비평가. "나는 페미니스트가 되지 않기보다는, 나쁜 페미니스트를 택하겠습니다."

02 20세기 환경학 최고의 고전. 저자 레이첼 카슨은 환경 문제의 심각성을 알기 쉽게 풀어쓴 이 책을 통해 <타임>지가 선정한 '20세기를 변화시킨 100인' 중 한 사람으로 꼽히기도 했다.

03 "부끄럼 많은 생애를 보냈습니다. 저는 인간의 삶이라는 것을 도무지 이해할 수 없습니다." ○○○ ○○○의 대표작 《인간 실격》의 첫 문장.

04 미술평론가 유홍준의 대표작. 1993년 펴낸 1권이 100만 부 이상 판매되면서 후속편이 쭉 나왔고, 책의 인기에 힘입어 답사 붐이 일었다. 국내에 국한되지 않고 북한편, 일본편을 펴내기도 했다. #나의문화유산○○○

05 독일의 대문호 괴테가 평생을 바쳐 완성한 희곡. 주인공 ○○○○와 악마 메피스토텔레스의 거래를 통해 인간의 욕망에 대한 화두를 던진다.

06 (1) 소설가 김경욱의 장편소설 《○○란 무엇인가》. (2) 시인 겸 편집자 서효인이 쓴 에세이 《이게 다 ○○ 때문이다》.

07 [가로열쇠12]의 대표작. 9년간 치러진 트로이 전쟁의 마지막 50일 동안 벌어진 일을 그리고 있다.

08 《노인을 위한 나라는 없다》, 《피의 자오선》 등을 발표

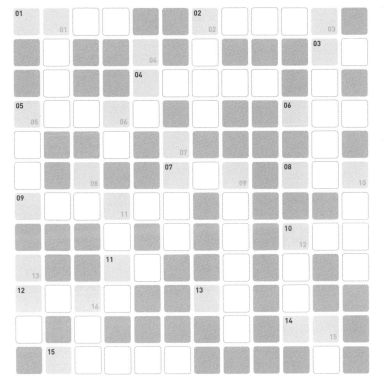

하며 미국 현대문학을 대표하는 작가로 평가받는 코맥 매카시의 대표작. 2010년 영화로 제작되었다.

09 자꾸 빨개지는 얼굴 때문에 혼자 노는 걸 더 좋아하던 아이가 재채기를 끝없이 하는 친구를 만나 우정을 만들어가는 동화 같은 소설. #○○○○○○아이 #장자끄상뻬

10 소설가 은희경의 첫 장편소설로, 30대 후반의 여성이 어린 시절을 회상하는 방식으로 스토리가 전개된다. "내 고통은 바로 거기에 있었다. 나는 모든 사람들의 내면을 이해할 수 있었지만 나를 이해하는 사람은 아무도 없었다."

11 천문학자 칼 세이건의 대표 저서이자 다큐멘터리 제목. 유시민 작가는 <알쓸신잡>에서 무인도에 가져갈 단 한 권의 책으로 이 책을 꼽기도 했다.

12 국내에서도 큰 인기를 얻은 아베 야로의 만화. 도심 한구석에서 밤 12시에 문을 여는 조그마한 밥집에 찾아온 손님들의 이야기. 소박하지만 정성 가득 담긴 요리와 저마다의 사연이 독자들의 마음을 따뜻하게

한다.

13 19세기 말부터 20세기 초까지 활동했던 러시아 작가. 그는 애초에 대학을 졸업하고 의사가 되었지만, '재능을 낭비하지 말라'는 한 작가의 편지를 받고 집필 활동을 시작한다. 희곡 <갈매기>, <벚꽃 정원>을 비롯해 수많은 단편소설을 썼다. #안톤○○○

14 저술가 시오노 나나미가 고대 로마 제국의 역사를 총 15권으로 엮어낸 에세이. 최신 연구와 거리가 멀다는 이유로 학계의 비판을 받기도 한다. #○○○이야기

15 13세기 이탈리아에서 활동한 시인 단테의 대표작. 그는 옛날 사람이면서도 노래방에 가면 항상 흘러간 노래 대신 ○○만 불렀다고….

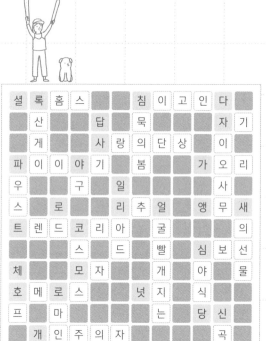

셜록 홈스

현재 우리나라에서는 사설 탐정업이 금지되어 있다. 그래서 조사를 의뢰해야 할 땐 심부름단체나 흥신소를 찾아간다. 그럼에도 '탐정'이란 존재가 친숙하게 느껴지는 건, 추리만화의 양대 산맥 〈소년탐정 김전일〉과 〈명탐정 코난〉 그리고 이 사람 덕분이다. 런던 베이커가 221B 번지에 틀어박혀 재미있는 사건이 없나 신문을 뒤적이고, 집중이 되지 않을 땐 바이올린을 연주하면서 리프레시하는 그 사람. 베네딕터 컴버…, 아니, 셜록 홈스다. 탐정 하면 가장 먼저 떠오르는 사냥모자, 무릎까지 내려오는 긴 코트, 파이프, 돋보기 그리고 괴팍한 성격 등은 사실 홈스의 이미지에서 따온 것이 많다.

20대 중반의 의사였던 아서 코난 도일Arthur Conan Doyle은 처음 소설을 구상할 때부터 줄거리보다 캐릭터를 먼저 떠올렸다. 사실상 셜록 홈스 시리즈도 그가 노트에 휘갈긴 메모 몇 줄에서 시작된 것이다. "오먼드 새커, 아프가니스탄에서 돌아오다", "베이커 가 221B에서 셰린퍼드 홈스와 함께 지낸다" 오먼드 새커가 훗날 왓슨이라는 이름으로 바뀌고, 셰린퍼드를 셜록으로 바꾸어 처음 완성한 작품이 바로 《주홍색 연구A Study in Scarlet》다. 그만큼 홈스 시리즈에서 이 두 사람의 독특하면서도 매력적인 캐릭터는 핵심 축이 된다. 어쩔 땐 사건 자체의 미스터리보다 홈스와 왓슨의 대화가 더 흥미롭게 느껴질 정도니까.

사건이 없을 땐 바이올린으로 수준급 연주 솜씨를 뽐내고, 사격과 권투에도 능한 홈스. 그럼에도 홈스가 가장 중요하게 생각하는 건 역시 '이성'이다. 이성을 잃으면 판단력이 흐려지기 때문에, 스스로를 '고기능 소시오패스'라고 칭하듯 감정에 치우치는 것을 경계한다. 어떻게 보면 차갑고, 얄밉고, 정 붙이기 힘든 스타일이다. 하지만 누구도 홈스를 '비호감'으로 여기지 않는다. 그가 중시하는 '이성'은, 단순히 두뇌가 뛰어난 정도를 넘어서기 때문이다.

홈스 하면 많은 사람들이 떠올리는 장면이 있다. 의뢰인의 손톱 길이로, 소맷자락에 묻은 먼지로, 부츠 뒷굽이 닳은 정도로, 바지 아랫단을 접은 스타일로, 미세한 표정 변화로, 셔츠 소매 단추로 직업은 물론 홈스를 찾아온 이유까지 단박에 맞추는 묘기에 가까운 추리. BBC 드라마 〈셜록〉이 추리 장면 그래픽에 공을 들인 건 탁월한 선택이다. 제한된 단서로 상황을 재구성해내는 모습이야말로 홈스의 매력이 극대화되는 순간이기 때문이다. 사실 조금 꼬인 사람들은 코웃음을 칠지 모른다. '그것만 보고 어떻게 단정하지? 틀리면 어쩌려고? 그냥 오기 전에 손톱을 정리하고 왔을 수도 있잖아?' 그러나 대부분은 그런 의심조차 하지 못한다. 대신 홈스의 추리가 시작될 때부터, 한 치의 오차 없이 톱니바퀴가 굴러가는 지적 유희에 흠뻑 빠져든다.

개인주의자 선언

소속감이 주는 편안함이 있다. 집에서는 가족끼리, 학교에서는 친구끼리, 회사에서는 동료들끼리, 어울릴 사람이 있다는 것만으로 안심이 된다. 인간을 '사회적 동물'이라고 부르는 것도 다른 사람과의 관계 속에서 삶의 의미를 찾을 수 있기 때문이다. 그러나 그 소속감을 포기해가면서까지 집을, 학교를, 회사를 나오는 사람들이 있다. 심지어 점점 늘어나는 추세다. 뛰쳐나온 이유를 물으면 대부분 비슷하다. "인간관계에 지쳤어요." 분명 인간은 '관계 맺기'에서 행복을 느끼도록 프로그래밍되었다고 했는데, 왜 우리는 관계 속에서 점점 더 불행해질까. 살다 보면 내가 원한 관계보다 원치 않은 관계를 맺어야 하는 경우가 훨씬 더 많기 때문이다. 회사 생활을 이어가려면 상사의 비위를 맞춰야 하고, 무리 내에서 '아싸(아웃사이더)'가 되지 않으려면 학교 친구들과도 적당히 잘 지내야 한다.

그러다 보면 관계 자체가 부담으로 다가온다. 특히 아예 모르는 사람보다는 어느 정도 가까운 사람과의 관계가 더 부담스럽다. 명절 스트레스를 안겨주는 친척들이 대표적이다. "너 좀 살찐 것 같다? 운동 안 하니?" "학교에서는 몇 등 정도 하니?" "너는 도대체 언제 시집갈래?" "애들도 컸는데 좀 더 큰 아파트로 이사해야 하지 않아?" 지하철에서 처음 마주친 사람이 이런 질문을 하면 단박에 '신경 끄세요'라고 쏘아붙일 텐데, 어설프게라도 관계를 맺고 있는 사람들에겐 그러지도 못한다. 바로 '걱정해서 그러는 건데, 섭섭하다'는 반응이 돌아오기 때문이다. 무례한 질문을 하고 되레 섭섭해하는 사람들이 읽으면 좋을 책, 바로 문유석 판사의 《개인주의자 선언》이다.

사실 한국 사회에서 '개인주의'는 여전히 '이기주의'로 받아들여지는 경우가 많다. 그럼에도 이 책이 베스트셀러까지 되었다는 건 그만큼 사람들이 집단주의에 지쳐 있다는 방증이다. 인생 혼자 살 수 없고 어차피 어울려 살 거, 각자의 입장을 존중하면 서로 편할 텐데. 여기에는 외세의 식민지배나 독재권력에 맞서 싸워야 했던 근현대사도 관계가 있을 것이다. 그러나 민족을 위해, 투쟁을 위해 개인을 희생시켜야 했던 시대는 이미 지나갔다. 한때 민주주의를 쟁취하는 동력을 제공했던 집단주의는 '의리' 문화로 이어져 우리 사회의 고질병으로 변질되었다. 이젠 국민 한 사람 한 사람의 권리를 존중하는 방식으로 민주주의를 가꿔나가야 할 때다.

그런데 문유석 판사가 제시하는 '개인'을 지켜내는 방법은 의외다. 그는 오히려 사람들끼리 더 자주 모여야 한다고 말한다. "혼자 힘으론 안 돼요. 비슷한 생각을 가진 '내 편'을 많이 만들어야 돼요. 만약 제가 폭탄주와 회식을 싫어한다는 걸 혼자 꿍하게 품고 있다면, 이 문화는 영영 바뀌지 않겠죠. 바꾸기 위해서는 끊임없이 역적모의(!)를 해야 돼요." 우린 대부분 혼자 힘으로 '나'를 지키기엔 너무 나약한 개인이다. 타인을 존중하고 양보할 때, 나 또한 존중받을 수 있는 것이다.

파이 이야기

〈라이프 오브 파이〉는 얀 마텔Yann Martel의 소설 《파이 이야기Life of Pi》를 원작으로 하는 영화다. 〈와호장룡〉, 〈브로크백 마운틴〉, 〈색, 계〉를 연출한 거장답게 이안 감독은 보면 볼수록 새로운 의미를 발견하게 되는 영화를 탄생시켰다. 처음 볼 땐 스크린에 펼쳐지는 풍경이 마냥 신기하고, 두 번째 볼 땐 배 위에서 기약도 없이 바다를 떠다니는 주인공 파이와 호랑이 '리처드 파커'의 관계가 흥미롭게 느껴지고, 세 번째 볼 땐 나중에 구조된 파이가 일본 보험회사 직원들과 나누는 이야기가 가슴에 남는다.

영화가 시작한 지 몇 분이 채 지나지 않아 관객들은 여객선이 폭풍우를 만나 침몰하고, 구명보트에 남은 파이와 리처드 파커를 보게 된다. 그리고 파이와 리처드 파커에게 벌어지는 사건을 중심으로 영화는 전개된다. 얼룩말과 하이에나, 오랑우탄 '오렌지주스'가 어떻게 죽음을 맞이하는지. 리처드 파커가 자신을 잡아먹지 않도록 파이가 서로의 영역을 어떻게 나누는지. 도끼로 리처드 파커를 죽이려던 파이가 마음을 고쳐먹고 밧줄로 끌어올려주는 모습, 힘을 합쳐 참치 떼의 습격을 '먹이 장만의 기회'로 삼는 모습, 미어캣 가득한 식인 섬에서 빠져나오는 모습 등, 이안 감독은 원작의 텍스트를 퀄리티 높은 '볼거리'로 만들어 관객들에게 스펙터클을 선사한다.

하지만 상대적으로 충분히 설명되지 못한 게 있다. 100일이 넘도록 호랑이 한 마리와 함께 태평양을 떠다녀야 했던 파이의 내면이다. 영화에서는 내레이션 몇 줄로 파이의 내면을 요약해 들려주지만, 소설은 그 부분을 특유의 재기발랄한 비유로 훨씬 더 비중 있게 풀어낸다. 영화에선 몇 분으로 압축된 '동물원 이야기'도 소설에서는 100쪽 가까이 할애한다. 동물과 인간, 종교와 국가, 신과 인간에 대한 흥미로운 관점이 가득해 전혀 지루하지 않다.

또 하나 영화에는 없는 에피소드. 파이는 태평양을 떠돌다 정신을 잃어갈 즈음 눈먼 조난자와 조우한다. 너무 오랜만에 대화 상대를 만난 파이와 조난자는 동병상련을 느끼고, 조난자는 너무 반가운 나머지 파이의 배로 넘어오려 한다. 그러나 이 배엔 파이만 있는 것이 아니니, 결국 그 조난자는 굶주린 리처드 파커의 먹이가 되고 만다. 조난당한 이후 처음으로 대화를 나눴던 이 사람 덕분에 파이는 한 가닥 희망을 다시 발견했고, 그가 죽은 후엔 더 깊은 절망에 빠졌다.

리처드 파커와 파이의 마지막 이별의 순간은 영화나 소설이나 비슷하다. 너무 말라 엉덩이뼈가 툭 튀어나온 채로 숲을 향해 걸어가던 리처드 파커. 파이는 이 호랑이가 뒤도 돌아보지 않고 떠났다는 것이 서운해 엉엉 눈물을 흘린다. 대화 한 마디 나누지 않았지만 200일 넘게 함께 있으면서 호랑이와 '관계'가 형성되어버린 것이다. 모든 관계에는 헤어짐이 있기 마련이지만, 파이는 생사고락을 함께한 호랑이와 '제대로' 헤어지지 못하는 것을 아쉬워하며 운다.

파이의 이야기는 두 가지다. 호랑이와 함께한 첫 번째 이야기와, 인간들과 함께한 보다 더 현실적인 두 번째 이야기. 보험회사 직원들은 뭐가 진짜냐고 캐묻지만, 파이에겐 더 이상 그게 중요하지 않다. 중요한 건 호랑이건 사람이건 결국 그들과 헤어져야 했다는 사실, 아직도 '제대로' 헤어지지 못했다는 사실이니까.

침이 고인다

2005년 김애란이 첫 소설집 《달려라, 아비》를 출간하며 데뷔했을 때, 문단은 그녀를 '한국 소설의 미래'라 불렀다. 갓 등단한 신인 작가가 대중성과 작품성을 겸비한 소설을 연이어 발표했으니 기대가 높아질 만도 하다. 게다가 김애란은 1980년생이니 당시로서는 20대 중반밖에 되지 않은 어린 나이. 그러나 그녀는 빠른 성공에 취하지 않았다. 한국일보문학상 수상소감에서 "최연소라는 수사 주위에서 두리번거리지 않고 그것을 응시하겠다"고 말했듯 그 시기에 할 수 있는 이야기를 차분히 써내려갔다.

2년 뒤 출간된 두 번째 단편소설집 《침이 고인다》에는 그녀가 바라본 서울의 풍경이 담겨 있었다. 이번엔 특히 20대가 그녀의 소설에 열광했다. 20대를 소재로 한 이야기는 많지만 정작 20대는 본인들의 이야기를 그리 좋아하지 않는 경우가 많다. 기성세대는 대부분 20대를 성급하게 '세대론'으로 묶고 제멋대로 규정하려 할 뿐, 그들 각각이 처한 상황에는 공감하지도, 귀를 기울이지도 않아왔기 때문이다. 김애란의 소설은 달랐다. "삐딱하게 보기보다 오래 지긋하게 보는 것을 선호한다"는 말처럼 그녀는 지긋이 20대의 일상을 응시했다. 《침이 고인다》를 설명하는 보도자료의 한 대목은 20대들이 이 책에 열광한 이유를 명쾌하게 요약한다. "주인공들의 비루한 일상이 투명한 감성과 위트 넘치는 문체로 담겨 있다." 10대 때 품었던 기대와 달리, 사실 20대들의 일상은 늘 비루하기 마련이다. 돈은 없고, 취업은 멀었고, 인간관계는 점점 더 어려워진다. 번번이 실현되지 않고 요란하게 변죽만 울리는 '청년 정책' 구호에 지친 이들은 따뜻한 작가의 시선에 더 큰 위로를 받았다.

그녀가 주목한 건 서울에서 자리를 잡기 위해 애쓰는 20대들의 일상적인 공간이었다. 반지하 월세방, 노량진과 신림동의 고시촌, 각종 학원… 서울이라는 큰 도시에서 살아가는 주인공들은 높고 화려한 건물을 지나 조그마한 '방'으로 들어간다. 〈도도한 생활〉의 '나'는 서울에 있는 대학에 입학해 편입 시험을 준비하는 언니와 함께 반지하 방에 산다. 반지하 방에 누워 각자의 꿈과 현실을 얘기하는 자매를 보며 꿈을 '유예' 중인 많은 청춘들이 고개를 끄덕거렸다.

20대가 특히 더 비루하게 느껴지는 건 환상과 현실의 괴리 때문이다. 연애만 해도 그렇다. TV나 드라마에서 봐온 로맨틱한 연애와 비교하면 할수록 현실 속 연애가 초라해지니까. 〈성탄특선〉의 시간적 배경은 화려함과 초라함의 대비가 극에 달하는 시기, 크리스마스이브다. 남자와 여자는 서로에게 예뻐 보이고 싶고, 멋져 보이고 싶고, 크리스마스이브를 남들처럼 그럴듯하게 보내고 싶지만 터무니없이 비싼 방 앞에서 주저하는 사이 밤은 끝나간다.

만약 20대 초반에 《침이 고인다》를 읽었다면, 이 소설 한 권을 통해 본인의 20대를 미리 읽어버렸다는 느낌을 받았을 것이다. 그리고 5년 뒤, 김애란은 다음 단편집 《비행운》을 출간한다. 이 책에 수록된 단편 〈서른〉을 통해, 그녀는 여전히 비루한 30대의 이야기를 전한다. "너는 자라 내가 되겠지…… 겨우 내가 되겠지."

자기 앞의 생

유서 깊은 문학상인 공쿠르 상에는 원칙이 있다. 한 번 수상한 사람은 또 상을 받을 수 없다는 것. 그런데 프랑스의 대표 작가 로맹 가리Romain Gary는 1956년《하늘의 뿌리Les racines du ciel》로 수상한 지 6년이 지나서 또 공쿠르 상을 받았다. 본인 이름 대신 '에밀 아자르Emile Ajar'라는 필명으로 작품을 출간했기 때문이다. 이 작품이 바로 국내에서《새들은 페루에 가서 죽다Les oiseaux vont mourir au Perou》와 함께 가장 널리 알려진 로맹 가리의 대표작《자기 앞의 생La vie devant soi》이다.

그의 명성과 철학적인 제목을 같이 고려했을 때, 굉장히 '있어 보이는' 소설을 예상하게 된다. 예를 들면, 중년의 '나'가 역사의 소용돌이에 휘말리는 와중에도 본인의 소신을 끝까지 지켜나가는 이야기 같은 것 말이다. 예상은 첫 장부터 빗나갔다.

주인공 모모는 열 살, 혹은 열 네 살이다(소설을 끝까지 읽으면 이것이 무슨 말인지 알 수 있다). 또래보다 어른스러운 것은 사실이지만, 그래도 애는 애다. 바닐라 아이스크림을 먹으면 세상을 가진 것처럼 행복하고, 자기한테 관심을 가져주는 어른에게 기대하고 상처받는 아이. 모모는 어려서부터 부모 대신 로자 아줌마와 함께 사는데, 그녀는 사정상 아이를 키우지 못하게 된 창녀들이 맡긴 아이를 대신 키워주는 일을 한다. 병들어가는 로자 아줌마를 위해 모모는 여기저기 뛰어다니며 도움을 청한다. 늙고 가난한 하밀 할아버지, 역시 늙고 힘이 달려서 왕진 오는 것도 버거운 의사 카츠 선생님 그리고 남자의 몸으로 태어났지만 여자가 되고 싶어 하는 롤라 아줌마. 이들은 세상을 이끌어가는 재력가도, 권력자도 아니다. 너무 늙었거나, 너무 어리거나, 혹은 남들과 달라서 사회가 요구하는 '1인분'을 해내기엔 모자란다고 여겨진다.

하지만 모모에겐 그들이야말로 가장 중요한 사람들이다. 세상의 모든 이치를 깨달은 듯한 하밀 할아버지는 모모의 가치관을 형성하는 데 중요한 말을 꼭 필요한 때에 해준다. "완전히 검거나 흰 것은 없어. 흰색은 보통 그 속에 검은색을 감추고 있고, 검은색에는 흰색이 이미 섞여 있거든." 모모 역시 그의 말을 기억하고, 힘들 때마다 되새긴다. 저녁 시간이 되면 쪼르르 달려가 맹랑하게 이것저것 묻고, 그런 모모에게 "넌 특별한 아이야"라고 말해주는 하밀 할아버지. 이 소설에서 나이 차이가 가장 많이 나는 두 사람은 그렇게 우정을 쌓아간다.

또 한 명의 중요한 사람은 로자 아줌마다. 처음 등장할 때만 해도 모모는 로자 아줌마에 대해 불평이나 욕을 더 많이 했다. 하지만 로자 아줌마가 병들어 점점 죽음이 가까워 오자 모모는 끝까지 그녀의 곁을 지킨다. 피를 나눈 가족도 아니고, 연인도 아니고, 함께 특별한 사건을 겪은 것도 아닌 두 사람이 서로를 지키는 데에는 슬픈 이유가 있다. "이 세상에서 우리가 가진 거라고는 우리 둘뿐이니까, 그것만은 지키고 싶었다." 점점 더 많은 걸 가질수록 자기가 뭘 갖고 있는지 쉽게 잊어버리기 마련이다. 하지만 가진 것이 하나뿐이었던 두 사람은 마지막까지 서로를 잊지 않는다. 소설은 끝났지만 모모의 인생은 이제 시작이다. 소설을 덮고 나면 가진 것과 잊어버린 것 그리고 '자기 앞의 생'을 사는 동안 꼭 지켜야 할 것에 대해 생각하게 된다.

올리버 색스

미국의 신경과 전문의 올리버 색스Oliver Sacks가 1985년 펴낸《아내를 모자로 착각한 남자The Man Who Mistook His Wife for a Hat》는 그를 찾아왔던 환자들에 대한 이야기다. 제목 속 '남자'는 뇌의 특정 부위에 문제가 생겨 사람의 얼굴을 인식하지 못하는 '시각인식 불능증' 환자다. 이 책에는 그 외에도 음색인식 불능증, 역행성 기억상실증, 신경매독, 투렛 증후군, 아스퍼거 증후군 등 다양한 신경질환을 앓고 있는 이들이 등장한다. 대부분 일상생활에서 크고 작은 불편을 겪고 있는 사람들이고, 몇몇은 격리가 필요할 정도로 심각하다. 그러나 독자들은 책을 읽으면서 단순히 환자들의 불행에 안타까워하고 마는 것이 아니라 따뜻한 감동을 느끼게 된다. 모든 병이 완치되어서가 아니다. 완전히 낫지 않더라도, 병을 끌어안은 채로 삶에 적응하며 살아가려는 사람들의 '의지'를 보여주기 때문이다. 어느 날 갑자기 닥친 재앙 앞에서 처음엔 다들 당황하지만, 좌절하는 대신 다시 삶으로 돌아가기 위해 노력하는 환자들의 모습이 감동을 주는 것이다.

색스는 이 책 외에도《화성의 인류학자An Anthropologist on Mars》,《색맹의 섬The Island of the Colorblind》등 신경학 관련 에세이를 꾸준히 발표하며 인간의 뇌와 정신활동에 대한 흥미로운 이야기를 대중들에게 쉽고 재미있게 전달해왔다. 〈뉴욕타임스〉가 그에게 '의학계의 계관시인'이라는 별명을 붙여줬을 정도다. 원래 의사나 병원이라고 하면 자연스럽게 차갑고 딱딱한 이미지를 떠올리기 마련이다. 하지만 색스의 글은 의학이 '질병을 다루는 동시에 인간을 다루는 학문'이라는 사실을 새삼 깨닫게 한다. 여러 분야에서 활동 중인 예술가들이 그의 글에서 영감을 받은 것도 그래서가 아닐까. 프랑스의 세계적 연출가 피터 브룩은 《아내를 모자로 착각한 남자》를 희곡으로 각색해 무대에 올렸다. 영화 〈사랑의 기적〉은 색스의 다른 저서 《깨어남Awakenings》을 원작으로 만들어졌는데, 배우 로빈 윌리엄스가 극중에서 연기한 '세이어 박사'의 모델이 올리버 색스다.

그가 만난 환자들처럼 색스 또한 자기 일상의 소중함을 아는 사람이었다. 건망증이 심했지만, 아침과 점심은 시리얼과 바나나를 먹고 저녁에 밥과 생선을 먹는 엄격한 식습관만은 까먹지 않기 위해 노력했다. 하루에 1.6km씩 수영을 했고, "난 모차르트 덕분에 더 나은 신경학자가 될 수 있었다"라고 말할 만큼 음악을 사랑했다. 그리고 그의 집 벽면은 지인들이 그려준 그림들로 가득하다. 환자로 처음 만나 시간이 흐르면서 친구가 된 사람들이다.

그에게도 죽음이 찾아왔다. 2005년 '희귀병 안구 흑색종'이 간으로 전이되어 몸이 점점 약해져갔다. 그러나 그는 계속해서 글을 썼다. 시간이 얼마 안 남았다는 걸 직감한 뒤, 그가 〈뉴욕타임스〉에 기고한 글 '나의 생애'는 또 한 번 감동을 줬다. "무엇보다 나는 이 아름다운 행성에서 생각 있는 존재이자 생각하는 동물로 살았다. 그것은 그 자체만으로도 엄청난 특권이자 모험이었다." 주기율표를 사랑해서, 매년 생일을 맞을 때마다 자기 나이와 같은 숫자의 원소를 되새기던 올리버 색스. 83번째 원소인 비스무트를 맞이하지 못하고 세상을 떠났지만, 그의 기일이 돌아올 때마다 사람들은 그와 그해의 원소를 기억할 것이다.

나가며

4년 동안 잡지를 만들었다. 잡지 에디터는 세상 모든 잡다한 것에 관심을 가져야 하는 직업이다. 즐거웠다. 일이 일 같지 않았다. 굳이 정의하자면 '마감이 있는 취미생활'이랄까? 즐거운 일을 하면서 월급을 받으니 즐거움이 배가 되었다. 물론 인터뷰 섭외가 잘 되지 않거나 원고가 잘 써지지 않을 땐 머리를 싸매기도 했지만, 그 고통은 도로 위의 요철처럼 잠시 속도만 늦추면 쉽게 넘어갈 수 있는 걸림돌이었다. 그만큼 이 잡스러운 일이 난 참 좋았다.

잡지를 만들던 4년 중 절반이 넘는 시간 동안, 매주 연재했던 '기명균의 낱말퍼즐'은 그중에서도 가장 잡스러운 일이었다. 가로 15칸, 세로 15줄의 상자 속에는 무엇이든 들어갈 수 있었으니까. 신조어나 실시간 검색어에 오른 이름은 메모해뒀다가 퍼즐에 넣었다. 내가 좋아하고 잘 아는 단어는 신이 나서 힌트를 써내려갔지만, 잘 모르는 단어나 어려운 말은 따로 공부가 필요했다. 그렇게 매주 30개씩 단어가 쌓였다.

그러던 중 출간 제의를 받았다. 퍼즐에 잡학·상식을 녹여보자는 편집자의 기획을 듣고 재미있겠다고 생각했지만, 막상 해보니 결코 쉽지 않았다. 책을 다 읽은 독자라면 이미 알겠지만 짤막한 퍼즐 열쇳말뿐 아니라, 몇몇 키워드에 대해 200자 원고지 7~8매에 달하는 '잡스러운 글'을 써야 했다. 그 글만 해도 100여 편에 달한다. 그래서 틈날 때마다 도서관에 가서 해당 키워드에 대한 책을 쌓아 놓고 키워드와 관련된 잡스러운 얘깃거리들을 수집해야 했다. 이것 때문에 심리적 압박도 많이 받았다. 그래도 괜찮았다. 일이 일 같지 않았다. 이 잡스러운 일이 난 참 좋았다.

독자들에게 바라는 건 딱 하나다. 책을 쓰는 과정 자체가 너무 즐거웠기 때문에 책을 읽어주는 것만으로도 감사하지만, 욕심을 한 가지 말한다면, 이 책이 독자들에게 정말로 도움이 되었으면 좋겠다는 것이다. 특히 친구와 수다를 떨다가 어쩌다 한마디를 보탤 때, 친구가 당신을 보고 속으로 이런 생각을 했으면 좋겠다. '어떻게 이런 걸 알지?'

참고문헌

 ## 1장　시사

호프 자런 지음, 김희정 옮김, 《랩걸》, 2017, 알마.
〈대학내일 770호〉, 2016.

 ## 2장　놀이·문화

문희언 지음, 《후 이즈 힙스터》, 2017, 여름의숲.
최상희 지음, 《그냥, 컬링》, 2011, 비룡소.
한동하 외 3명 지음, 《밀가루의 누명》, 2015, 조선뉴스프레스.
루카 카이올리 지음, 고인경 옮김, 《네이마르》, 2017, 그리조아 FC.
스티븐 왕겐 지음, 박지훈 옮김, 《밀가루만 끊어도 100가지 병을 막을 수 있다》, 2012, 끌레마.
조셉 미첼리 지음, 범어디자인연구소 옮김, 《스타벅스 경험 마케팅》, 2018, 유엑스리뷰.

 ## 3장　명화·음악

전몽각 지음, 《윤미네 집》, 2010, 포토넷.
데이비드 A. 프라이스 지음, 이경식 옮김, 《픽사 이야기》, 2010, 흐름출판.
밥 스탠리 지음, 배순탁·엄성수 옮김, 《모던 팝 스토리》, 2016, 북라이프.

〈대학내일 717호〉, 2014.

4장 과학·기술

승현준 지음, 신상규 옮김, 《커넥톰, 뇌의 지도》, 2014, 김영사.
조성문 지음, 《스핀 잇》, 2013, 알투스.
최을영·김학수 지음, 《미래를 파는 디지털 상인들》, 2001, 인물과사상사.
닐 포스트먼 지음, 홍윤선 옮김, 《죽도록 즐기기》, 2009, 굿인포메이션.
레이 커즈와일 지음, 김명남 옮김, 《특이점이 온다》, 2007, 김영사.
레이먼드 카버 외 12명 지음, 김진아·권승혁 옮김, 《작가란 무엇인가》, 2014, 다른.
올더스 헉슬리 지음, 안정효 옮김, 《다시 찾아본 멋진 신세계》, 2015, 소담출판사.
올더스 헉슬리 지음, 안정효 옮김, 《멋진 신세계》, 2015, 소담출판사.
유발 하라리 지음, 김명주 옮김, 《호모 데우스》, 2017, 김영사.
제니퍼 다우드나·새뮤얼 스턴버그 지음, 김보은 옮김, 《크리스퍼가 온다》, 2018,
프시케의숲.
줄리언 패트릭 엮음, 김재성 옮김, 《501 위대한 작가들》, 2010, 뮤진트리.
토마스 슐츠 지음, 이덕임 옮김, 《구글의 미래》, 2016, 비즈니스북스.
팀 하포드 지음, 박세연 옮김, 《팀 하포드의 경제학 팟캐스트》, 2018, 세종서적.

5장 정치·사회

권석천 지음, 《대법원, 이의 있습니다》, 2017, 창비.
김영란·이범준 지음, 《김영란법, 김영란에게 묻다》, 2017, 풀빛.
양재영 외 7명 지음, 《서울, 젠트리피케이션을 말하다》, 2016, 푸른숲.
유시민 지음, 《나의 한국현대사》, 2014, 돌베개.
유시민 지음, 《역사의 역사》, 2018, 돌베개.
이범준 지음, 《헌법재판소, 한국 현대사를 말하다》, 2009, 궁리.
차병직·윤재왕·윤지영 지음, 《지금 다시, 헌법》, 2016, 로고폴리스.
글렌 그린월드 지음, 박수민·박산호 옮김, 《스노든 게이트》, 2016, 모던아카이브.
로빈 스턴 지음, 신준영 옮김, 《그것은 사랑이 아니다》, 2018, 알에이치코리아.
리베카 솔닛 지음, 김명남 옮김, 《남자들은 자꾸 나를 가르치려 든다》, 2015, 창비.
베티 프리단 지음, 김현우 옮김, 《여성의 신비》, 2005, 이매진.
앤드루 마 지음, 강주헌 옮김, 《세계의 역사》, 2014, 은행나무.

이언 모리스 지음, 최파일 옮김, 《왜 서양이 지배하는가》, 2013, 글항아리.
질리언 테트 지음, 신예경 옮김, 《사일로 이펙트》, 2016, 어크로스.

경제

김민구 지음, 《경제 상식사전》, 2017, 길벗.
안은별 지음, 《IMF 키즈의 생애》, 2017, 코난북스.
유시민 지음, 《부자의 경제학 빈민의 경제학》, 2004, 푸른나무.
유발 하라리 지음, 김명주 옮김, 《호모 데우스》, 2017, 김영사.
이원재 지음, 《이상한 나라의 정치학》, 2013, 한겨레출판.
장하준 지음, 김희정 옮김, 《장하준의 경제학 강의》, 2014, 부키.
조성문 지음, 《스핀 잇》, 2013, 알투스.
노마 히데키 지음, 김진아 외 옮김, 《한글의 탄생》, 2011, 돌베개.
레스터 서로우 · 로버트 하일브로너 지음, 조윤수 옮김, 《경제학은 무엇을 말할 수 있고 무엇을 말할 수 없는가》, 2009, 부키.
로빈 던바 지음, 김정희 옮김, 《던바의 수》, 2018, 아르테.
로빈 체이스 지음, 이지민 옮김, 《공유경제의 시대》, 2016, 신밧드프레스.
리처드 로빈스 지음, 김병순 옮김, 《세계문제와 자본주의 문화》, 2014, 돌베개.
마화텅 외 3명 지음, 양성희 옮김, 《공유경제》, 2018, 열린책들.
이케다 준이치 지음, 서라미 옮김, 《왜 모두 미국에서 탄생했을까》, 2013, 메디치미디어.
G. F. 영 지음, 이길상 옮김, 《메디치 가문 이야기》, 2017, 현대지성.
토마스 슐츠 지음, 이덕임 옮김, 《구글의 미래》, 2016, 비즈니스북스.
팀 하포드 지음, 박세연 옮김, 《팀 하포드의 경제학 팟캐스트》, 2018, 세종서적.
팀 하포드 지음, 이제용 옮김, 《당신이 경제학자라면》, 2014, 웅진지식하우스.
하노 벡 · 우르반 바허 · 마르코 헤르만 지음, 강영옥 옮김, 《인플레이션》, 2017, 다산북스.

역사·철학

강성률 지음, 《칸트, 근세 철학을 완성하다》, 2017, 글라이더.
유시민 지음, 《역사의 역사》, 2018, 돌베개.
유시민 지음, 《청춘의 독서》, 2017, 웅진지식하우스.

김문식 외 11명 지음, 《실학, 조선의 르네상스를 열다》, 2018, 사우.
남경태 지음, 《종횡무진 한국사》, 2015, 휴머니스트.
유홍준 지음, 《나의 문화유산답사기》, 2011, 창비.
이한 지음, 《논쟁으로 본 조선》, 2014, 청아출판사.
장지연 지음, 《경복궁, 시대를 세우다》, 2018, 너머북스.
전우용 지음, 《서울은 깊다》, 2008, 돌베개.
공자 지음, 심범섭 옮김, 《공자의 인생수업 논어를 듣다》, 2012, 평단.
에른스트 곰브리치 지음, 박민수 옮김, 《곰브리치 세계사》, 2010, 비룡소.
에리히 프롬 지음, 장혜경 옮김, 《나는 왜 무기력을 되풀이하는가》, 2016, 나무생각.
이언 모리스 지음, 최파일 옮김, 《왜 서양이 지배하는가》, 2013, 글항아리.
제임스 러브록 지음, 홍욱희 옮김, 《가이아》, 2004, 갈라파고스.
존 허스트 지음, 김종원 옮김, 《세상에서 가장 짧은 세계사》, 2017, 위즈덤하우스.
페이헝즈 지음, 이화진 옮김, 《역사가 기억하는 세계 100대 사건》, 2013, 꾸벅.

8장 베스트셀러

김승옥 지음, 《생명연습》, 2014, 문학동네.
김애란 지음, 《비행운》, 2012, 문학과지성사.
문유석 지음, 《개인주의자 선언》, 2015, 문학동네.
유시민 지음, 《청춘의 독서》, 2017, 웅진지식하우스.
은희경 지음, 《새의 선물》, 2010, 문학동네.
정시몬 지음, 《세계문학 브런치》, 2016, 부키.
피천득 지음, 《인연》, 2002, 샘터.
한병철 지음, 《피로사회》, 2012, 문학과지성사.
니코스 카잔차스키 지음, 이윤기 옮김, 《그리스인 조르바》, 2009, 열린책들.
다자이 오사무 지음, 김춘미 옮김, 《인간 실격》, 2004, 민음사.
록산 게이 지음, 노지양 옮김, 《나쁜 페미니스트》, 2016, 사이행성.
롤랑 바르트 지음, 김희영 옮김, 《사랑의 단상》, 2004, 동문선.
밀란 쿤데라 지음, 이재룡 옮김, 《참을 수 없는 존재의 가벼움》, 2009, 민음사.
버지니아 울프 지음, 이미애 옮김, 《자기만의 방》 2006, 민음사.
빌 브라이슨 지음, 이덕환 옮김, 《거의 모든 것의 역사》, 2003, 까치.
알베르 카뮈 지음, 김화영 옮김, 《이방인》, 2011, 민음사.
에밀 아자르 지음, 용경식 옮김, 《자기 앞의 생》, 2003, 문학동네.
올리버 색스 지음, 이민아 옮김, 《온 더 무브》, 2016, 알마.

유발 하라리 지음, 조현욱 옮김, 《사피엔스》, 2015, 김영사.
줄리언 시먼스 지음, 김명남 옮김, 《블러디 머더》, 2012, 을유문화사.
케빈 랠런드·길리언 브라운 지음, 양병찬 옮김, 《센스 앤 넌센스》, 2014, 동아시아.
하퍼 리 지음, 김욱동 옮김, 《앵무새 죽이기》, 2015, 열린책들.
〈대학내일 762〉, 2015.

지적 수다를 위한
상식 퍼즐

1판 1쇄 인쇄 2019년 2월 7일
1판 1쇄 발행 2019년 2월 15일

지은이 기명균

발행인 양원석
편집장 김효선
책임편집 이종석
디자인 RHK 디자인팀 지현정, 김미선
일러스트 안다연
제작 문태일
영업마케팅 최창규, 김용환, 정주호, 양정길, 이은혜, 신우섭,
　　　　　　조아라, 유가형, 김유정, 임도진, 정문희, 신예은

펴낸 곳 ㈜알에이치코리아
주소 서울시 금천구 가산디지털2로 53, 20층 (가산동, 한라시그마밸리)
편집문의 02-6443-8868　　**구입문의** 02-6443-8838
홈페이지 http://rhk.co.kr
등록 2004년 1월 15일 제2-3726호

© 기명균, 2019, Printed in Seoul, Korea

ISBN 978-89-255-6563-7 (03320)